D1724987

В. А. Заренков

УПРАВЛЕНИЕ
ПРОЕКТАМИ

Вячеслав Адамович ЗАРЕНКОВ

Заслуженный строитель Российской Федерации

Доктор экономических наук

Профессор

В. А. Заренков

УПРАВЛЕНИЕ ПРОЕКТАМИ

Москва

Санкт-Петербург

Издательство АСВ

2006

УДК 658.512.012(083.84)
ББК 65.290-2
З 344

Рецензенты: А. Н. Немчинов, д-р экон. наук, профессор
(СПб гос. инженерно-экономический университет);
П. С. Нанасов, профессор (МАрхИ)

Заренков В. А.

З 344   Управление проектами: Учебное пособие. – М.: Изд-во АСВ; СПб.:
СПбГАСУ, 2005. – 312 с.

ISBN 5-9227-0038-3

Излагаются ключевые вопросы теории управления проектами, а также особенности управления инвестиционно-строительными проектами. Рассмотрены фазы и структура управления проектами, инициация, планирование, реализация и контроль их выполнения, проблемы повышения качества, роль человеческого фактора в управлении проектами, а также вопросы мультипроектного управления, информационного и программного обеспечения проектов. В конце каждой главы приведены выводы, а в конце книги – список литературы для углубленного изучения дисциплины.

Учебное пособие адресовано студентам вузов, аспирантам, преподавателям и управленческому персоналу компаний, использующих в своей практической деятельности теорию управления проектами.

Табл. 16. Ил. 132. Библиогр.: 66 назв.

Рекомендовано Учебно-методическим объединением по образованию в области производственного менеджмента в качестве учебного пособия для студентов, обучающихся по специальности 060800 – «Экономика и управление на предприятиях строительства»

Предисловие

Управление проектами выделилось в самостоятельную дисциплину относительно недавно, хотя ее теоретические предпосылки формировались в течение длительного времени. Имея большой практический опыт реализации проектов в строительстве, я попытался сконцентрировать внимание на тех аспектах, которые не описаны в специальной литературе или описаны не совсем корректно.

Возможно, ряд положений данной работы расходится с некоторыми традиционными (для российской и зарубежной учебной литературы) утверждениями. Собственно, несогласие с отдельными позициями, утвердившимися в специальной литературе, и подтолкнуло к изданию книги, предлагаемой вниманию читателей. Я старался представить процесс и функции управления проектом не через призму технологических или производственных процессов, а именно с точки зрения управления, а также раскрыть сущность проекта как изнутри, так и с позиции внешнего наблюдателя.

Как-то на лекции один из студентов спросил: проект – это товар, продукт или действие? Действительно, при всей видимой простоте вопроса разобраться в нем с помощью имеющейся сегодня литературы невозможно. Некоторые авторы считают проект продуктом, другие – действием. На одной странице можно прочесть, что проект – это действие, а на следующей – что в последнее время появилось много продавцов проектов. Задумаемся: если проект – действие, как же можно его продавать? Если же проект – продукт, то как можно им управлять?

Мне кажется, что трактовка понятия «проект», предложенная в данной книге, расставляет все точки над *i*. Проект можно продавать и проектом можно управлять. К нему можно относиться как к товару, продукту и действию.

И еще одно, у нас в России каждый год принимаются сотни различных программ, в том числе и на самом высоком уровне, но редкая из них реализуется хотя бы частично. На практике за последние 15 лет не была реализована ни одна. Почему? Программа – это совокупность проектов, каждый из которых должен быть профессионально разработан. Только если проект разработан по всем параметрам и деталям, по всем циклам, этапам, процессам и функциям, возможна его реализация и, соответственно, реализация полной программы.

Управлять программой и каждым проектом в отдельности должны профессионалы. Отсутствие профессионального понимания и отношения к управлению проектами приводит к тому, что многочисленные программы остаются декларациями и не имеют практического воплощения.

В книге, которую читатель держит в руках, показано, как важно не нарушать последовательность действий при реализации идеи, замысла. Инициация проекта, его разработка на начальном этапе, продвижение на последующих этапах, управление предметной областью, рисками и многие другие функции необходимо знать и предвидеть.

Еще раз подчеркнем, что управление предметной областью проекта является одной из основных функций управления проектом. Вряд ли кто-нибудь доверит управленцу, добившемуся успеха в шоу-бизнесе, строительство электростанции или запуск космического аппарата, хотя иногда высказывается мнение, что хороший управленец способен реализовать проект в любой сфере деятельности.

Сегодня конкуренция между компаниями настолько остра, что руководителям стоит задуматься, будет ли развиваться их бизнес, если у них нет высококлассных управляющих проектами. В строительном бизнесе конкуренция разворачивается не только на уровне компаний, но и на уровне проектов. Изучив эту книгу, руководители, возможно, поймут необходимость перехода к проектно-ориентированному управлению, задумаются о необходимости структурной реорганизации предприятия.

Студенты, изучающие курс управления проектами, надеюсь, с помощью этой книги пополнят багаж теоретических знаний и придут на производство более подготовленными, а их продвижение по карьерной лестнице будет быстрым и успешным.

Работая над первым изданием, я думал о том, что книга может быть полезна преподавателям, аспирантам и студентам высших учебных заведений, в особенности строительного профиля.

Я надеюсь также, что книга будет востребована специалистами-практиками, бизнесменами, менеджерами. Мне будет приятно, если ею будут пользоваться руководители инвестиционных, девелоперских и строительных компаний.

В то же время я готов к конструктивной полемике и с вниманием и благодарностью отнесусь ко всем замечаниям в свой адрес.

Желаю успеха всем читателям!

В. А. Заренков, д-р эконом. наук, профессор

Раздел 1

ОСНОВЫ УПРАВЛЕНИЯ ПРОЕКТАМИ

Глава 1

Введение в управление проектами

Сегодня перед руководителями предприятий остро стоят вопросы конкуренции с отечественными и зарубежными производителями, проблемы выбора поставщиков материалов и субподрядных организаций, взаимоотношений с акционерами, угрозы высокой инфляции и снижения деловой активности, трудностей с получением кредитов и другие вопросы, которых 15 лет назад во времена плановой экономики не существовало.

В прошлом предприятия пытались смягчить влияние этих факторов программами снижения издержек. В развитых странах эта проблема решалась за счет приобретения капиталоемкого оборудования, заменявшего относительно более дорогой ручной труд. Таким образом предприятия повышали продуктивность без увеличения числа работников. В России же, наоборот, зачастую оказывалась целесообразной замена машинного труда более дешевым ручным, а оборудование не обновлялось из-за высокой рыночной цены. Однако и у данных мер были свои ограничения: при дальнейшем увеличении использования одного ресурса снижалась рентабельность. Таким образом, возникла потребность в альтернативных способах решения существующих проблем. Одним из таких способов является изучение и внедрение в практику положений теории управления проектами. Это помогает усилить контроль и повысить эффективность использования всех ресурсов предприятия.

В России быстрый переход предприятий к *проектно-ориентированному управлению* стал возможен благодаря широкому распространению западной теории управления проектами, адаптации прикладных методик управления к российским условиям в сфере программных продуктов, развитию российских консалтинговых компаний, а также созданию предприятий с участием иностранного капитала.

Однако внедрение управления проектами на российских предприятиях проходит очень сложно. Сказывается не только отсутствие квалифицированного персонала, но и зачастую нежелание руководителей осуществлять необходимые изменения. Управление проектами подразумевает разрушение существующих жестких иерархических организационных структур и адаптацию методик управления, которые разрушают старые традиционные связи и создают новые, корпоративные.

1.1. Понятие управления проектами

Чтобы понять теорию управления проектами, необходимо определить ее ключевые категории: *проект* и *управление проектами*. До недавнего времени в нашей стране и за рубежом под *проектом* понимался комплект чертежей, в которых отражались объемно-планировочные, конструктивные, организационные, технологические и другие решения в разных областях промышленности и производства. В большей мере это касалось строительных проектов. Известны названия:

- технический *проект*;
- рабочий *проект*;
- *проект* организации строительства (ПОС);
- *проект* производства работ (ППР) и некоторые другие.

Все перечисленное мы будем называть *проектно-сметной документацией (ПСД)*.

Попытаемся разобраться, что такое *проект* в современном понимании, используя термины, принятые в российской и зарубежной литературе.

В стандартах Института управления проектами США (PM BoK, PMI) под *проектом* понимается временное *усилие (действие)*, предпринятое для создания уникального продукта или услуги [40].

В «Основах профессиональных знаний. Национальных требованиях к компетентности (НТК) специалистов» СОВНЕТ *проект* трактуется как целенаправленное ограниченное во времени *мероприятие*, направленное на создание уникального продукта или услуги.

И. И. Мазур, В. Д. Шапиро, Н. Г. Ольдерогге дают следующее определение: *проект* – это целенаправленное, заранее проработанное и запланированное создание или модернизация физических объектов, технологических процессов, технической и организационной документации для них, материальных, финансовых, трудовых и иных ресурсов, а также управленческих решений и мероприятий по их выполнению [19].

Как видно из определений, в настоящее время отсутствует единый подход к понятию *«проект»* как в отечественной, так и в зарубежной литературе. Под *проектом* могут пониматься любые виды идей и действий, которые характеризуются конкретной целью; временем начала и окончания работ; финансовыми ограничениями и потреблением различного вида ресурсов.

Часто проект трактуется как неповторяющееся мероприятие, однако в последнее время проектный подход применяется также к процессам, в основе которых лежит непрерывное производство.

В отдельных определениях акцентируется *уникальность* создаваемого продукта, но, с нашей точки зрения, это относится к характеристикам проекта. Он может быть уникальным, а может быть совершенно обычным, но непохожим на другие и только в этом его уникальность. Очень осторожно следует относиться к определению проекта как «ограниченного во времени действия», потому что существуют проекты, не ограниченные тем временем, в котором проживают одно или несколько поколений. Проекты могут длиться веками, и время их реализации может не совпадать с ранее планировавшимся, при этом они, безусловно, имеют начало и конец.

В некоторых определениях присутствуют количественные или качественные показатели: материально-технические, финансовые, временные, трудозатратные и др., но они характеризуют *результаты* реализации этапов проекта. Таким образом, для изучения дисциплины «управление проектами» сначала необходимо дать определение самого *«проекта»*, затем – определение «реализации проекта» и после этого – *«результата»* и, наконец, – определить понятие *«управление проектом»*.

Как видно из представленных определений, под *проектом* понимается некоторое *действие (мероприятие)*, в то же самое время *проект* является и *продуктом*, который можно купить или продать. В этих подходах отражается дуалистическая природа понятия *«проект»*, которую необходимо принимать во внимание при изучении данной дисциплины.

Проанализировав основные составляющие проектов, можно сформулировать наиболее *всеобъемлющее* определение проекта.

Проект (project) – это *идея* и *действия* по ее реализации с целью создания продукта, услуги или другого полезного результата.

Реализация проекта – это комплекс мер, дел и действий, направленных на достижение целей проекта

Результат – созданный продукт, услуга, соответствующая требованиям, указанным в проекте.

Существуют также различные толкования термина *«управление проектами»*.

Согласно PM BoK, *управление проектами* – это процесс применения знаний, навыков, методов, средств и технологий к проектной деятельности с целью воплощения замыслов участников проекта.

Энтони Уокер определяет *управление проектами* как планирование, координацию и контроль проекта с позиций его завершения (и ввода в действие) от лица заказчика и с учетом его целей в единицах полезности, предназначения, качества, сроков реализации и затрат; установление взаимосвязи между ресурсами, координацию и контроль участников проекта, их персонального вклада в общий результат, а также оценку и выбор альтернатив ради наибольшего удовлетворения потребностей заказчика [66].

Гарольд Оберлендер считает *управление проектами* искусством и умением скоординировать людей, оборудование, материалы, деньги и последовательность работ по реализации проекта во времени и в рамках утвержденной стоимости [61].

По мнению В. Д. Шапиро, *управление проектами* – это синтетическая дисциплина, объединяющая специальные и надпрофессиональные знания [36].

Таким образом, для различных людей управление проектами может означать разные вещи: науку, искусство, творчество и управление действиями. Однако в любом проекте большая часть времени управляющего тратится на организацию взаимодействия между участниками проекта. В процессе переговоров определяются проблемы, возникающие при реализации проекта, и их возможные решения. Именно *люди являются наиболее ценным ресурсом при управлении проектами*. Они генерируют идеи, выявляют и решают проблемы, выполняют все необходимые работы.

Иногда термины *«реализация проекта»* и *«управление проектом»* употребляются как синонимы, хотя на самом деле это не так.

В предлагаемом определении мы постарались выделить основные моменты, присущие управлению проектами в различных сферах деятельности.

Управление проектом (project management) – *это управление процессом его реализации*. В свою очередь, *реализация проекта* – это комплекс мер, дел и действий, направленных на достижение целей проекта. Таким образом, *управление проектом – это управление комплексом мер, дел и действий, направленное на достижение целей проекта.*

В этом коротком определении присутствуют элементы науки и искусства, творческая деятельность руководства и исполнителей.

Проекты могут различаться по сфере предложения, предметной области, масштабам, длительности, составу участников, степени сложности, влиянию результатов и другим характеристикам.

Для удобства анализа и синтеза проектов, а также системы управления проектами их можно классифицировать по различным критериям (рис. 1.1):

1. *Класс проектов* характеризует их по составу и структуре. Выделяют *монопроекты, мультипроекты* и *мегапроекты*.

2. *Тип проектов* зависит от сфер деятельности, в которых они осуществляются. Различают *технические, организационные, экономические, социальные* и *смешанные* проекты.

3. *Вид проектов* определяется характером предметной области. Существуют *инвестиционно-строительные, инновационные, научно-исследовательские* и *учебно-образовательные проекты.*

4. *Масштаб проектов* характеризует их по размерам, количеству участников и степени влияния на окружающий мир. Проекты делят на *мелкие, средние, крупные и очень крупные.*

5. *Длительность проектов* характеризует продолжительность их осуществления. По этому признаку проекты подразделяются на *краткосрочные, среднесрочные* и *долгосрочные.*

6. *По степени сложности* выделяют *простые, сложные и очень сложные* проекты.

Современные проекты почти всегда имеют *смешанный* характер.

Принято выделять социальный и культурологический, а также технический и технологический *аспекты управления проектами* (рис. 1.2).

Рациональное сочетание этих аспектов определяет результат и экономические показатели проекта. Обычно управляющие проектом уделяют больше внима-

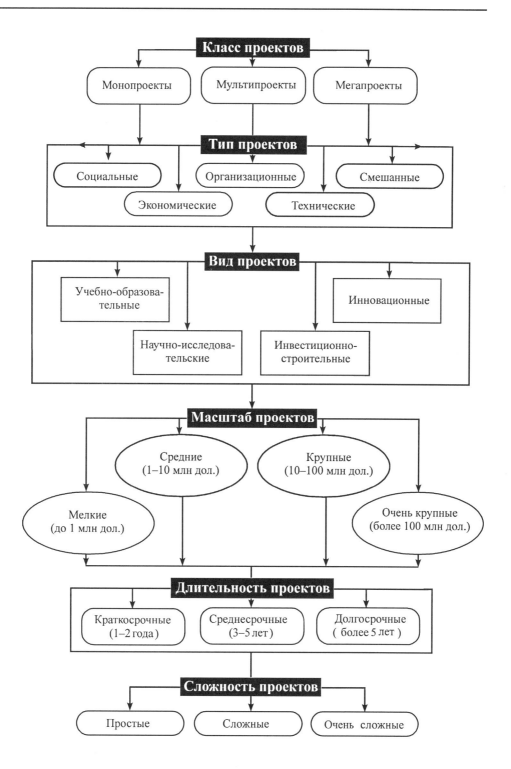

Рис. 1.1. Классификация проектов

Рис. 1.2. Аспекты управления проектами

ния техническим и технологическим аспектам. Это неверно, так как социальные и культурологические аспекты играют значительную роль не только в реализации проектов, но и в текущей деятельности любого предприятия.

Группа взаимосвязанных проектов и различных мероприятий, объединенных общей целью и условиями выполнения, называется *программой (programm)*.

Программа может быть представлена как совокупность проектов, объединенных общей целью, выделенными ресурсами, временем выполнения, технологией, организацией и др. Выполнение отдельного проекта в составе программы может не давать ощутимого результата, в то время как осуществление всей программы обеспечивает максимальную эффективность.

Программы могут носить макроэкономический характер и затрагивать интересы значительной части населения.По содержанию они могут быть экономическими (economical), социальными (social), организационными (organizational), техническими (technical) и смешанными (mixed).

В рамках программ рассматриваются мега- и мультипроекты.

Мегапроекты (megaprojects) – это *целевые* программы, содержащие множество взаимосвязанных проектов, объединенных общей целью, выделенными ресурсами и временем на их выполнение.

Такие программы могут быть международными, государственными, национальными, региональными, межотраслевыми, отраслевыми и смешанными. Как правило, программы формируются, поддерживаются и координируются на верхних уровнях управления: государственном (межгосударственном), региональном, муниципальном и т. д. Примером является мегапроект «Коми Алюминий», предусматривающий строительство глиноземно-алюминиевого комплекса стоимостью 2,1 млрд дол. в Республике Коми. Предполагается построить глиноземный завод в Ухте или Сосногорске, который будет производить 1,4 млн т глинозема ежегодно, а в Печоре – алюминиевый завод мощностью 0,3–0,5 млн т в год.

Мультипроекты (multiprojects) – это комплексные программы или проекты, осуществляемые в рамках *крупных предприятий*.

Они связаны с определением концепций и направлений стратегического развития компаний и превращением их в прибыльные, конкурентоспособные предприятия.

Мультипроекты включают как изменения, касающиеся существующих или создания новых предприятий, так и трансформации, связанные с созданием системы корпоративного управления при выполнении множества проектов в рамках производственной программы предприятия. Например, МТФ «Мостоотряд 18» осуществляет мультипроект «Строительство комплекса Андреевских автодорожного и железнодорожного мостов», являющийся частью общего проекта строительства III транспортного кольца Москвы.

1.2. Цели и стратегия проекта

Этапом зарождения проекта является возникновение идеи (замысла) о возможности что-то сделать и получить какой-либо результат. В процессе проработки идея принимает конкретные очертания в виде *целей* проекта.

Постановка целей – необходимое условие успешной реализации проектов, она позволяет сконцентрировать усилия на одном или нескольких конкретных направлениях.

Цели проекта (project objectives) – это желаемый результат деятельности, достигаемый при реализации проекта в заданных условиях.

Каждый проект включает как минимум одну цель, однако чаще таких целей несколько. Цели разных участников проекта могут различаться и даже конфликтовать между собой.

Достижение целей проекта характеризуется тремя основными показателями:
- качеством;
- временем;
- издержками.

Совокупность целей обычно подчинена определенной иерархии приоритетов: 1-й уровень – генеральная цель проекта (миссия); 2-й – необходимые цели проекта; 3-й – желаемые цели проекта.

Генеральная цель проекта (main objective), или миссия (mission) – это основная, наиболее общая причина его реализации с точки зрения будущего использования результатов проекта.

Успешное достижение генеральной цели определяет успех реализации проекта. Разработка генеральной цели может осуществляться различными способами. Часто используется метод мозгового штурма: приглашаются представители поставщиков, подрядчиков, консалтинговых компаний и в процессе совместной работы формируется единое рабочее направление.

Необходимые цели проекта (required project goals) представляют собой промежуточные цели различных этапов управления проектами. В отдельных случаях они могут изменяться и дополняться в процессе реализации проекта.

Желаемые цели проекта (desired project goals) – это цели, которые не обязательны для успешной его реализации, однако некоторые участники проекта хотят и могут их достичь при определенных условиях.

При определении цели проекта нельзя ограничиться заданием абстрактно желаемого результата, необходимо найти ответы на следующие вопросы:

• как в точности должен выглядеть этот результат (качественные и количественные характеристики результата проекта);

• какие условия должны учитываться при реализации проекта.

Определение цели проекта – важный этап в разработке его концепции. После определения цели приступают к поиску и оценке альтернативных способов ее достижения. Для каждого проекта может быть построено множество взаимосвязанных целей, которые должны быть четко определены и иметь ясный смысл. Результаты, получаемые при достижении цели, должны быть измеримы, а заданные ограничения и требования – выполнимы. При управлении проектами область допустимых решений обычно ограничивается **временем, бюджетом, ресурсами** и требуемым **качеством** получаемых результатов.

Все цели проекта можно разделить на *явные* (указанные в официальных документах) и *неявные* (конфиденциальные или даже нелегальные, которые формально нигде не записываются, но которым следуют в процессе управления проектом).

В ходе реализации проекта под влиянием изменений в его окружении или в зависимости от получаемых промежуточных результатов цели проекта могут изменяться. Поэтому целеполагание нужно рассматривать как непрерывный процесс, в котором анализируются сложившаяся ситуация, тенденции и при необходимости осуществляется корректировка.

Следующей важной составляющей управления проектами является **стратегия проекта (project strategy)**, в которой определяются процессы, действия и результаты достижения целей и миссии проекта.

Иерархия различных ступеней целеполагания может быть представлена в виде пирамиды (рис. 1.3), в которой отражаются основные характеристики каждого уровня. При движении от вершины пирамиды к основанию детализируются действия по достижению результата проекта, впервые обозначенного идеей.

Стратегия проекта должна вырабатываться на самой первой стадии его осуществления, быть комплексной и охватывать все основные аспекты его реализации. По мере разработки проекта стратегия должна обновляться и пересматриваться. Процесс создания стратегии проекта состоит из следующих этапов:

Рис. 1.3. Пирамида проекта

1. Анализ ситуации (стратегий завершенных проектов-аналогов, а также факторов внешней и внутренней среды).

2. Оценка альтернатив и окончательный выбор стратегии (соответствие стратегии проекта целям долгосрочного развития предприятия; согласование целей и возможностей участников проекта; учет интересов сторон, не принимающих непосредственного участия в проекте, но на которые проект может оказывать прямое воздействие).

3. Реализация и контроль стратегии проекта (исполнение стратегии всеми участниками проекта, а также ее корректировка в зависимости от изменившихся условий и целей хозяйствования).

Часто требуется специальный механизм координации исполнения проекта, для чего в организационной структуре предприятия формируют координирующий орган.

1.3. Структура проекта

Понимание проекта как структурированного информационного объекта, подчиняющегося логическим суждениям и формальным правилам, является основой профессиональных методов управления проектом.

Структура проекта (project structure) – это основные его части (элементы), необходимые и достаточные для эффективного осуществления процесса управления проектом.

Построение структурных моделей проекта осуществляется по определенным принципам и методам.

Для выявления и осознания целей, состава и содержания проекта, организации планирования и контроля процессов его осуществления необходимо определить и построить структуру работ проекта, используя методы декомпозиции.

Структура декомпозиции работ (work breakdown structure – WBS) является графическим представлением проекта, т. е. совокупностью взаимосвязанных элементов проекта различных степеней детализации. Количество уровней детализации зависит от класса и сложности проекта, а также от разработчиков и исполнителей.

Принятая структура проекта с выделенной в ней иерархией устойчивых элементов образует основу информационного языка проекта, на котором общаются все его участники и ведется документирование.

В зависимости от вида проекта разрабатываются и используются различные структурные модели. Наиболее существенные из них показаны на рис. 1.4:

1. Дерево целей и результатов (строится в соответствии с основным назначением проекта).

2. Бюджет проекта (строится на основе расчета потребности в финансовых ресурсах).

Рис. 1.4. Структура проекта

3. Матрица распределения работ во времени и по исполнителям (строится в соответствии с директивным временем реализации проекта и набором возможных исполнителей).

4. Сетевая модель проекта (строится на основе логической очередности выполнения работ проекта и алгоритмов разработки сетевых моделей).

5. Матрица распределения и минимизации рисков (указывает возможные риски и способы их минимизации).

6. График обеспечения ресурсами (структурная модель ресурсов, требуемых для выполнения работ).

7. График финансирования проекта (указывает сумму средств, необходимых для реализации проекта в определенный промежуток времени).

8. Матрица распределения ответственности (строится на основе матрицы распределения работ по исполнителям).

9. Структурная декомпозиция контрактов (строится на основе матрицы распределения работ по исполнителям).

10. Структурная модель организации проекта (представляет декомпозицию организационной структуры проекта).

Каждую из функций управления проектом, представленных на рис. 1.9, можно подвергнуть декомпозиции и внутренней структуризации. Примеры декомпозиции функций управления предметной областью ИСП, управления конфликтами, а также управления проектом по временны́м параметрам изображены на рис. 1.5.

Можно осуществить декомпозицию любой функции управления проектом, а структура и уровни декомпозиции, степень детализации зависят от целей и задач реализуемого проекта. Например, вполне очевидно, что декомпозиция функции управления предметной областью ИСП в жилищном строительстве (см. рис. 1.5) будет отличаться от декомпозиции той же функции для проекта организации производства новых материалов для авиакосмической промышленности.

К структуре проекта предъявляются *следующие* требования:

1. Уровни декомпозиции должны различаться *степенью детализации*. Совокупность элементов каждого уровня должна представлять весь проект.

2. Исходя из первого правила суммарные значения характеристик проекта (объемы работ, стоимость, потребляемые ресурсы и др.) на каждом уровне структуры проекта *должны совпадать*.

3. Каждый уровень декомпозиции должен содержать такие элементы работ, на основе которых могут быть определены количественные значения характеристик работ, необходимые и достаточные для оперативного управления проектом на данном уровне.

Ответственность за структурирование и декомпозицию работ возлагается на заказчика, подрядные предприятия, консультантов и других участников проекта. Разделение работ на этапы является основой для управленческого контроля в процессе реализации проекта.

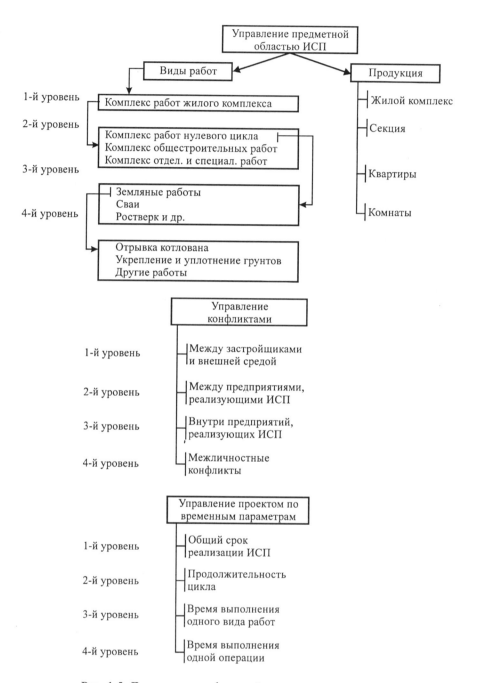

Рис. 1.5. Декомпозиция функций управления проектом

1.4. Фазы и жизненный цикл проекта

Каждый проект, программа или отдельный товар имеют определенные фазы (стадии) развития, известные как фазы жизненного цикла, или жизненный цикл. Четкое понимание этих фаз позволяет управляющим и руководителям более эффективно управлять ресурсами для достижения целей и задач проекта.

Жизненный цикл проекта (project life cycle) – это промежуток времени между моментом появления проекта и моментом его завершения.

Любой проект в своем развитии проходит этот промежуток времени. Что принимать за момент появления (начало) проекта и момент его завершения (окончание) зависит от участников проекта.

Началом проекта можно считать:
- момент рождения идеи;
- дату начала выполнения работ проекта;
- начало его финансирования.

Окончанием проекта можно считать:
- его ввод в эксплуатацию;
- достижение поставленных целей или результата;
- момент окончания срока окупаемости всех затрат;
- прекращение финансирования;
- расформирование команды и перевод ее на другую работу;
- ликвидацию проекта.

Обычно моменты начала работ над проектом и его ликвидации оформляют официальными документами.

В последние годы наметилось определенное согласие по поводу *фаз жизненного цикла продукта (product life cycle)*. Они включают научные исследования и опытно-конструкторские разработки (НИОКР), введение на рынок, рост, зрелость, старение и ликвидацию.

Что касается жизненного цикла проекта, то здесь наблюдается большое разнообразие в определении фаз не только для различных отраслей народного хозяйства, но даже среди предприятий одной отрасли.

На наш взгляд, обобщающей характеристикой проектов является *интенсивность инвестиций*. Этот критерий можно положить в основу наиболее общего определения понятия *жизненного цикла проекта*. Рассмотрим следующие фазы проекта: начальную, основную, завершающую и фазу выполнения гарантийных обязательств.

По окончании любой фазы проекта осуществляют качественную проверку основных целей и степени выполнения проекта, чтобы определить, может ли данный проект перейти в следующую фазу, и исправить допущенные ошибки с наименьшими затратами.

Начальная фаза. На этом этапе выполняются разработка концепции проекта (включая предварительное обследование и определение проекта), сравнительная оценка альтернатив, утверждение концепции. Фаза характеризуется относительно небольшой интенсивностью инвестиций.

Если речь идет о проекте, основанном на конкурсных торгах, на этой фазе принимают решение о подаче заявки на торги. В случае положительного решения выполняют подготовку документации и необходимые технико-экономические расчеты для участия в торгах (определяют продолжительность проекта, затраты, строят график производства работ и др.).

Расчет будущих затрат является непростой задачей (рис. 1.6).Большая часть затрат по реализации проекта может быть разделена на две категории: *единовременные (непериодические)* и *операционные (периодические)*. Единовременные затраты включают такие статьи, как строительство нового завода, закупка оборудования или проектирование. Операционные затраты включают повторяющиеся платежи, например заработную плату. Эти затраты можно снизить, если возрастает производительность работников, что видно из кривой обучения (рис. 1.6). Идентификация кривой обучения жизненно необходима в процессе планирования, когда определяются статьи затрат. Понятно, что не всегда можно с уверенностью сказать, какой будет производительность работников, как быстро они будут продвигаться по кривой обучения.

Рис. 1.6. Система затрат проекта (по Г. Керзнеру)

Основная фаза. Отличительной особенностью этой фазы является максимальный объем инвестиций, благодаря которому выполняется наибольший объем работ по реализации проекта.

Завершающая фаза. На этой фазе достигаются конечные цели проекта и подводятся итоги.

Фаза гарантийных обязательств. На этой фазе осуществляется эксплуатация результатов проекта. Во время гарантийного периода выявленные недостатки и поломки исправляются за счет предприятия, которое несет ответственность за соответствующие работы.

Очевидно, что каждый проект можно разделить на бесконечное число фаз с абсолютно различными видами работ в зависимости от специфики проекта и практики управления конкретного предприятия.

Процесс реализации каждой фазы проекта протекает в определенных временных границах (имеет начало и окончание). В каждый период времени проект характеризуется определенной интенсивностью инвестиций. На рис. 1.7 представлена типичная зависимость «время – интенсивность инвестиций», характеризующая динамику процесса развития проекта *по фазам жизненного цикла.*

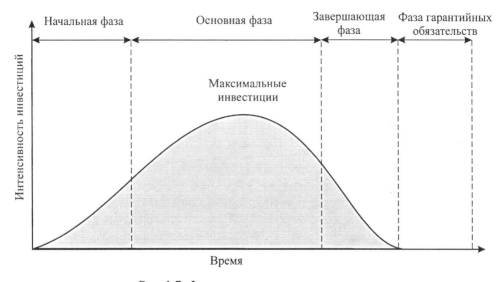

Рис. 1.7. Фазы жизненного цикла проекта

Очевидно, что затраты проекта находятся в прямой зависимости от его масштабов. Для больших проектов необходимо привлечение работников на постоянной основе, тогда как для относительно небольших проектов с тем же жизненным циклом могут требоваться работники только на неполный рабочий день. Следовательно, один человек может быть ответственным за множество проектов, которые находятся на разных фазах жизненного цикла. Руководство предприятия несет ответственность за периодическую экспертизу наиболее важных этапов проекта, которая должна происходить как минимум в конце каждой фазы жизненного цикла или после ответственных технологических этапов реализации проекта.

Если за окончание проекта принимается момент завершения окупаемости всех затрат, связанных с его реализацией, жизненный цикл проекта можно представить в следующем виде (рис. 1.8).

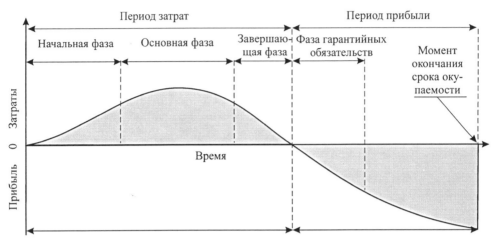

Рис. 1.8. Жизненный цикл проекта, завершение которого совпадает
со сроком его окупаемости

1.5. Процессы и функции управления проектами

Процессы управления проектами (project management processes) реализуются на протяжении их жизненного цикла посредством прямых и обратных связей между субъектами и объектами управления с помощью функций управления (рис. 1.9). Данная классификация является *основой* для понимания теории управления проектами. Рассмотрим основные процессы управления проектами:

1. *Инициация (initiation)* – зарождение и продвижение проекта и его частей, а также подготовительная работа для последующего планирования и проектирования.

2. *Разработка и планирование (elaboration and planning)* – выработка направления и объема действий для успешной реализации проекта. Определение ключевых событий (вех) и учет возможных внутренних и внешних сил воздействия на проект – неотъемлемая часть планирования. Наиболее успешно планирование происходит при непосредственном участии всех сторон, вовлеченных в реализацию проекта. Для эффективного руководства проектом на всех этапах жизненного цикла разрабатывают планы его реализации

3. *Выполнение работ проекта (project execution)* – это планомерное выполнение работ в соответствии с планом реализации проекта. Работы по проекту должны быть разделены между исполнителями или группами исполнителей. Структура распределения работ является многоуровневой системой, состоящей из заданий, подзаданий и комплексов работ.

4. *Контроль (control)* – создание и реализация системы измерения, учета, прогнозирования и выявления отклонений в границах реализации проекта, сметы расходов и графика производства работ для своевременного принятия корректирующих мер. Одно из основных требований к системе контроля – регулярный учет информации для того, чтобы управляющий проектом мог принять меры в процессе реализации проекта, а не после его завершения. Контроль является наиболее сложной функцией управления проектами.

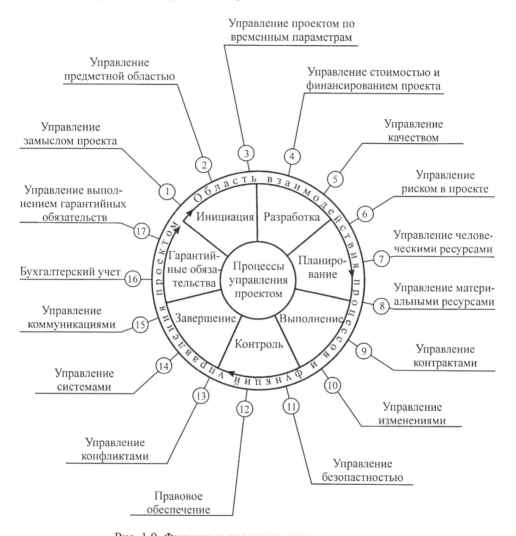

Рис. 1.9. Функции и процессы управления проектом

5. *Завершение проекта (project close-out)* – это создание условий для успешной передачи результата проекта заказчику или потребителю. В процессе завершения проекта готовится необходимая документация, производятся согласования с заказчиком, органами госнадзора и другими заинтересованными лицами, устраняются замеченные недостатки и выполняются небольшие усовершенствования. Осуществляется окончательный расчет между участниками проекта и закрытие контрактов.

6. *Гарантийные обязательства (warranty)*. Ответственность генконтрактного предприятия за результат проекта не ограничивается его передачей заказчику. В настоящее время предприятия-подрядчики предоставляют гарантию на качество выполненных работ, а также безвозмездно устраняют дефекты, возникающие в процессе эксплуатации результата проекта (товара, продукта, изделия и т. п.), если они обусловлены некачественно выполненными работами.

Процессы управления проектом воздействуют на достижение конкретного результата через целый набор функций, оказывающих на проект как непосредственное, так и косвенное влияние.

Необходимо понимать связь функций управления проектом с функциями управления общего характера, под которыми обычно понимают *планирование, организацию, регулирование, реализацию, контроль и мотивацию*. Функции менеджмента были разработаны для традиционных организационных структур управления и в классическом виде не учитывали специфику управления проектами. И хотя фундаментальное значение функций управления остается неизменным, в управлении проектами они приобретают специфические формы.

Перечислим основные характеристики функций управления проектами:

1. *Управление замыслом проекта*. Возникновение идеи проекта не является достаточным условием его рождения и реализации. Чтобы замысел обрел логические очертания и стал проектом, он должен быть управляем. Необходимо придать ему техническую и экономическую привлекательность, оценить альтернативные варианты в схожей области, реализовать действия по его продвижению и сделать это наиболее эффективным способом и в кратчайшие сроки. Данная функция составляет основу процесса инициации проекта.

2. *Управление предметной областью*. Данная функция позволяет учесть особенности реализации результата проекта, накладываемые отраслевой спецификой, рынком и потребительскими предложениями.

3. *Управление проектом по временным параметрам*. Время является одним из ключевых факторов, влияющих на эффективность реализации проекта. Сроки реализации проекта в целом, его составных частей, а также отдельных процессов должны планироваться заранее. У минимизации сроков реализации проекта есть три естественных ограничения – технические возможности, технологические требования и качество работ. Эти и некоторые другие параметры необходимо учитывать при выполнении данной функции.

4. *Управление стоимостью и финансированием проекта*. С данной функцией связано обеспечение оптимальной стоимости проекта, при которой достигаются его максимальная рентабельность и стабильное финансирование на разных фазах жизненного цикла. Особенности проектов определяют специфику их финансирования – венчурное, государственное, выпуск облигаций, эмиссия акций и иные формы привлечения инвестиций. Рассматриваемая функция должна обеспечить финансирование с оптимальным соотношением затрат и результатов для предприятия.

5. *Управление качеством*. Качество является неотъемлемым показателем работы не только производственной сферы предприятия, но и его управленческого персонала. Реализация функции должна обеспечивать соответствие качества управления и реализации проекта в заданных границах.

6. *Управление рисками в проекте*. При реализации проектов всегда существует вероятность неудачи. Максимальные риски связаны с инновационными проектами, однако они являются и самыми прибыльными. В этой ситуации предприятию необходимо определить максимально допустимый уровень риска реализации проектов. На разных фазах жизненного цикла риски проекта могут меняться, поэтому эффективное управление рисками является необходимым условием успешного достижения целей проекта.

7. *Управление человеческими ресурсами*. Именно целенаправленная работа людей обеспечивает эффективную реализацию проекта. Здесь важны подбор персонала, мотивация и стимулирование, создание комфортных условий труда и т. д.

8. *Управление материальными ресурсами*. Эта функция заключается в координации деятельности подразделений, отвечающих за своевременную поставку материалов, логистику, достаточность запасов, выбор поставщиков и подрядчиков, лизинг, франчайзинг и т. д.

9. *Управление контрактами*. Предприятие связано контрактами со всеми участниками проектов, работниками, заказчиками, банками и другими заинтересованными сторонами. Процедуры выбора партнеров и особенности контрактных отношений с ними должны быть тщательно продуманы. Взаимоотношения с другими компаниями, государством, работниками и клиентами должны обеспечивать достижение целей проекта и улучшение репутации предприятия.

10. *Управление изменениями*. В процессе реализации проектов внутренние и внешние факторы могут порождать ситуации, которые осложняют реализацию проекта или делают ее невозможной без комплексных изменений в различных функциональных сферах управления проектами. Но не только компетентность и быстрота реакции руководителей определяют эффективное решение проблем, в этой ситуации важен комплексный подход к управлению изменениями на предприятии.

11. *Управление безопасностью*. Предприятию необходимо обеспечить безопасное функционирование, конфиденциальность корпоративной информации, безопасность материальной и нематериальной собственности предприятия и других участников проекта, а также личную безопасность персонала.

12. *Правовое обеспечение*. Деятельность предприятия и реализация проекта должны проходить в строгом соответствии с государственным законодательством. Все взаимоотношения с партнерами по проекту должны быть документально оформлены. Это поможет снизить риски потери платежеспособности в случае непредвиденных судебных издержек и укрепит доверие к предприятию.

13. *Управление конфликтами*. Конфликты всегда сопутствуют управлению проектами. Они могут оказывать как положительное, так и отрицательное влияние на реализацию проекта. Функция управляющего проектом состоит в том, чтобы вовремя выявить конфликт и принять необходимые меры по его нейтрализации.

14. *Управление системами*. Предприятие и проект рассматриваются как совокупность систем, связанных общими задачами и процедурами. Системы финансов, маркетинга, производства и др. посредством функций управления приобретают определенную направленность на достижение целей проекта.

15. *Управление коммуникациями*. Важной функцией управления проектами является обеспечение атмосферы взаимодействия между членами команды и участниками проекта. Необходимо проводить совещания, встречи, презентации, разъясняя особенности реализуемого проекта, обсуждая его сильные и слабые стороны.

16. *Бухгалтерский учет*. Правильное ведение бухгалтерского учета играет огромную роль при внутреннем анализе финансово-хозяйственной деятельности, а также во взаимоотношениях с партнерами, кредитными организациями, государством и т. д.

17. *Управление гарантийными обязательствами*. Данная функция обеспечивает ответственность предприятия за результаты своей работы. Выполняя гарантийные обязательства, предприятие формирует тесные связи с потребителями (клиентами) и улучшает свою репутацию, что дает дополнительные конкурентные преимущества.

1.6. Окружение проекта

Реализация проекта происходит в среде, которая оказывает на него непосредственное влияние.

Среда проекта, порождающая совокупность внутренних и внешних сил, которые способствуют или мешают достижению целей проекта, составляет ***окружение проекта (project environment)***.

Принято выделять внутреннюю среду, в которой работает команда проекта, и внешнюю среду (ближнее окружение – предприятия, реализующие проект; дальнее окружение – среда, в которой существуют предприятия, реализующие проект).

Внутреннюю среду проекта определяют стиль руководства, методы и средства коммуникации, социальные условия проекта, команда и участники проекта.

Ближнее окружение проекта определяют руководство предприятия, сферы финансов, сбыта, производства, снабжения, инфраструктура, сфера очистки и утилизации.

Дальнее окружение проекта определяют экономические и социальные факторы, культура, научно-технические, природно-географические, потребители продукции проекта, конкуренты, инфраструктура и т. д.

Наиболее значимые факторы часто выделяют при помощи STEP-анализа. Особенно это касается факторов, которые максимально воздействуют на реализацию проекта: социальных (sociological), технологических (technological), экономических (economical) и политических (political).

При планировании проекта и в процессе его реализации необходимо учитывать возможное влияние как внутренней, так и внешней среды. Составляющие окружения проекта представлены на рис. 1.10.

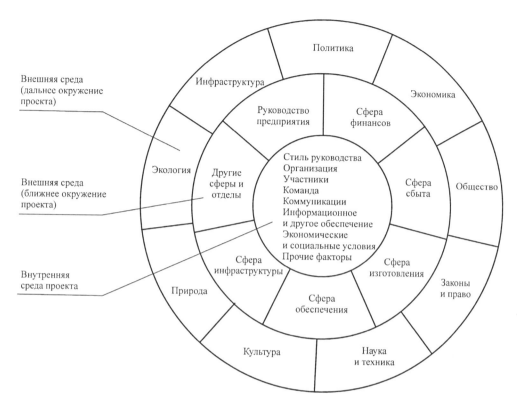

Рис. 1.10. Окружение проекта

Выводы

1. Под **проектом** понимаются идея и действия по ее реализации с целью создания продукта, услуги или другого полезного результата.

2. Под термином «**управление проектом**» следует понимать управление комплексом мер, дел и действий, направленное на достижение определенных целей и задач проекта.

3. Проекты обычно группируют по классам, типам, видам, масштабу, длительности и сложности. Несколько взаимосвязанных проектов и различных мероприятий, объединенных общей целью и условиями, являются **программой**. В свою очередь, программы по содержанию можно разделить на экономические, социальные, организационные, технические и смешанные.

4. Управление проектами включает социальный и культурологический, а также технический и технологический аспекты.

5. В рамках программ принято различать мегапроекты – целевые программы, содержащие множество взаимосвязанных проектов, объединенных общей целью, выделенными ресурсами и временем выполнения, а также мультипроекты – комплексные программы или проекты, осуществляемые в рамках крупных предприятий.

6. В проекте существует определенная иерархия целей. На вершине пирамиды находится идея, развитие которой продолжается в миссии, конкретных целях и стратегии проекта.

7. Структура проекта представляет собой основные его части (элементы), необходимые и достаточные для эффективного осуществления процесса управления проектом в интересах его участников.

8. В управлении проектами принято различать процессы инициации, разработки и планирования, выполнения работ, контроля, завершения проекта и гарантийных обязательств.

9. Под жизненным циклом проекта понимают промежуток времени между моментами его появления и завершения. В целом жизненный цикл проекта может быть разделен на четыре фазы: начальную, основную, завершающую и гарантийных обязательств.

10. Можно выделить следующие функции управления проектами: управление его замыслом, предметной областью, управление по временным параметрам, управление стоимостью и финансированием проекта, качеством, риском, человеческими и материальными ресурсами, контрактами, изменениями, безопасностью, правовое обеспечение, управление конфликтами, системами, коммуникациями, бухгалтерский учет и управление гарантийными обязательствами.

11. Окружение проекта – это среда, порождающая совокупность внутренних и внешних сил, которые способствуют или мешают достижению целей проекта. Выделяют внутреннее и внешнее (ближнее и дальнее) окружение проекта.

Глава 2
Человеческий фактор в управлении проектами

Эффективное управление проектами напрямую связано с квалификацией специалистов, принимающих ответственные решения: управляющего проектом, команды проекта, представителей поставщиков, подрядных организаций и др. Особое значение в управлении проектами имеют команды специалистов. Управление проектами – это работа группы людей, прикладывающих максимум усилий для достижения целей проекта. Чтобы обеспечить эффективную работу команды, необходимо ответить на ряд вопросов:

- каковы требования к управляющему и членам команды?
- какие действия необходимо предпринять, чтобы сформировать эффективную команду?
- что способствует формированию квалифицированной команды?
- как организовать работу команды или даже нескольких команд?

Эти вопросы являются ключевыми для управления персоналом предприятия и эффективного управления проектами. Решение этих проблем не так очевидно, как кажется на первый взгляд, особенно в российских условиях.

2.1. Участники проекта

Результаты выполненных проектов могут использоваться не один десяток и даже не одну сотню лет. Здания, машины, самолеты, персональные компьютеры, цифровые видеокамеры, мобильные телефоны – все это результат кропотливого труда людей и организаций, которые мечтали о них, изобрели, сконструировали и построили.

Участниками проекта (*project stakeholders*) называются физические лица и предприятия, чьи интересы связаны с его реализацией.

Количество и состав участников проекта могут варьировать от единиц до нескольких десятков и даже сотен в зависимости от особенностей конкретного проекта. Чем сложнее и масштабнее проект, тем больше число участников. Примерный состав участников проекта показан на рис. 2.1.

Одним из основных действующих лиц при реализации проекта является **заказчик (*owner*)**. Это может быть как отдельный человек, так и уполномоченный

Рис. 2.1. Участники проекта

государственный орган, частное коммерческое предприятие или группа предприятий. Мотивы реализации проекта также могут быть самыми разными. Однако чаще всего реализация проекта зависит от заказчика и его способности профинансировать проект или привлечь инвестиции извне.

Таким образом, когда у заказчика не хватает собственных средств для финансирования проекта, он привлекает еще одного (или нескольких) участников проекта – *инвесторов (investors)*. Инвесторами могут быть предприятия всех форм собственности, органы, уполномоченные управлять государственным и муниципальным имуществом, иностранные предприятия и частные лица. Порядок взаиморасчетов между заказчиком и инвестором определяется отдельным договором. В ряде случаев инвестор сам выступает в роли заказчика и инициирует проект.

При возникновении проблем с финансированием проекта в краткосрочном периоде заказчик может прибегать к кредитным ресурсам *банка (bank)* или иного кредитно-финансового института.

При реализации социальных, культурных, политических и других некоммерческих проектов возможно участие *спонсора (sponsor)*, который осуществляет полное или частичное финансирование на безвозмездной основе.

Разработку проектно-сметной документации по проекту поручают проектно-конструкторской компании, которую называют *проектировщиком (designer)*. Ответственность за весь комплекс работ по проектированию обычно поручают одной компании – *генеральному проектировщику (chief designer)*.

Компанию, выполняющую весь комплекс работ по реализации проекта, называют *генеральным контрактором (general contractor), или генеральным подрядчиком*. Генеральный подрядчик может передать часть работ *субконтрактору (subcontractor), или субподрядчику*. Обычно на субподряд передают различные специализированные работы.

Поставки материалов и оборудования, необходимых для выполнения всего комплекса работ по проекту, осуществляет **поставщик (supplier)**, которого заказчик или генеральный подрядчик отбирают на конкурсной основе или путем переговоров.

Иногда заказчик привлекает по контракту компанию для оказания консалтинговых услуг по вопросам реализации проекта. Подобную компанию называют **консультантом (consultant)**.

Если в процессе реализации проекта используются запатентованные научно-технические разработки, необходимо получить разрешение **лицензедателя (licensor)**, т. е. правообладателя данных разработок.

Важную роль в достижении целей проекта играют **управляющий проектом (project manager)** и **команда проекта (project team)**.

Если конечным потребителем результатов реализации проекта является не заказчик, а какая-либо другая компания или физическое лицо, возникает еще один участник проекта – **клиент (customer)**. Он может принимать как непосредственное участие в проекте (например, сделать перепланировку квартир в процессе выполнения работ по проекту строительства жилого дома), так и опосредованное (для продажи результата проекта заказчиком на рынке эти результаты должны соответствовать потребностям будущих клиентов, что учитывается заказчиком в процессе планирования проекта с помощью маркетингового анализа).

Кроме непосредственных участников проекта существуют внешние силы, которые не принимают участия в проекте, но оказывают на него влияние (рис. 2.2). К таким силам относятся: органы власти, лицензирующие организации, банки, конкуренты, другие силы, состав которых зависит от специфики проекта.

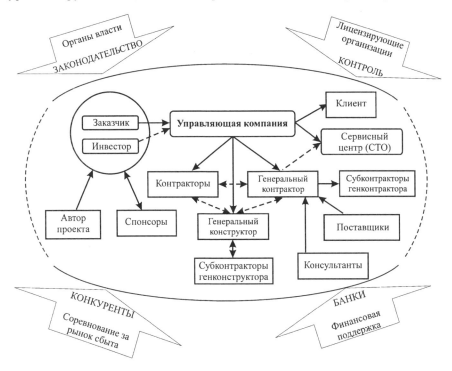

Рис. 2.2. Схема взаимодействия участников проекта

2.2. Управляющий проектом

Выбор управляющего проектом является одним из наиболее сложных решений, принимаемых высшим руководством предприятия. Этот человек является ключевой фигурой команды управления. В современной литературе под ***управляющим проектом*** подразумевают человека, который непосредственно руководит проектом на предприятии.

Если предприятие реализует небольшой проект собственными силами, управляющего выбирают из числа сотрудников. Однако, когда масштабы и сложность проекта выходят за рамки компетенции сотрудников предприятия, руководство может пригласить профессионального управляющего или передать проект (частично или полностью) компании, имеющей большой опыт реализации проектов данного вида и штат компетентных управляющих и специалистов.

Сегодня в России происходит становление института профессиональных управляющих. Развиваются компании, у которых есть свои собственные управляющие проектами, работающие на постоянной основе.

При выборе управляющего проектом следует учитывать ряд ключевых факторов (рис. 2.3).

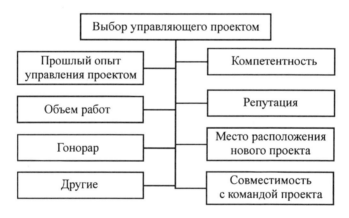

Рис. 2.3. Факторы, которые необходимо учитывать
в процессе выбора управляющего проектом

Практически невозможно добиться эффективного управления проектами, если этот процесс не будет контролировать профессиональный управляющий. В основные обязанности управляющего проектами входят:

- формирование команды проекта и организация ее работы;
- достижение конечного результата проекта в заданные сроки с помощью имеющихся ресурсов;
- принятие решений в условиях высокой степени неопределенности;
- календарное планирование и проектирование;
- взаимодействие с проектными организациями, поставщиками, подрядчиками, инвесторами, консультантами, потребителями и руководством предприятия;

- обеспечение выполнения работ и контроля затрат – управляющий должен обеспечить управление процессами и функциями, рассмотренными в гл. 1 (см. рис. 1.9).

Какими же профессиональными качествами должен обладать управляющий проектом? Рассел Арчибальд выделяет 14 основных личностных характеристик [43]:

1. Гибкость и адаптивность.

2. Высокая инициативность и лидерские качества.

3. Смелость, уверенность, убедительность, умение ясно выражать мысли.

4. Честолюбие, активность, влияние.

5. Эффективность в координации и интеграции усилий участников проекта.

6. Широкий круг личных интересов.

7. Уравновешенность, энтузиазм, умение творчески мыслить, искренность.

8. Умение сопоставлять технические решения со временем, необходимым на их реализацию, затратами и человеческим фактором.

9. Высокая организованность и дисциплинированность.

10. Больше универсал, чем специалист в какой-то одной области.

11. Способность и готовность посвятить большую часть своего времени планированию и контролю.

12. Способность выявлять проблемы.

13. Готовность к принятию решения.

14. Способность сохранять оптимальное равновесие при распределении времени.

Часто руководитель предприятия оказывается перед выбором: назначить ответственным за проект молодого и энергичного управляющего или же более зрелого и опытного? В большинстве случаев выбор делается в пользу последнего, но при этом трудно избежать повторения ошибок прошлых проектов, в которых участвовал более опытный управляющий.

Не стоит бояться нанимать молодых специалистов. Существует целый комплекс методик обучения управляющих, помогающих компенсировать нехватку опыта. Свежий взгляд на вещи может обернуться неординарными и более эффективными решениями проблем, возникающих в процессе реализации проектов.

Перечислим основные методы повышения квалификации управляющих проектами [53]:

1. Практическая работа над проектами (совместная работа с опытным профессиональным руководителем; работа с членами команды проекта; последовательное распределение сфер ответственности; ротация должностей; поддержка многофункциональной деятельности; взаимодействие с заказчиком).

2. Профессиональное образование и самообразование (курсы и семинары; моделирование, деловые игры, учебные примеры; занятия в группах; практические упражнения на применение техники управления проектами; встречи с профессионалами; собрания и симпозиумы; чтение книг, отраслевых журналов и других профессиональных периодических изданий).

3. Организационное развитие (формально установленная и признанная роль управления проектами; правильная организация проекта; системы поддержки проекта; требования, стратегия и процедуры управления проектами).

Отметим четыре важных правила выбора управляющего проектами:

- не нужно передавать функции управления проектами людям только потому, что они занимают высокие посты в руководстве предприятия;
- размер заработной платы управляющего проектом должен устанавливаться по результатам достижения целей проекта, а не по числу подчиненных, которыми он руководит;
- совсем необязательно, чтобы управляющий проектом был самым высокооплачиваемым работником в компании;
- необходимо обеспечить ротацию управляющих проектов внутри компании в зависимости от сложности и масштабов реализуемых проектов, компетентности, профессионализма с целью достижения наивысшей эффективности реализации проектов, а также мотивации и карьерного роста управляющих.

2.3. Команда проекта

Команда проекта (*project team*) – это группа специалистов, работающих над реализацией проекта, представляющих интересы различных участников проекта и подчиняющихся управляющему проектом.

В зависимости от специфики проектов (типа, масштаба, сложности, длительности) и степени участия в нем различных заинтересованных лиц (распределения зон ответственности и функций, а также персональных целей участников) состав и порядок формирования команд проектов могут значительно различаться.

Необходимость работы в команде определяется следующим:

- проекты являются сложными системами, их реализация связана со сферами деятельности, которые невозможно охватить одному человеку;
- при работе в команде достигается эффект синергизма;
- успех инновационных проектов связан с творческой атмосферой, создаваемой работой в команде;
- взаимодействие и совместная работа повышают коммуникативные способности сотрудников и снижают вероятность возникновения противоречий.

Организация работы в команде – очень сложная задача, так как все люди по-разному работают и принимают решения. Поэтому важным условием эффективной работы группы является правильный подбор людей в команду.

При подборе членов команды необходимо руководствоваться следующими требованиями:

- профессионализм (опыт, квалификация);

- способность работать совместно с другими людьми (личные качества, отзывы коллег по работе);
- дополнительные требования, накладываемые спецификой проекта.

Основным критерием эффективности работы команды является успешное достижение результатов проекта. На каком же этапе достигается наивысшая работоспособность? Рассмотрим одну из самых распространенных моделей развития команды проекта:

1. *Формирование*. Первое знакомство участников команды друг с другом и с проектом. Налаживание профессиональных и межличностных связей. Переход на следующую стадию происходит, когда отдельные сотрудники начинают ощущать себя неотъемлемой частью команды.

2. *Адаптация*. На этом этапе происходит притирка сотрудников друг к другу, к управляющему и команде в целом. Вначале велика вероятность возникновения конфликтов, противоречий и, как следствие, снижения производительности команды. Однако после согласования всех целей, задач и ответственности отдельных сотрудников и всей команды осуществляется переход на следующую стадию.

3. *Нормализация*. На этом этапе возникают тесные профессиональные и межличностные связи между участниками команды, формируется общая система ценностей. Возникает привязанность к команде, желание отстоять ее интересы и добиться целей проекта.

4. *Работа*. На этом этапе идет продуктивная работа по достижению целей проекта.

5. *Ликвидация*. После завершения основной части работы проект свертывают и подводят итоги. Затем в зависимости от типа проектной структуры, а также специфики проекта команде может быть передан новый проект. Если же проект носил инновационный, разовый характер, то команду расформировывают, а ее членов направляют для участия в других проектах. Увольнение членов команды происходит, когда в проекте участвовали временные сотрудники.

Понимание процесса развития команды проекта помогает членам группы быстрее найти общий язык и включиться в работу. Особая роль здесь принадлежит ***управляющему проектом***, который должен обеспечить скорейшее достижение командой проекта стадии эффективной работы.

Успешному развитию команды помогают:

1. Наличие сотрудников с необходимыми знаниями и умениями.

2. Ограничение количества членов в команде (если необходимое количество членов команды более 10, целесообразно разбить команду на несколько групп, делегировав каждой из них полномочия и функциональные обязанности).

3. Желание и возможность членов команды работать над проектом от начала до конца (участие только в одном проекте для сотрудников, занятых на постоянной основе, и наличие достаточного времени для работы сотрудников, принятых в команду на неполный рабочий день).

4. Соответствие корпоративной культуре и высокая мотивация сотрудников на получение результата.

5. Наличие возможностей для беспрепятственного общения членов команды проекта.

Состав команды проекта может меняться. В обобщенном варианте команда проекта состоит из трех групп во главе с управляющим (рис. 2.4): основного состава команды проекта, вспомогательного состава и консультантов.

Рис. 2.4. Команда управления проектом

Управление небольшими проектами происходит по упрощенной схеме: управляющий может формировать команду из нескольких человек и осуществлять руководство от начала до конца, не разбивая команду на группы. В отдельных случаях возможно привлечение в команду сторонних специалистов для выполнения специальных работ по временному договору.

В простых проектах управляющий может не формировать команду управления, а решать все вопросы по реализации проекта самостоятельно по договору с заказчиком или инвестором. Сегодня в России в большинстве случаев проектом руководят заказчик или генподрядчик и немного реже – инвестор. Как уже отмечалось, постепенно в России появляются компании, предлагающие услуги по управлению проектами «под ключ». Они действуют от имени заказчика или инвестора, или совместно с ним.

Когда сложность и масштаб проекта требуют вовлечения в управление нескольких команд, общий результат проекта достигается реализацией локальных целей и задач каждой команды (рис. 2.5).

Каждый треугольник представляет собой команду или группу команд. Несмотря на то что каждая из них выполняет свои функции, все они работают ради достижения целей проекта. Вне зависимости от размера команды, всегда должен быть управляющий проектом, который несет полную ответственность за результаты работы. Управляющий проектом генподрядчика (см. рис. 2.5) отвечает за

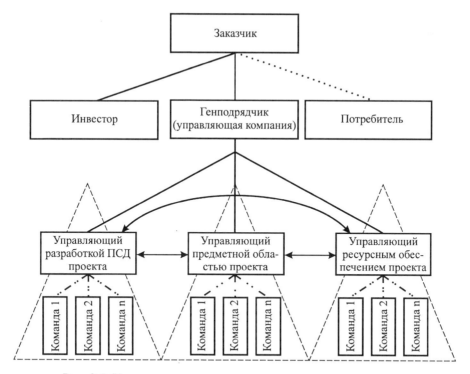

Рис. 2.5. Управление проектом с помощью нескольких команд

весь проект, а управляющие проектами в подразделениях отвечают за выполнение работы командой в рамках своих подразделений.

2.4. Руководство и лидерство

Для успешной реализации проекта необходимо создать такие условия, чтобы каждый человек отождествлял себя с командой и понимал свою ответственность за ее успех и эффективную работу.

Поведение и стиль руководства управляющего проектами существенно влияют на команду. Управляющий проектом должен быть честен и этичен в отношениях как с членами команды, так и со всеми участниками проекта, служить образцом для подражания. Мотивация членов команды и высокая производительность зависят от их уважения к своему руководителю. Управляющий должен уметь донести до членов команды цели, задачи, ценность и планируемый результат проекта.

Лидерство (leadership) – это спонтанно возникающий процесс влияния одного члена команды на других членов команды.

Лидерство может носить *формальный* характер, когда *руководителем* назначают какого-либо специалиста, и *неформальный* характер, когда один из членов команды своим профессионализмом и харизмой объединяет команду, не являясь их непосредственным начальником.

Часто проводят различие между *управлением* и *руководством*. *Управление (management)* ассоциируется с умением управлять процессами при реализации проекта, в то время как под *руководством (direction)* понимается умение управлять персоналом. Однако для простоты изложения в дальнейшем мы будем рассматривать лидера, руководителя и управляющего проектом как одного человека.

Раньше считалось, что лидерами рождаются, а не становятся. Этот миф распространялся преуспевающими руководителями. И хотя исследования показали, что лидерами не рождаются, но так и осталось загадкой, каким образом происходит становление лидера. Несомненно, этому способствуют личные качества, но все же индивидуальность развивается в процессе опыта, а наследуются (и только частично) определенные черты характера.

Не существует единого мнения по поводу набора необходимых качеств лидера в бизнесе, управлении и даже в военном деле. Исходя из опыта и специфики работы руководителя ученые разработали ряд подходов к улучшению лидерских качеств. Одним из первых исследователей в данной области является Филдер, который в конце 1960-х гг. разработал теорию лидерства. Он приводит доводы в пользу ситуационно-ориентированного подхода, где особенно важны два фактора: степень доверия команды к лидеру и степень определенности работы команды.

Ситуационный подход лучше всего проявляется при рассмотрении двух стилей руководства: директивного проблемно-ориентированого и недирективного, ориентированного на создание благоприятных взаимоотношений между членами команды проекта.

Филдер утверждал, что выбор стиля руководства зависит от конкретной ситуации. *Директивный стиль* целесообразно использовать:

1. В благоприятных ситуациях, например, когда члены команды уважают руководителя и им понятны содержание и объем предстоящей работы.

2. В неблагоприятных ситуациях, например, когда члены команды не испытывают уважения к руководителю, а содержание и объем работы не определены.

Когда команда уважает руководителя, но ее работа деструктурирована или же команда не уважает своего руководителя, но четко знает, что ей нужно делать, наиболее эффективным будет *недирективный стиль руководства*.

Теория Филдера является очень упрощенной, однако она дала толчок развитию исследований в области лидерства. Развитие идеи о полезности выделения набора основных стилей управления, каждый из которых применяется в соответствующей обстановке, было продемонстрировано Танненбаумом и Шмидтом (рис. 2.6). Они полагают, что руководителю необходимы высокая степень восприимчивости к ситуации, мнению команды специалистов, которыми он руководит, природе реализуемой задачи, а также достаточная гибкость, чтобы изменить стиль руководства.

Данный подход проиллюстрирован в работах Херси и Бланчарда, а также Блэйка и Мутона, которые понимали стили руководства как сочетание подходов, основанных на количестве выдаваемых заданий, и влиянии межличностных отношений (что равнозначно директивному и недирективному стилю).

Рис. 2.6. Основные стили руководства (Танненбаум и Шмидт, 1973 г.,
адаптировано Фраером в 1985 г.) [66]

Необходимое сочетание стилей, которое использует руководитель, зависит от зрелости (стадии развития) команды и особенностей конкретной ситуации. Зрелость команды определяется в показателях работоспособности, мотивации, желания и возможности исполнять обязанности, образования и опыта. Рекомендуется ставить поведение руководителя в зависимость от упорядоченности выдаваемых заданий (минимальная/максимальная), а также от влияния межличностных взаимоотношений (максимальное/минимальное), как показано в таблице. Зависимость между данными факторами и зрелостью команды проекта приведена на рис. 2.7.

В более поздних исследованиях стили управления связываются с корпоративной культурой (например, Куинн, 1988 г.). Однако, пока существует множество определений корпоративной культуры, не может быть единого подхода к ее исследованию. Таким образом, характер связи между корпоративной культурой предприятия и стилем управления до конца не установлен.

При осуществлении международных проектов к стилю руководства предъявляются специфические требования. Изучение национальных стилей руководства при реализации строительных проектов, выполненное Роулинсоном и др. в 1993 г., показало, например, что руководители проекта в Гонконге больше заинтересованы в поддержании хороших взаимоотношений и гармоничной рабочей атмосферы, чем их коллеги на Западе.

Ключевыми факторами успешного руководства являются понимание того, какой стиль управления доминирует у руководителя, а также желание и возможность изменить этот стиль в зависимости от обстоятельств.

Основные стили поведения руководителей

Стиль	Ситуация	Эффективное руководство	Неэффективное руководство
I. Минимальное влияние межличностных отношений и минимальное количество выдаваемых заданий	Руководитель прилагает минимум усилий чтобы выполнить работу и обеспечить эффективную работу команды	Делегирование членам команды права самостоятельно решать, каким образом выполнить работу, минимальное вмешательство во взаимоотношения внутри команды	Пассивность и незаинтересованность руководителя как в самом проекте, так и в команде
II. Максимальное влияние межличностных отношений и минимальное количество выдаваемых заданий	Много внимания уделяется нормализации взаимоотношений между людьми, которые ведут к созданию дружественной атмосферы и удобного темпа работы	Доверие к членам команды и развитие их индивидуальных способностей	Заинтересованность руководителя в гармонии, в том, чтобы выглядеть как «свой парень», нежелание нарушить хорошие взаимоотношения даже для реализации проекта
III. Максимальное количество выдаваемых заданий и максимальное влияние межличностных отношений	Работу выполняют преданные, независимые между собой сотрудники, климат способствует становлению и развитию взаимоотношений доверия и уважения	Удовлетворение потребностей команды в направлении деятельности и организации работы, а также высоком уровне социоэмоциональной поддержки	Деятельность, направленная на чрезмерное структурирование работы команды и излишнюю социоэмоциональную поддержку
IV. Максимальное количество выдаваемых заданий и минимальное влияние межличностных отношений	Эффективное выполнение операций в результате организации работы таким образом, чтобы максимально исключить воздействие человеческого фактора	Осознание руководителем, чего он хочет, и применение необходимых методов для достижения этой цели	Неуверенность в подчиненных и заинтересованность только в краткосрочных целях

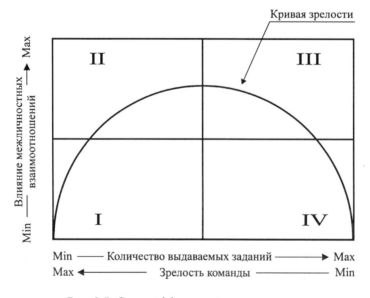

Рис. 2.7. Стили эффективного руководства

2.5. Организационные структуры

Каждый управляющий проектом подвержен влиянию окружения, в котором он работает. Организационная структура предприятия является одним из ключевых факторов эффективного управления проектом. Зачастую предприятия, переходящие к *проектно-ориентированному управлению (project-driven management)*, испытывают трудности с адаптацией существующей структуры, что может привести к значительным нарушениям в реализации проекта.

Одним из наиболее простых подходов к организации управления проектами является использование традиционной *функциональной организационной структуры (traditional structure)*, которая существует на большинстве российских предприятий (рис. 2.8). В этом случае руководитель предприятия принимает решение о реализации нового проекта и поручает подразделениям выполнение заданий по проекту в соответствии с их функциями. Ответственность за успешную реализацию проекта несет руководитель предприятия. Текущее управление и контроль осуществляются традиционными методами в рамках существующей иерархии.

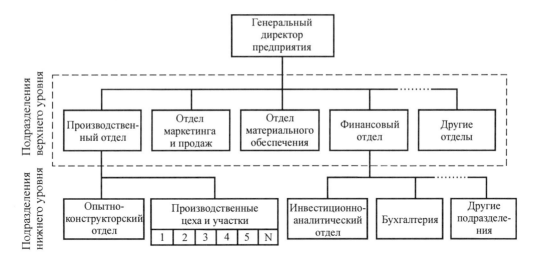

Рис. 2.8. Функциональная организационная структура

Среди преимуществ функциональной организационной структуры выделим следующие:

- профессиональные подразделения наиболее эффективно выполняют полученные задания в рамках своей компетенции, так как имеют достаточно узкую специализацию;
- при реализации новых проектов не нарушаются иерархические связи и не изменяются обязанности сотрудников;
- существует четкая перспектива карьерного роста сотрудников в пределах подразделения.

Недостатками функциональной организационной структуры являются:

- ее неповоротливость и задержки в принятии решений, из-за того что сотрудники могут получать распоряжения только от своего непосредственного руководителя;
- слабая координация между подразделениями и отсутствие заинтересованности в конечных результатах проекта, так как ответственность ограничивается функциональными обязанностями;
- интересы проекта могут вступать в противоречие с интересами функциональных руководителей, а сам проект рассматриваться как «лишняя работа» и поэтому выполняться неэффективно;
- ее неуправляемость при одновременной реализации большого количества проектов (более 5) из-за большого объема информации, поступающей к генеральному директору, и необходимости принятия основанных на ней решений.

Противоположным подходом к формированию структур по управлению проектами является формирование команд, относительно независимых от основной организационной структуры предприятия. Подобный подход получил название *проектно-ориентированной организационной структуры (projectized structure) – ПООС* (рис. 2.9).

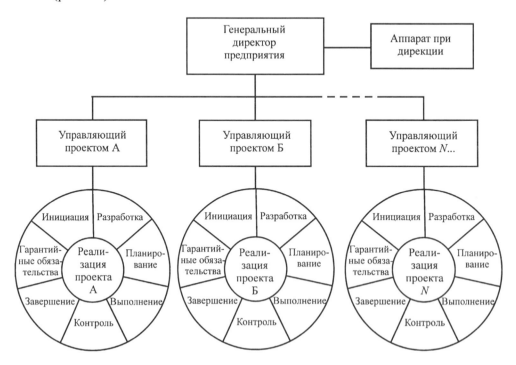

Рис. 2.9. Проектно-ориентированная организационная структура

Во главе каждой команды стоит управляющий, который отвечает за реализацию своего проекта и подбор специалистов. Поддержка проекта осуществляется как самой командой, так и обслуживающими подразделениями предприятия. В чистом варианте при такой структуре функциональные подразделения существуют в рамках команды (или нескольких команд) проекта. Характер взаимодействия между основной организацией и командой зависит от специфики реализуемого проекта и преобладающего стиля руководства на предприятии.

Основными преимуществами ПООС являются:

- полная ответственность за реализацию единственного проекта и подчиненность только одному управляющему;
- высокий уровень коммуникации, взаимопонимания и сотрудничества между членами команды, мотивация на достижение целей проекта;
- быстрота, гибкость и адаптивность команды (неэффективный проект быстро ликвидируется, и команда переходит к реализации следующего);
- высшее руководство предприятия получает возможность уделять больше времени стратегическому планированию, не отвлекаясь на текущее управление конкретными проектами.

К недостаткам ПООС относятся:

- достаточно высокая стоимость содержания персонала и оборудования, дублирующегося во всех командах;
- удаленность команд проектов от основной структуры предприятия, что осложняет переход специалистов из одной команды в другую по окончании реализации проекта;
- слабый обмен информацией и техническими решениями между командами на одном предприятии.

Смешанной формой, соединяющей преимущества функциональной и проектной организационных структур, является *матричная организационная структура (matrix organizatinal form)*. Эта форма подходит проектно-ориентированным организациям, например средним строительным предприятиям. Типичная матричная структура изображена на рис. 2.10.

Управляющие проектами напрямую подчинены генеральному директору предприятия и обладают необходимыми полномочиями для успешной реализации проекта. Одной из основных функций управляющего проектом в матричной структуре является координация функциональных и проектных подразделений. С другой стороны, во главе функциональных подразделений стоят руководители, которые отвечают за поддержание технической и технологической базы на современном уровне, а также за обмен информацией с каждым из проектов.

Основой матричного подхода к организационной структуре является попытка добиться синергетического эффекта за счет разделения ответственности за проект между управляющим и функциональным руководителем. Но это проще сказать, чем сделать. С одной стороны, управляющему необходимы полномочия и власть для реализации проекта, с другой – влияние функциональных руководителей так велико, что необходимо сохранить равновесие в статусе обоих руководителей. Члены команды проекта и работники функциональных подразделений должны работать в тесном взаимодействии.

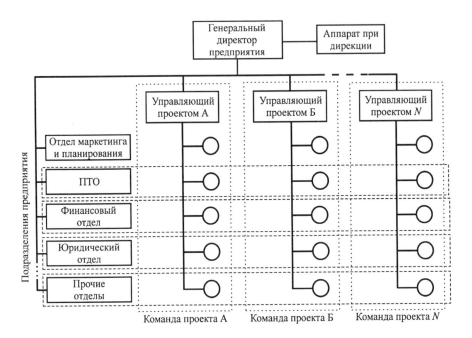

Рис. 2.10. Матричная организационная структура

Недостатки матричной структуры обусловлены следующим:

- двойное подчинение нарушает управленческий принцип единоначалия, согласование работы между подразделениями может привести к значительным задержкам в реализации проекта;
- интересы руководителей подразделений и управляющих проектами могут вступать в противоречие, вызывая долгосрочные конфликты и негативно воздействуя сразу на несколько проектов;
- усложняется осуществление функций контроля;
- нарушается мотивация сотрудников, они не чувствуют ответственности за работу, так как вынуждены отчитываться перед несколькими руководителями;
- необходимо тщательно контролировать разграничение властных полномочий между управляющим проектом и руководителем функционального подразделения, а также затраты, время и ход реализации проекта.

Среди преимуществ матричной структуры выделим:

- сокращение текущих расходов, благодаря тому что специалисты могут работать над несколькими проектами предприятия;
- равнодоступность возможностей функциональных подразделений для всех команд проектов;
- возможность повышения квалификации на всех уровнях и как следствие – усиление мотивации к труду.

Для развития компании (при любой базовой организационной структуре) целесообразно предусмотреть ротацию управляющих проектами (рис. 2.11) в зависимости от их компетентности, а также сложности и масштабов проектов. В этом процессе заложена возможность постепенного повышения квалификации управляющих, их продвижения по карьерной лестнице – от управляющего третьей категории, который управляет относительно простыми проектами, до главного управляющего, ответственного за реализацию всех проектов в каком-либо направлении деятельности компании.

Каждая из рассмотренных организационных структур имеет свои сильные и слабые стороны, что нужно учитывать при формировании эффективной системы управления проектами на предприятии.

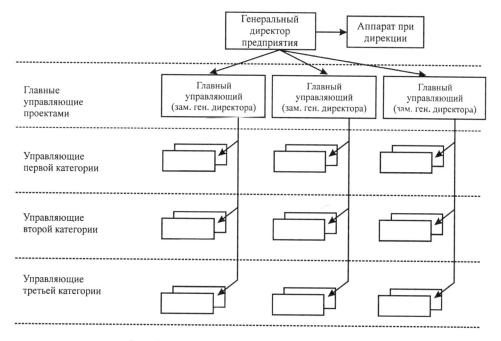

Рис. 2.11. Ротация управляющих проектами

Выводы

1. **Участники проекта** – это люди и организации, выполняющие функции управления проектами, направленные на достижение целей и задач проекта. В проекте участвуют заказчик, инвестор, банк, спонсор, проектировщик, генеральный подрядчик, субподрядчик, поставщик, консультант, лицензиар, управляющий и команда проекта.

2. Управляющий проектом является ключевой фигурой в команде проекта и несет полную ответственность за достижение конечных целей проекта. Правильный выбор управляющего зачастую определяет эффективность реализации проекта.

3. Команда проекта представляет собой группу специалистов, работающих над реализацией конкретных задач, представляет интересы различных участников проекта и подчиняется управляющему.

4. Каждая команда проекта проходит в своем развитии несколько этапов: формирование, адаптацию, нормализацию, работу, ликвидацию.

5. Лидерство – это спонтанно возникающий процесс влияния одного члена команды на других. Лидерство может быть формальным и неформальным.

6. Современный подход к управлению людьми заключается в использовании стилей руководства, соответствующих конкретной ситуации и учитывающих специфику проекта.

7. В теории управления проектами выделяют три основных типа организационных структур: функциональную, матричную и проектно-ориентированную.

Глава 3
Процессы в управлении проектом

Эффективная реализация проекта подразумевает последовательное (иногда параллельное) выполнение всех процессов управления проектами. Наилучшим образом данная работа организована в ***проектно-ориентированных предприятиях***. Именно эта форма организации деятельности позволяет раскрыть содержание процессов управления проектами на всех ключевых уровнях управления. Персоналу предоставляется возможность реализовать руководящие способности в пределах делегированных полномочий и в заданный промежуток времени. Работа в команде стимулирует проявление творческих способностей, а совместное принятие решений повышает ответственность каждого человека за общий результат. На проектно-ориентированном предприятии управление проектами рассматривается как корпоративная задача в сфере управления, а не только набор методик и приемов для узкого круга специалистов.

Управление проектом можно представить через системную модель (рис. 3.1), на которой показаны область взаимодействия участников, команды проекта; фазы жизненного цикла, процессы и функции управления проектом, а также временные параметры планирования и управления.

Рассматривая процессы управления проектами, подчеркнем важную роль в успешном достижении целей проекта процессов инициации, разработки и планирования. Именно здесь закладывается будущая эффективность проекта, которая достигается по завершении всех остальных процессов.

3.1. Инициация проекта

В отечественной литературе английский термин initiation переводится одними источниками как «инициация», другими – как «инициирование». Мы будем использовать термин *«инициация»*.

Под ***инициацией (initiation)*** в управлении проектами понимается процесс придания инвестиционной привлекательности новому проекту и работа по продвижению проекта.

Рис. 3.1. Системная модель управления проектом

Прежде чем вкладывать в проект значительные инвестиции, необходимо его детально рассмотреть (рис. 3.2) и принять решение о целесообразности инициации проекта.

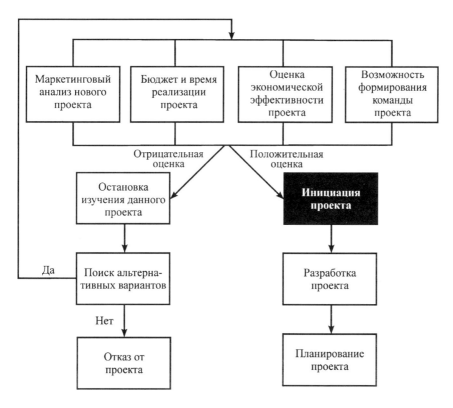

Рис. 3.2. Схема принятия решения и инициации проекта

Иными словами, на стадии инициации проекта руководитель должен ответить на вопросы:
- возможна ли реализация проекта?
- как сделать проект полезным и привлекательным для инвестора?
- кто это будет делать?
- как, в какой форме и кто будет его финансировать?

Все эти вопросы решаются с помощью комплексной диагностики проекта, основными задачами которой являются:
- оценка экономической эффективности проекта;
- маркетинговый анализ нового проекта;
- оценка бюджета и времени реализации проекта;
- формирование команды проекта.

Эффективность проекта является одним из решающих критериев для принятия решения о его реализации, причем не только на начальном этапе, но и в процессе выполнения основных работ. Если, например, в процессе реализации проекта изменились условия хозяйствования и дальнейшее производство работ невыгодно предприятию, можно приостановить проект независимо от суммы вложенных средств.

Сегодня выбор наилучших с точки зрения эффективности проектов осуществляется по методике ЮНИДО (UNIDO – United Nations Industrial Development), которая вытеснила советскую теорию приведенных затрат. Для *оценки эффективности проектов* по методике ЮНИДО используют ряд локальных критериев оптимальности:

1. *NPV* – чистая текущая стоимость (Net Present Value);

2. *PP* – срок окупаемости (Payback Period);

3. *PI* – индекс рентабельности (Profitability Index);

4. *ARR* – средняя норма прибыли (Average Accounting Return);

5. *IRR* – внутренняя норма доходности (Internal Rate of Return);

6. *MIRR* – модифицированная внутренняя ставка доходности (Midified Internal Rate of Return);

7. *D* – средневзвешенный срок жизненного цикла проекта (Duration).

Часто данный набор критериев дополняют расчетом точки безубыточности (Break-Even Point), эффекта финансового левериджа, скорректированной текущей стоимости (Ajusted Present Value), объема продаж в стоимостном выражении и некоторыми другими показателями.

Рассмотрим основные показатели оценки эффективности проектов по данной методике:

1. *Чистая текущая стоимость*

$$NPV = A_R - A_Z = \sum_{t=1}^{T} R_t \alpha_t - \sum_{t=1}^{T} Z_t \alpha_t \to \max_{x \in S_x}, \qquad (3.1)$$

где *NPV* – чистая текущая стоимость; A_R – денежный приток капитала; A_Z – денежный отток капитала; α_t – коэффициент дисконтирования (приведения) при ставке доходности q_t; *T* – расчетный период времени; R_t – результаты (притоки капитала), получаемые от проекта в *t*-м периоде; Z_t – затраты, связанные с осуществлением проекта в период *t*; q_t – ставка доходности.

Если *NPV* ≥ 0, то проект эффективен, при *NPV* < 0 проект неэффективен (с точки зрения достижения ставки доходности *q*).

2. *Срок окупаемости*

$$PP = \frac{-\ln\left(1 - \frac{A_z}{R_t} q_t\right)}{\ln(1 + q_t)}, \qquad (3.2)$$

где *PP* – срок окупаемости; A_Z – денежный отток капитала; R_t – результаты (притоки капитала), получаемые от проекта в *t*-м периоде; q_t – ставка доходности.

Если $PP \le PP_{зад}$, то проект эффективен, при $PP > PP_{зад}$ – неэффективен.

Взаимосвязь между сроком окупаемости и внутренней нормой доходности изображена на рис. 3.3.

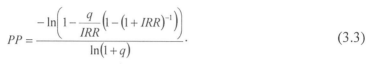

$$PP = \frac{-\ln\left(1 - \frac{q}{IRR}\left(1 - (1 + IRR)^{-1}\right)\right)}{\ln(1 + q)}. \qquad (3.3)$$

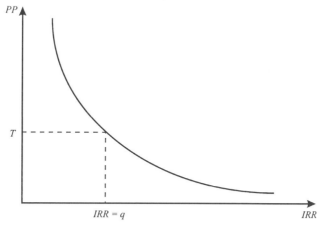

Рис. 3.3. Взаимосвязь срока окупаемости и внутренней нормы доходности

3. Индекс рентабельности

$$PI = \begin{cases} \dfrac{A_R}{A_Z} \geq 1, \\[3mm] \dfrac{A_R = A_Z}{A_Z} \geq 0, \end{cases} \qquad (3.4)$$

где PI – индекс рентабельности; A_R, A_Z – денежный приток и отток капитала.

При выполнении любого из вышеуказанных соотношений проект признается эффективным.

4. Средняя норма прибыли

$$ARR = \begin{cases} \dfrac{A_R}{A_Z} \times \dfrac{q_t(1 + q_t)^T}{(1 + q_t)^T - 1}, \text{если } q_t = q = \text{const}, t = \overline{1, T}, \\[5mm] \dfrac{A_R}{A_Z} \times \left[\displaystyle\sum_{t=1}^{T} \prod_{p=1}^{t} (1 + q_p)^{-1}\right]^{-1}, \text{если } q_p \neq \text{const}, p = \overline{1, T}, \end{cases} \qquad (3.5)$$

где ARR – средняя норма прибыли; A_R, A_Z – денежный приток и отток капитала; q_t, q_p – ставка доходности в периоды t и p соответственно; T – расчетный период времени.

При $ARR \geq q$ проект эффективен, при $ARR < q$ – неэффективен.

5. Внутренняя норма доходности определяется из уравнения

$$NPV(IRR) = A_R(IRR) - A_Z(IRR) = \sum_{t}^{T} \frac{R_t}{(1 + IRR)^t} - \frac{Z_t}{(1 + IRR)^t} = 0, \qquad (3.6)$$

где IRR – внутренняя норма доходности; NPV – чистая текущая стоимость; A_R, A_Z – денежный приток и отток капитала; T – расчетный период времени; R_t – результаты (притоки капитала), получаемые от проекта в период t; Z_t – затраты, связанные с осуществлением проекта в период t; q – ставка доходности.

Если $IRR \geq q$, проект эффективен, при $IRR < q$ проект неэффективен.

Взаимосвязь между чистой текущей стоимостью и внутренней нормой доходности (рис. 3.4) может быть легко рассчитана.

$$NPV = NPV(q) - NPV(IRR) = R[a(q;T) - a(IRR;T)], \qquad (3.7)$$

где $a(q;T)$ – современная величина единичной ренты; $a(IRR,T)$ – величина единичной ренты при $q = IRR$; R – результат.

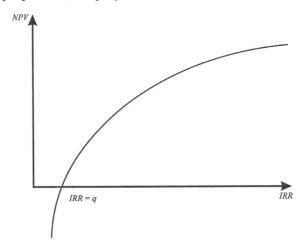

Рис. 3.4. Взаимосвязь чистой текущей стоимости
и внутренней нормы доходности

6. *Модифицированная внутренняя ставка доходности*

$$MIRR = \left[\left(\frac{S_R}{A_Z} \right)^{\frac{1}{T}} - 1 \right],$$

$$(3.8)$$

$$S_R = \begin{cases} \sum_{t=1}^{T}(1+q)^{T-1}, \text{если } q_t = q = \text{const}, t = \overline{1,T}, \\ \sum_{t=1}^{T} R_t \prod_{p=t}^{T-t}(1+q_p), \text{если } q_p \neq \text{const}, p = \overline{1,T}, \end{cases}$$

где $MIRR$ – модифицированная внутренняя ставка доходности; S_R – компаундированная (накопленная) величина результата; A_Z – денежный отток капитала; T – расчетный период времени; R_t – результаты (притоки капитала), получаемые от проекта в период t; q_t, q_p – ставка доходности в периоды t и p.

Если $MIRR \geq q$, то проект эффективен, если $MIRR < q$ – неэффективен.

7. Средневзвешенный срок жизненного цикла проекта

$$D = \frac{1}{NPV} \sum_{t=0}^{T} \frac{t(R_t - Z_t)}{(1+q)^t},$$ (3.9)

где D – средневзвешенный срок жизненного цикла проекта; NPV – чистая текущая стоимость; T – расчетный период времени; R_t – результаты (притоки капитала), получаемые от проекта в период t; Z_t – затраты, связанные с осуществлением проекта в период t; q – ставка доходности.

Если $D \leq D_{зад} \leq \dfrac{1}{q}$, проект эффективен, если $D > D_{зад}$ – неэффективен.

К недостаткам данной методики оценки эффективности инвестиционных проектов можно отнести слабый учет неопределенности при вычислении q, R_t, Z_t, субъективность определения ставки доходности q, а также ее одинаковое значение для R_t и Z_t и некоторые другие, однако простота, понятность и широкое распространение данной модели делают ее неотъемлемой частью процесса инициации проекта.

Для принятия решения об инициации проекта в анализ реализуемости проекта необходимо включить критерии, наилучшим образом отражающие специфику его реализации. В общем случае учитываются [11]: ситуация в стране, где планируется реализовать проект; место расположения будущего проекта; развитость рыночных отношений среди компаний; рынок и методы сбыта продукции; возможности финансирования проекта; проблемы безопасности; возможности минимизации рисков и использования местных ресурсов.

При наличии альтернативных значений критериев для выбора наилучшего из них используются:

1) *оптимизационный метод*, основанный на применении экономико-математического моделирования. В качестве критерия выбора используется целевая функция, с помощью которой исследуется взаимозависимость различных критериев, а задача исследователя состоит в ее максимизации или минимизации;

2) *метод взвешенных значений* – выбирается наилучшее значение с наибольшим весом среди заранее определенных взвешенных значений критерия;

3) *метод удовлетворительного выбора* – количество значений ограничивается каким-то определенным числом, а выбор осуществляется без сложных расчетов взаимосвязей с другими критериями.

Проекты являются источником жизненной силы проектно-ориентированного предприятия. Появление нового проекта требует от команды исследователей узкоспециализированного **маркетингового анализа**. Часто работу отдела маркетинга предприятия по исследованию нового рынка, нового товара или возможности реализации нового проекта выделяют в самостоятельный проект. Подобные маркетинговые проекты требуют способностей по выявлению, исследованию и реализации неординарных возможностей для будущей деловой активности предприятия. В традиционной теории управления проектами потенциальный проект должен удовлетворять требованиям единичной группы потребителей или даже одного потребителя. Однако в отдельных случаях проекты могут носить характер массового производства, как, например, при строительстве жилых домов по типовым проектам или при серийном коттеджном строительстве.

Одним из первых шагов на этапе создания проекта является определение целевого рыночного сегмента. Обычно он находится в сфере известной предприятию по прошлому опыту, техническим возможностям, потенциальным заказчикам и потребителям. При анализе рынка необходимо рассмотреть все аспекты будущего проекта, определить и исследовать цели рынка, которые согласуются с целями и возможностями предприятия.

Основными причинами возникновения новых проектов являются неудовлетворенные потребности заказчиков (потребителей), инвесторов, предприятий, организаций, государственных и местных органов власти и др. Специалисты отдела маркетинга должны определить принципиальную возможность удовлетворения данных потребностей силами предприятия и субподрядных организаций, а также исключить из рассмотрения заведомо невыполнимые проекты. В результате маркетингового анализа должна быть сформулирована концепция будущего проекта, в котороой следует отразить:

- идею, миссию, цель, стратегию проекта (базовые положения);
- объект или продукцию проекта (основные характеристики);
- маркетинговую привлекательность проекта (спрос и предложение, основных конкурентов, перспективы роста продаж и др.);
- возможные источники привлечения заемного капитала, субподрядных организаций, поставщиков и других участников будущего проекта (базовую информацию, а также предполагаемые расценки на продукцию и услуги).

Будущий проект тесно связан с процессом стратегического управления на предприятии. В современной практике в процесс формирования стратегии предприятия вовлекаются руководители высшего звена, начальники подразделений и даже исполнители низшего звена. Таким образом, сотрудники предприятия, занимающиеся формированием, анализом и реализацией проектов, также оказываются прямыми участниками процесса стратегического управления. Это ведет к взаимодействию новых проектов и стратегии предприятия. С уверенностью можно сказать, что при выборе потенциальных проектов руководители будут исходить из стратегии предприятия, однако эти же самые проекты будут воздействовать на процесс корректировки стратегии. Таким образом осуществляется адаптация проектно-ориентированных предприятий к новым рыночным условиям хозяйствования.

Концепция будущего проекта зависит от сферы деятельности предприятия и планируемого результата. Данный этап очень важен для обеспечения эффективной деятельности предприятия. Элементы маркетинга являются инструментом инновационного развития и первичной фильтрации неэффективных проектов. Целесообразно потратить средства на исследование перспективности и реализуемости проекта и в случае отрицательного решения отклонить его, а не работать над заранее неэффективным проектом.

Для первоначальной оценки реализуемости проекта производится трехуровневый маркетинговый анализ (SWOT-анализ), на первом уровне которого определяются (табл. 3.1) сильные (Strengths) и слабые (Weaknesses) стороны проекта, возможности (Opportunities) и угрозы (Threats).

<u>SWOT-анализ</u> **действующих факторов [35]**

Цель проекта		
Оценка	Внутренние факторы	Внешние факторы
+	**S** Сильные стороны проекта, которые позволяют эффективно справляться с анализируемой ситуацией	**O** Возможности, которые предоставляет нам анализируемая ситуация
–	**W** Слабые стороны проекта, которые могут проявиться в анализируемой ситуации	**T** Опасности, которые таит в себе анализируемая ситуация

На втором уровне (табл. 3.2) устанавливаются количественные и качественные связи между отдельными элементами, выявленными на первом этапе. Международный институт менеджмента предлагает основной упор в SWOT-анализе делать не на оценку S, W, O, T, а на формулирование конкретных стратегий и мероприятий на основе S, W с учетом O и T. В результате анализа связей элементов должна получиться матрица стратегий со следующим набором характеристик:

<u>Поиск конструктивного решения</u> [35]

Цель проекта		
	O	**T**
S	Как наиболее эффективно использовать позитивные внешние возможности с помощью своих сильных сторон?	Как с помощью своих сильных сторон я могу противостоять внешним опасностям?
W	Как скомпенсировать проявление моих слабых сторон благодаря позитивным внешним возможностям?	Как предотвратить, сконцентрировать или скомпенсировать негативные последствия сочетания слабых сторон с внешними опасностями?

SO – планируемые работы, которые позволят использовать сильные стороны проекта для расширения его возможностей;

WO – планируемые работы, которые позволят преодолеть слабые стороны проекта с помощью существующих возможностей;

ST – планируемые работы, которые позволят использовать сильные стороны предприятия для избежания угроз;

WT – планируемые работы, которые позволят преодолеть слабые стороны и избежать угроз.

Также необходимо оценить степень влияния угроз и возможностей на стратегию реализации проекта. На третьем уровне SWOT-анализа рассчитываются будущие затраты и доходы проекта от каждой из планируемых работ, дается количественная оценка вероятности возникновения дополнительных затрат и доходов. Полученные данные используются для предварительного обоснования целесообразности реализации проекта.

Во время диагностики реализуемости проекта необходимо ввести ***бюджетные ограничения*** исходя из укрупненных статей затрат по проекту, а также в большинстве случаев ограничить ***период реализации проекта***.

На этапе инициации происходит выбор способа проектирования и реализации проекта, а также ***команды специалистов***, которые будут управлять проектом от начала до конца. Необходимо также определить степень взаимодействия со всеми участниками проекта: каким образом будут подбираться поставщики материалов, какие работы целесообразно передать субподрядным фирмам, а какие выполнить собственными силами и др.

Если по каким-то критериям проект оценен отрицательно, его реализация прекращается. Однако, если проект важен для предприятия, существует вероятность сделать его эффективным или добиться целей с помощью альтернативного проекта. Для поиска решения данной проблемы формируется группа из лиц, заинтересованных в реализации проекта. Происходит постановка проблемы, выполняется анализ ключевых факторов и др. В теории управления проектами используются специальные методы, позволяющие выявить направления решения проблемы и разработать рекомендации для подготовки к повторной инициации проекта. Выделим основные методы генерации решений проблемы, широко применяемые в управлении проектами:

- ***метод мозгового штурма (brain storming)***. Вначале члены группы предлагают как можно больше вариантов решения проблемы, которые не критикуются. Формируется список вариантов, которые анализируются, структурируются и дорабатываются;
- ***метод номинальной группы***. Руководитель группы вначале ограничивает межличностные коммуникации участников группы, чтобы они сформулировали собственные варианты решения проблемы. Затем эти варианты представляются на рассмотрение группы, ранжируются и за основу берется лучший из них, который дорабатывается с учетом замечаний группы;
- ***метод Дельфы***. Этот метод отличается от предыдущего тем, что группа не собирается вместе. Варианты решения проблемы описываются на бумаге и пересылаются руководителю. Он их анализирует, выбирает лучшие варианты, которые по почте пересылаются участникам группы для индивидуального анализа. Это повторяется до тех пор, пока не будет сформировано наилучшее решение или сделан вывод о принципиальной невозможности реализации проекта.

На процесс выбора альтернатив влияют социальные факторы, которые определяются как личными целями человека, так и интересами всего коллектива предприятия. По О. С. Виханскому, процесс принятия решения в этом случае происходит на двух основных уровнях – индивидуальном и предприятия, которые объединены в 4 модели (рис. 3.5).

Рис. 3.5. Модель принятия альтернативных решений

Дадим характеристику каждой модели [17]:

1. *Рациональная модель* приносит максимальную выгоду предприятию. Требуются тщательный анализ ситуации, в которой проводится инициация проекта, отбор оценочных критериев, беспристрастный обмен информацией, что позволит выбрать наилучший вариант для всей организации.

2. *Политическая модель* отражает желание членов группы максимально реализовать в первую очередь свои индивидуальные интересы. На раннем этапе принятия решения определяются предпочтения, решение выступает как функция распределения полномочий и власти в организации.

3. *Модель ограниченной рациональности* предполагает, что руководитель в своем желании быть рациональным ограничен или своим «Я» (навыками, привычками, установками), или возможностями предприятия. В зависимости от преобладания первого или второго выделяют две разновидности модели: *личностно ограниченная рациональность* и *ограниченная рациональность* предприятия.

Принятие решений на индивидуальном уровне требует от руководителя умения решать проблемы, рисковать, признавать ошибки и формировать собственный стиль управления. Принятие решений на уровне организации требует прежде всего создания соответствующей среды и умения решать проблемы коллективно.

После анализа всех ключевых аспектов проекта, заключения о его реализуемости и эффективности для предприятия, принятия решения об инициации проекта переходят к его разработке и планированию.

3.2. Разработка и планирование проекта

Разработка и планирование являются одними из наиболее важных процессов в управлении проектами.

В процессе *разработки проекта* предприятие выполняет расчет его эффективности, технико-экономическое обоснование (ТЭО) предполагаемых инвестиций, составляет бизнес-план проекта, разрабатывает очередность выполнения технологических процессов.

Разработка проекта с учетом принятых уровней детализации производится по следующим разделам: экологическому, технологическому, производственному и экономическому.

В *экологическом* разделе проекта рассматривается влияние выполняемых работ и результатов проекта на окружающую среду и экологическую безопасность. Соответствие проекта экологическим требованиям определяется путем оценки воздействия на окружающую среду (ОВОС). Контроль за соблюдением экологических требований при реализации проекта осуществляется с помощью государственной и общественной экологической экспертизы.

Технологический раздел проекта включает описание требований к очередности выполнения технологических процессов, технологии выполнения работ, наличию, покупке или аренде необходимого оборудования, возможности поставки сырья и материалов, наличию рабочих и обслуживающего персонала или возможности их найма на рынке труда, номенклатуре продукции, погодным условиям выполнения работ и др.

В *производственном* разделе проекта описывается система производственных процессов, предлагаемых при реализации проекта, и требования к предприятиям (производственные мощности оборудования, качество сырья и материалов), квалификации рабочих и обслуживающего персонала и другим факторам для обеспечения надлежащего выполнения производственной части работ проекта.

В *экономическом* разделе проекта обосновывается экономическая эффективность его реализации. Дается технико-экономическое обоснование проекта и осуществляется бизнес-планирование (подробный расчет экономической эффективности инвестиций, анализ возможностей финансирования проекта на протяжении всего времени его реализации и другие способы оценки коммерческой привлекательности проекта для настоящих и потенциальных участников).

При необходимости проект может иметь множество других разделов. Это зависит от его специфики и класса. Главное – наличие необходимой информации для реализации проекта.

Планирование (planning) *в управлении проектами* можно охарактеризовать как определение вида и объема действий в условиях прогнозируемого окружения в течение определенного промежутка времени.

Одной из основных целей планирования является установление всех возможных работ по проекту, чтобы его участники могли легко определить, что именно они должны делать, в каком объеме и когда.

Планирование в управлении проектами позволяет уменьшить или даже устранить неопределенность в отношении объема работ, необходимых ресурсов и сроков реализации проекта; повысить эффективность операций и согласованность действий участников проектов и исполнителей. И, наконец, планирование является основой для осуществления контроля за ходом реализации проекта.

Схематично планирование можно представить в виде ответов на основные вопросы, стоящие перед управляющим проектом (рис. 3.6). Ответы на эти вопросы должны привести к конечному результату – реализации проекта и достижению целей его участников.

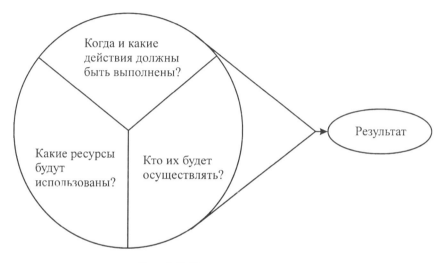

Рис. 3.6. Схема планирования

Некоторые формы детализации планов, примененные в структуре управления проектами, показаны на рис. 1.4, где изображены 4 основных уровня декомпозиции (детализации) планов – от первого, наиболее общего, к четвертому, наиболее подробному.

Уровни детализации позволяют осуществить эффективное планирование по всем параметрам процессов реализации проекта (см. рис. 3.1). Для этого в процессе инициации и разработки проекта необходимо подготовить информацию, достаточную для его планирования: описание работ, технические требования к проекту, график основных этапов реализации и др.

Основой построения планов разных уровней является структура декомпозиции работ (WBS) – разбивка проекта на более мелкие составляющие: подпроекты, пакеты работ различных уровней, пакеты детальных работ. WBS наглядно отображает не только уровни подчиненности работ, но также зоны ответственности и отчетности, позволяет интегрировать структуру в информационную систему контроля над проектом.

Количество уровней декомпозиции может быть изменено в зависимости от особенностей проекта, его сложности и продолжительности, квалификации команды, организационной структуры управления предприятием и др. Очевидно, чем проще проект и иерархическая структура предприятия, больше опыт работы и выше квалификация команды, тем меньше уровней декомпозиции требуется для успешной реализации проекта.

Построение структуры декомпозиции работ (WBS) происходит сверху вниз или снизу вверх, в отдельных случаях возможно совмещение этих способов. Для разделения или группировки работ используют различные методы генерации решений, о которых говорилось в гл. 2: метод номинальной группы, мозгового штурма, метод Дельфы и др.

Последний, низший (в данном случае четвертый) уровень WBS составляют *пакеты работ*, которые включают конечные работы, осуществляемые одним или несколькими исполнителями. При необходимости каждую из конечных работ можно разбить на этапы, действия, движения. Примерная структура декомпозиции работ показана на рис. 3.7.

Декомпозицию работ проводят:

- *по сфере ответственности* – разделяют работы, выполняемые генеральным контрактором и субконтракторами;
- *по категориям работ* в зависимости от требований к конечным исполнителям;
- *по категориям работ*, определенным требованиями к оборудованию;
- *по категориям работ*, которые определены требованиями к материалам, таким как бетон, древесина или сталь;
- *по отдельным конструктивным элементам* (крыша, стены и др.);
- *по месту нахождения проекта*, если проект реализуют различные исполнители;
- *по потребностям заказчика*, например, для целей подготовки тендерной документации или осуществления различных денежных расчетов;
- *по потребностям контрактора,* например, для целей учета затрат.

Например, пакет работ «Устройство полов из керамической плитки» может быть разделен на следующие работы (табл. 3.3).

В процессе построения WBS при назначении работам кодов можно связать ее с *организационной структурой* (*OBS – Organizational Breakdown Structure*) для управления персоналом, со *структурой статей затрат* (*CBS – Cost Breakdown Structure*) для управления затратами, а также с графиком работ в методе критического пути.

Одним из этапов планирования является составление *бюджетов* проекта (или *бюджетное планирование*): финансового, маркетингового, производственного и др., которые консолидируют в единый бюджет, или финансовый план реализации проекта. *Бюджет проекта* представляет собой **план расходов и доходов** в стоимостном и натуральном выражении.

Если условия функционирования предприятия быстро меняются, применяют метод непрерывного составления бюджетов. Он предусматривает разработку текущего бюджета проекта (например, на 6 месяцев) с пересмотром его в конце каждого месяца путем исключения этого месяца и добавления бюджетных оценок на месяц, следующий за окончанием первоначального бюджетного периода.

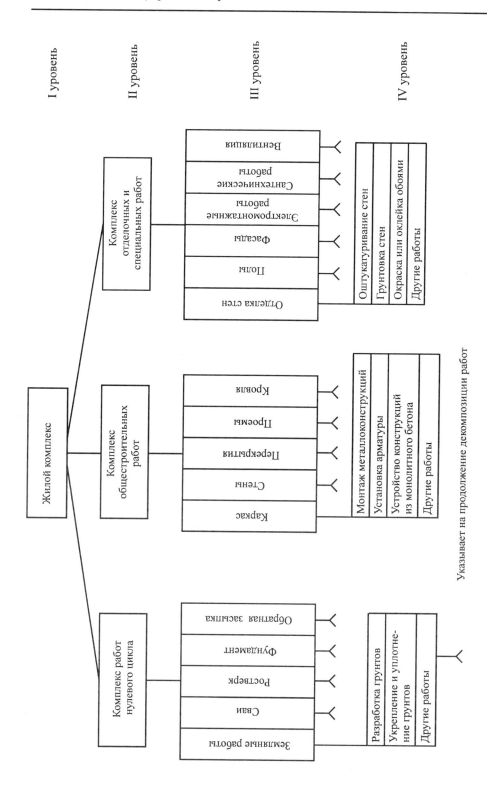

Рис. 3.7. Структура декомпозиции работ по строительству комплекса зданий

Устройство полов из керамической плитки

№ п/п	Операции	Единица первичной продукции
1	Очистка основания от мусора и пыли	1 м² основания
2	Установка маяков	1 маяк
3	Подача и расстилание раствора слоем 3 см	1 м² раствора
4	Укладка плиток на раствор с подбором по цвету	1 плитка
5	Подгонка плиток у стен	1 м периметра стены
6	Зачистка швов	1 м² пола
7	Переход из одного помещения в другое	Один переход

Традиционно с процессом планирования ассоциируются графики, календарные планы и диаграммы. Разработка и составление планов производятся практически по всем функциям управления (см. рис. 1.9): кадровому обеспечению, снабжению, безопасности, управлению материальными ресурсами и качеством, информационному обеспечению, различным видам бюджетов и др. Этот список можно дополнить, чтобы планирование соответствовало особенностям конкретного проекта. Среди основных планов можно выделить: *производственный*, в котором отражаются все процессы производства, и *финансовый*, отражающий все финансовые потоки.

Иногда диаграммы (графики), представляющие эти планы, совмещают и получают *совмещенный график реализации ИСП*. Это более сложный график, но более удобный для контроля реализации проекта. На примерном совмещенном графике производства работ и их стоимости при строительстве жилого комплекса (рис. 3.8) показаны стоимость, последовательность, период и объемы выполнения работ. По такому графику удобно контролировать ход выполнения работ и затраты. К примеру, линию графика планируемых работ можно отметить одним цветом, а фактическое выполнение на текущий момент – другим. Над линией графика указывается объем выполняемых работ, а под линией – их стоимость. Взглянув на такой график, управляющий проектом имеет полное представление о ходе реализации проекта и может принять меры по его корректировке.

Декомпозиция работ по временным параметрам предусматривает использование трех видов планирования:

1. *Стратегическое планирование* позволяет разработать комплекс действий на долгосрочную перспективу. В процессе стратегического планирования устанавливают главные цели и важнейшие желаемые результаты реализации проекта, при этом обязательно учитывают возможности внешней и внутренней среды.

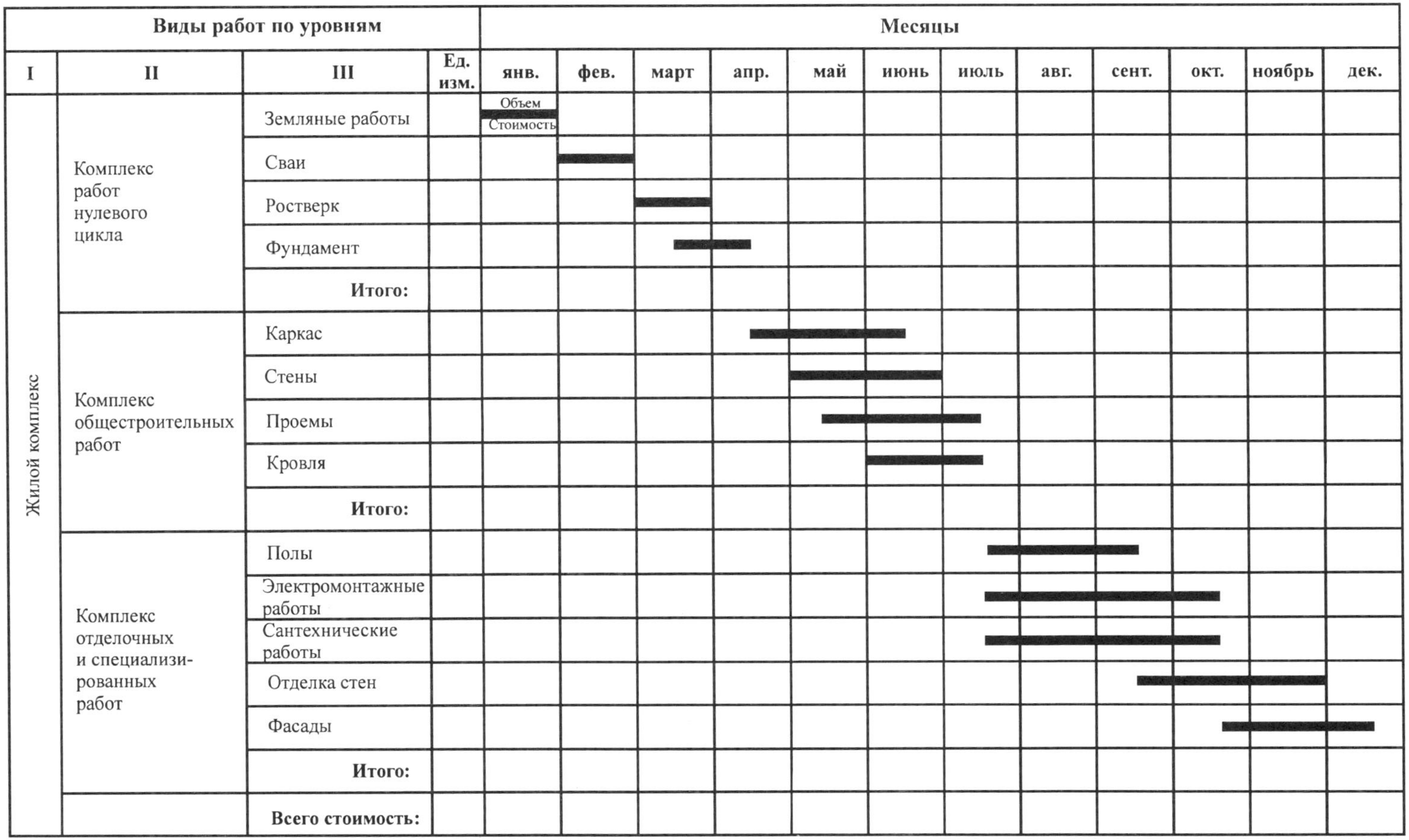

Виды работ по уровням			Ед. изм.	Месяцы											
I	II	III		янв.	фев.	март	апр.	май	июнь	июль	авг.	сент.	окт.	ноябрь	дек.
Жилой комплекс	Комплекс работ нулевого цикла	Земляные работы		Объем Стоимость											
		Сваи													
		Ростверк													
		Фундамент													
		Итого:													
	Комплекс общестроительных работ	Каркас													
		Стены													
		Проемы													
		Кровля													
		Итого:													
	Комплекс отделочных и специализированных работ	Полы													
		Электромонтажные работы													
		Сантехнические работы													
		Отделка стен													
		Фасады													
		Итого:													
		Всего стоимость:													

Рис. 3.8. Совмещенный график производства работ и их стоимость

2. *Тактическое планирование* позволяет распределить ресурсы для достижения стратегических целей и результатов. Если стратегические планы отвечают на вопрос «что делать», то тактические – на вопрос «как достичь поставленной цели». Тактические планы обычно содержат количественные показатели по продуктам, данные о капиталовложениях, источниках финансирования и др.

Отметим, что:
- выполнение тактических планов легче контролировать и они менее подвержены риску;
- результаты тактических решений проще оценить, так как они могут быть выражены в конкретных численных показателях;
- для тактического планирования характерно тяготение к уровням отдельных подразделений – продуктовых, региональных, функциональных.

3. *Оперативное планирование* определяет планирование отдельных операций в краткосрочной перспективе – от нескольких дней до месяца. В условиях динамичного хода производственного процесса и воздействия дестабилизирующих факторов в ходе строительства объектов могут возникнуть отклонения, которые в последующем трудно ликвидировать при использовании месячного и годового циклов планирования. В такой обстановке переходят к планированию по недельно-суточным и суточно-часовым графикам.

На практике процесс разработки и планирования осуществляется с помощью прикладных компьютерных программ, которые обеспечивают высокую скорость и точность расчетов, удобство внесения изменений и при необходимости интеграцию со всеми информационными системами предприятия.

На планировании основываются все последующие процессы управления проектами, для повышения эффективности которых применяют методы, объединяющие различные процессы. Так, для объединения планирования и контроля реализации проекта может использоваться *управление по целям (management by objectives, или МВО)*. Впервые применение концепции МВО для повышения эффективности предприятия было предложено Питером Друкером (Peter Drucker) в середине XX в. Впоследствии данный подход получил распространение в управлении предметной областью проектов, где конечная цель достигается путем реализации промежуточных целей.

Управление проектами не требует строгой последовательности процессов управления, и зачастую команда управления прибегает к совмещению различных процессов.

3.3. Выполнение работ проекта

В процессе *выполнения работ проекта (project execution)* производятся заранее запланированные работы, корректируются и усовершенствуются планы реализации проекта.

Необходимо понимать разницу между *реализацией проекта*, т. е. выполнением всех процессов и функций управления на всех фазах жизненного цикла проекта, и *выполнением работ проекта*, т. е. практическим осуществлением *конкретного* вида работ на *конкретной* фазе жизненного цикла проекта.

Существуют два основных вида распределения во времени планирования и выполнения работ проекта (рис. 3.9):

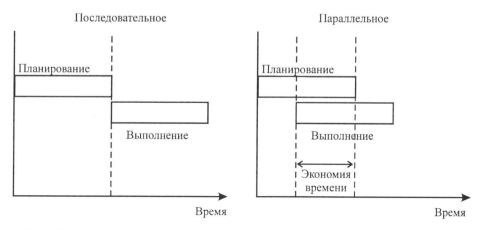

Рис. 3.9. Различные виды распределения во времени процессов планирования и выполнения работ проекта

1. *Последовательное*, когда работы выполняются после детального планирования проекта. Если проект разделен на несколько частей, то планирование очередной его части осуществляется после выполнения предыдущей.

2. *Параллельное* – выполнение работ начинается еще до окончания процесса планирования, причем чередование может осуществляться с различной степенью наложения. В отдельных случаях планирование и выполнение работ могут вестись практически одновременно.

Однако в оптимальном варианте до начала выполнения работ *желательно* иметь стратегический план всего проекта и план работ I и II уровней детализации. Примерное совмещение процессов планирования и выполнения работ показано на рис. 3.10.

В общем случае параллельное планирование и выполнение работ имеет ряд преимуществ: сокращается время реализации проекта и снижаются издержки. Правда, если начать выполнение проекта слишком рано, возрастают риски непредвиденных изменений. Таким образом, возможность возникновения дополнительных затрат на осуществление работ, связанных с изменениями в проектах и неопределенностью в их развитии, препятствует очень раннему переходу к процессу выполнения проекта.

Для принятия решения о времени начала выполнения работ проекта необходимо учитывать особенности реализуемого проекта (новизну, наличие информации об аналогичных проектах, наличие неопределенности в сроках реализации и др.) и оценить риск возникновения изменений.

Особую роль в выполнении работ играет наличие у заказчика комплекса качественно выполненной проектно-сметной документации (ПСД), включающей технико-экономическое обоснование (ТЭО) проекта и рабочую документацию. Выбор проектных организаций может быть произведен как по результатам конкурса на проведение проектно-изыскательских работ (ПИР), так и путем переговоров.

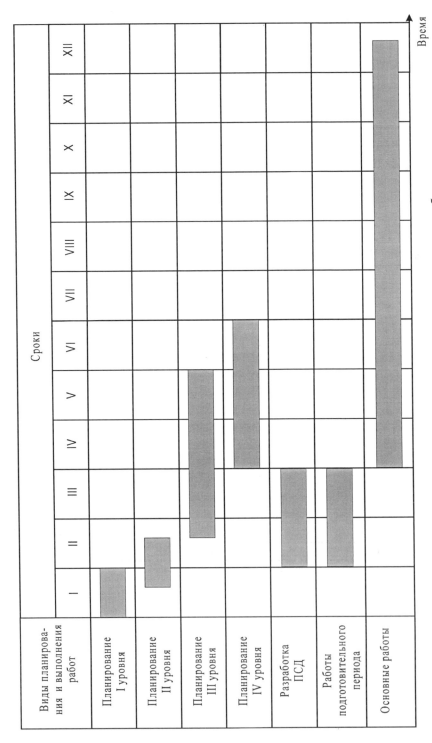

Рис. 3.10. Совмещение процессов планирования и выполнения работ

Разработка ТЭО осуществляется специализированными проектными предприятиями. Разработка, согласование, экспертиза и утверждение ТЭО в строительстве регламентируются общероссийскими и ведомственными нормативными документами. После утверждения ТЭО заказчик принимает решение о разработке рабочей документации. Рабочий проект и рабочая документация могут разрабатываться до начала работ в полном объеме или поэтапно. Одновременно происходит подготовка сметной документации, документации по обеспечению качества проекта и др.

Состав рабочей документации определяется государственными стандартами и уточняется заказчиком и проектировщиком в соответствующем договоре.

Схема процесса выполнения работ на первый взгляд довольно проста (рис. 3.11), однако сам процесс выполнения работ может быть многообразным и сложным – все зависит от сложности и класса проекта. Эти показатели определяют и набор исполнителей.

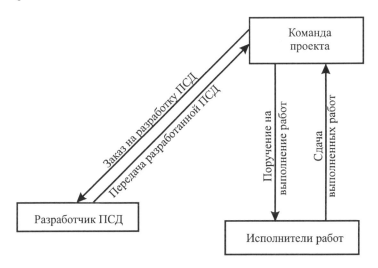

Рис. 3.11. Схема процесса выполнения проекта

Рекомендуется следующий состав рабочей документации:

рабочие чертежи, предназначенные для производства работ;

рабочая документация по ГОСТ 12.501;

спецификация оборудования, изделий и материалов по основным комплектам рабочих чертежей по ГОСТ 21.101;

ведомости и сводные ведомости объемов строительных и монтажных работ по ГОСТ 21.101;

сметная документация;

конструкторская документация по изготовлению нестандартного оборудования, конструкций, узлов и деталей;

другие разделы.

Рассмотрим особенности управления проектом, которые оказывают ключевое влияние на эффективность его реализации.

Во время выполнения работ остро стоит вопрос регулирования проекта – корректировки плановых и фактически достигаемых результатов проекта. Из-за принципиальной непредсказуемости изменения всех факторов, оказывающих влияние на проект, самый детальный план может давать сбои. Задача управляющего проектом – вернуть проект в запланированное русло или изменить планы.

Планирование и регулирование выполнения работ проекта производятся на основе календарных планов и графиков по исполнителям, временным параметрам, видам работ различной степени укрупнения и т. д. В этих планах приводятся основные показатели работ и ресурсов в натуральном и стоимостном выражении по различным частям проекта и временным параметрам. К данным показателям можно отнести трудозатраты, сменность, количество рабочих в бригаде и др. Формами представления календарных графиков являются линейные, сетевые модели и циклограммы.

В процессе оперативного планирования, которое отражает ход выполнения и приемки работ, использования ресурсов и выполнения технико-экономических показателей, заказчик производит корректировку работ с целью исполнения контрактных обязательств перед другими участниками проекта.

Календарные графики представляют собой важную часть документов организации и прозводства работ и являются основой текущего и оперативного планирования.

Проект организации работ (ПОР) является частью технического (техно-рабочего) проекта. В нем определяются общая продолжительность и промежуточные сроки работ, распределение капитальных вложений и объемов работ, материально-технические и трудовые ресурсы и источники их покрытия, основные методы выполнения работ и структура управления проектом.

3.4. Контроль проекта

Эффективное управление проектами невозможно без контроля его качества, объема и графика выполнения работ, затрат и др. Все основные элементы проекта должны быть определены еще до его начала, чтобы создать базу для контроля. Таким образом, время и ход выполнения работ в физическом и стоимостном выражении являются основными контролируемыми параметрами в процессе реализации проекта.

Представим, что в конце отчетного периода N по проекту будет выполнен объем работ X с уровнем качества Q при рассчитанной себестоимости C. Цель контроля – измерить фактические значения этих величин и установить, насколько точно реализуются планируемые показатели, а в случае необходимости внести изменения, чтобы выполнить основные задачи проекта.

Контроль проектов (control) представляет собой сложный процесс сравнения фактических и плановых показателей выполнения работ, а также внесения необходимых корректив действий для устранения нежелательных отклонений. Он затрагивает количественную и качественную оценку проекта, который находится в состоянии постоянного изменения.

На рис. 3.12 изображена система контроля, которая имеет ***вход, выход***, а также ***блок реализации проекта***, при этом показатели входа и выхода соединены ***обратной связью*** и ***корректирующими действиями***, которые может предпринять ***управляющий проектом*** при отклонении фактических показателей от плановых.

Рис. 3.12. Простая интерпретация системы контроля с обратной связью

Выделяют три типа контроля: инженерно-технический, финансовый и производственно-технологический. Параллельно осуществляется ***контроль качества*** всех выполняемых работ.

Основными этапами контроля являются: 1) проверка и корректировка планов; 2) оценка хода работ; 3) сравнение плана и фактических результатов; 4) принятие мер.

На ***первом этапе*** необходимо обозначить промежуточные результаты, которые должны быть получены при реализации проекта и которые можно количественно и качественно измерить и оценить. Обычно рассматривают три группы показателей: затраты, время и качество.

Данная работа ведется в процессе планирования (*WBS* и др.), а в процессе выполнения работ проекта вносятся коррективы. Проекты, состоящие из множества частей и договорных обязательств, требуют более тщательного контроля, чем проекты, выполняемые одним генконтрактором. Чертежи и спецификации устанавливают стандарты для контроля качества. Чертежи и планы определяют объем работы, которую необходимо выполнить, и другие показатели проекта. Смета проекта определяет консолидированный бюджет всего проекта и его отдельных частей.

На ***втором этапе*** измеряются фактические затраты времени для достижения результата с требуемым качеством. Измерение фактического времени производится в реальных единицах, а сравнение сметных затрат – в приведенных. Информацию о фактических затратах и график выполнения работ можно сохранить для использования в аналогичных проектах предприятия.

На ***третьем этапе*** происходит сравнение фактических значений затрат, времени и качества с запланированными. Это позволяет сравнить ожидаемый и получаемый результаты, определить эффективность планирования и устранить выявленные отклонения.

На ***четвертом этапе*** при обнаружении значительных расхождений между фактическими и плановыми показателями принимаются меры по возвращению реализации проекта в рамки основного плана или вносятся необходимые изменения в планы.

При реализации проектов выполняется множество заданий, подзаданий и пакетов работ. Поэтому необходима система периодической отчетности по ходу реализации каждой части проекта. Рассмотрим основные методы, помогающие оценить развитие проекта.

Метод последовательного счета подходит к заданиям, включающим работы, которые требуют последовательного выполнения. Например, установка посудомоечной машины может включать несколько работ, выполняемых в такой последовательности:

приемка и осмотр – 15 %;

окончание установки – 35%;

окончание регулировки – 55%;

окончание тестирования – 80%;

прием заказчиком – 100%.

Завершение каждой работы является этапом, отражающим процент выполнения проекта, устанавливаемый на основе трудоемкости работ.

Метод «начало-окончание» применяется к работам, у которых отсутствуют заранее определенные этапы или для которых сложно точно рассчитать время реализации. К примеру, регулировка частей оборудования может занять от нескольких часов до нескольких дней в зависимости от ситуации. Рабочие могут знать время начала и окончания задания, но время окончания работ внутри задания может быть неизвестно. При использовании этого метода вначале назначается произвольный процент завершения и 100% завершения по окончании. Для заданий с большой продолжительностью начальный процент может быть установлен на уровне 20–30%, в то время как для заданий с небольшой продолжительностью этот показатель может быть равен 0%.

Метод соотношения издержек производства можно использовать для решения задач административного управления (обеспечения качества, контроля исполнения контрактов или общего контроля проекта). Исполнение подобных заданий требует длительного времени. Обычно затраты на эти задания исчисляются как единовременные. Процент завершения задания может быть рассчитан по формуле

$$\frac{\text{Процент завершения}}{\text{задания}} = \frac{\text{Фактические затраты или часы работы на определенную дату}}{\text{Прогнозируемое значение затрат или часов работы по завершении задания}} . \quad (3.10)$$

Метод взвешенных единиц применяется для заданий, требующих выполнения большого количества работ на протяжении длительного времени. Обычно такие задания состоят из нескольких параллельно выполняемых работ с разными единицами измерения. Каждой работе назначается вес, отражающий ее вклад в общий результат этапа, который равняется 100%. Чаще всего физическим измерением подобного вклада является время работы. Затем результаты работ приводятся к одной единице измерения и вычисляется процент завершения задания.

Независимо от размера предприятия в процессе контроля над проектом значительную роль играет *контроль издержек*. Для малого предприятия провал лишь одного проекта может привести к банкротству, в то время как большие предприятия могут покрыть убытки за счет нескольких проектов.

Контроль издержек предполагает наличие хорошей системы управления затратами, которая должна включать [53] составление смет, учет затрат, движение денежных средств проекта и предприятия, калькуляцию прямых затрат на оплату труда и нормы накладных расходов, другие элементы (материальное стимулирование, штрафы и участие в прибылях).

В процессе контроля над проектом часто используются ***статистические методы***. Любые бизнес-операции могут быть описаны как специфические процессы с заданным допустимым отклонением и количественно измеряемыми переменными. Анализ измеренных переменных является основой дальнейшего совершенствования процесса. Основными инструментами статистического контроля процессов являются количественные данные и различные виды диаграмм, обеспечивающие эффективный сбор информации, распознавание моделей данных и измерение переменных. Рассмотрим некоторые инструменты статистического анализа.

Основная цель использования ***контрольных диаграмм*** (***control charts***) – предотвращение возникновения дефектов. Издержки производства некачественных товаров или услуг намного выше, чем при производстве аналогичных качественных товаров. Это выражается в затратах на оплату труда, материалов и оборудования, а также в потере конечных потребителей. В свою очередь, затраты на производство товара надлежащего качества можно значительно снизить, применяя статистические контрольные диаграммы. Использование последних основано на нормальном статистическом распределении (рис. 3.13).

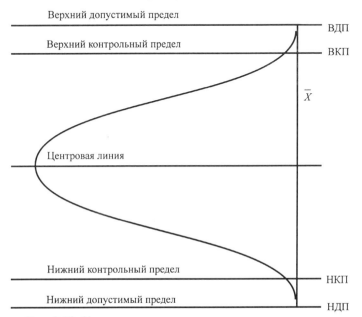

Рис. 3.13. Контрольная диаграмма и нормальная кривая

Центровая линия контрольной диаграммы представляет среднее значение ($\overline{X}$). *Верхний и нижний контрольные пределы* показывают это среднее плюс–минус три *стандартных отклонения* от среднего значения ($\overline{X} \pm 3s$). Нормальное распределение может быть описано с помощью средней и стандартного отклонения и представляет собой колоколообразную кривую (ее иногда называют *распределением Гаусса),* симметричную относительно среднего значения. В нормальном распределении 99,73 % всех измерений находится в пределах $\overline{X} \pm 3s$. Данные пределы контрольных диаграмм еще называют пределами трех сигм.

Такие компании, как Motorola, чаще используют предел шести сигм, который допускает производство только двух дефектных элементов на миллиард (табл. 3.5). Поддержание подобного предела может быть крайне дорогостоящим, если эти затраты нельзя распределить скажем, среди миллиарда производимых товаров [53].

Таблица 3.5

Отличительные черты нормального распределения [53]

Диапазон допустимых значений	Процент внутри диапазона	Дефектные элементы на миллиард
1	68,27	317 300 000
2	95,45	45 400 000
3	99,73	2 700 000
4	99,9937	63 000
5	99,999943	57
6	99,9999998	2

Анализируя контрольные диаграммы (рис. 3.14), определяют, находятся ли изменчивость и среднее значение процесса на постоянном уровне и следует ли принять какие-либо меры, если они непостоянны.

В статистическом анализе принято выделять два типа контрольных диаграмм: *переменные диаграммы*, которые используют непрерывные данные, и *атрибутивные диаграммы* для дискретных данных.

Переменные диаграммы – это мощный инструмент, если значения показателей, характеризующих процесс, являются переменными (например, электрическая мощность или вращающий момент двигателя).

Атрибутивные диаграммы отражают данные, имеющие только два значения (соответствует / не соответствует; годен / не годен; присутствует / отсутствует и др.). Однако и такие данные можно подсчитать, записать и обработать. Примерами могут быть: наличие маркировки на товаре, наличие капель от припоя на изделии или целостность электрической цепи.

Контрольные диаграммы позволяют определить, вызвано ли отклонение каким-то особым случаем или оно связано с недостатками в управлении. Полученная информация может быть использована инженерами, техниками и управляющими для предотвращения отклонений или корректировки параметров процесса.

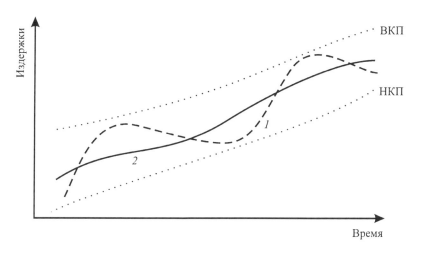

Рис. 3.14. Контрольная диаграмма издержек проекта: *1, 2* – соответственно фактическое и среднее (прогнозируемое) значения издержек

3.5. Завершение проекта

Завершение проекта (project close-out) – это оценка и приемка-передача результатов проекта заказчику, анализ выполнения работ проекта и разрешение всех спорных вопросов между участниками проекта.

Завершение проекта может быть:

1. *Нормальным*, когда проект завершается в соответствии с контрактами, его результаты передаются заказчику и проводятся итоговые финансовые взаиморасчеты.

2. *Долгосрочным*, когда завершение проекта постоянно задерживается из-за незапланированных изменений или откладывается под воздействием факторов внешней и внутренней среды, например из-за проблем с финансированием.

3. *Досрочным*, если по тем или иным причинам управляющий проектом пропускает некоторые этапы реализации проекта, например, тестирование готового продукта или планирование, и завершает проект раньше срока. В большинстве случаев досрочное завершение негативно влияет на результат и достижение целей проекта.

4. *Форсмажорным*, если проект не может быть выполнен в результате обстоятельств, не зависящих от предприятия, например, цели проекта могут быть заранее недостижимы, результат проекта не может пройти испытания или же заказчик больше не заинтересован в реализации проекта.

Ликвидация проекта до достижения конечного результата может быть следствием:

- неверного расчета плановой себестоимости проекта и показателей его эффективности;
- нехватки средств для продолжения финансирования проекта;
- невыполнения контракторами своих обязательств;
- нарушения взаимодействия между участниками проекта и пр.

Процесс завершения проекта можно графически интерпретировать с помощью групп операций (рис. 3.15).

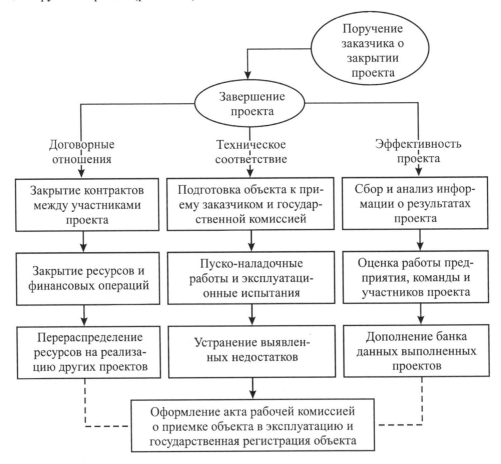

Рис. 3.15. Операции по завершению проекта

Как видно из рис. 3.15, инициатором завершения проекта является заказчик. Он должен получить все запланированные результаты реализации проекта: вводимый в эксплуатацию объект (товар, продукт и т. д.), документацию по эксплуатации, обслуживанию и гарантийные обязательства.

Когда заказчику необходимо получить точные данные о фактических эксплуатационных характеристиках оборудования, поставленного или произведенного в результате реализации проекта, проводят эксплуатационные испытания. В процессе реализации проекта возможно проведение инспекций и тестирования различных его узлов или составных частей, а по завершении всех работ производится окончательное тестирование результатов проекта.

Примерная последовательность эксплуатационных испытаний такова:

- сравнение эксплуатационных характеристик проекта с запланированными;
- выявление расхождений между ними;
- определение причин расхождений;
- разработка мероприятий по устранению обнаруженных расхождений (недоделок);
- организация работ по устранению недоделок.

Для проведения испытаний и анализа их результатов назначается специальная комиссия. По результатам испытаний составляется отчет, который является основанием для передачи объекта заказчику. Перед подписанием акта приемки-передачи подрядчик должен предоставить заказчику гарантии и все документы, указанные в контракте.

При завершении проекта желательно проанализировать и задокументировать все положительные и отрицательные факторы, влияющие на его реализацию, для учета их в будущих проектах.

При управлении проектами в таких рискованных сферах промышленности, как строительство, опыт помогает подрядчикам сократить издержки, повысить производительность, создать хорошую репутацию и выигрывать тендеры.

Система учета расходов по проекту является важным компонентом этого процесса. Она позволяет контролировать издержки и производительность, зафиксированные при реализации проекта. Однако эта система не позволяет учитывать организационные, управленческие и некоторые другие усовершенствованные инструменты и процедуры. Чтобы учесть эти аспекты реализованного проекта, необходимо наладить систему послепроектной оценки. Для этого после окончания работ управляющий собирает комиссию, состоящую из команды проекта и ключевых специалистов, участвовавших в проекте, для группового анализа своей работы. Для этих целей чаще всего используется техника, основанная на методе номинальной группы, описанная в гл. 3.1. На индивидуальных листках члены комиссии отмечают элементы позитивного опыта, полученного в ходе реализации проекта, а также элементы, которые они хотели бы изменить. Затем листки с записями группируются по *схожим* категориям. Формируется подробное описание категорий, которые анализируются, а результаты анализа документируются.

Усовершенствованные и примененные в процессе реализации проекта обновленные процедуры или процессы должны быть формально описаны как схемы последовательности операций и процедур или календарных графиков технологических процессов. Эту информацию можно использовать в других аналогичных проектах.

Комиссия должна также оценить качество разработки планирования проекта, соответствие первоначальных планов и фактического графика выполнения работ. При значительных нарушениях планов следует определить, чем они были вызваны и как можно было этого избежать в процессе планирования. Такая информация позволяет исключить подобные ошибки в будущем.

По окончании работ по проекту генконтрактор, прежде чем передать документы заказчику, должен удостовериться, что они отвечают всем необходимым требованиям. Среди этих документов могут быть гарантии, руководства и инструкции по эксплуатации оборудования, план ввода данных в системе ЧПУ, спецификации материалов, запасных частей и инструментов для содержания и технического обслуживания, техническая документация изготовителя, сертификаты соответствия техническим условиям и др.

Обычно каждый контракт требует от контрактора гарантий качества материалов, работы оборудования и бездефектного выполнения работы на протяжении гарантийного срока.

В случае ликвидации проекта возможны сдача-приемка частичных результатов проекта, оценка его активов (оборудования, материалов, запасов сырья и готовой продукции, объектов незавершенного строительства и др.) и их последующая продажа на аукционе.

3.6. Гарантийные обязательства по проекту

В условиях конкурентной деятельности гарантийные обязательства стали важной составляющей реализации любых проектов, обеспечивающей ответственность производителя (подрядного предприятия) за свою работу. В правовой сфере отношения между производителем и конечным потребителем продукции, используемой для личных целей, регулируются законом Российской Федерации «О защите прав потребителей», в отношении всех физических и юридических лиц – Гражданским кодексом и индивидуальными контрактами.

Гарантийные обязательства (warranty) – это документально оформленное обещание предприятия, реализовавшего проект, бесплатно по требованию заказчика (потребителя), осуществить ремонт или замену товара при обнаружении в нем производственных недостатков.

Если по истечении определенного периода результаты проекта, которые являются товарами длительного пользования, могут представлять опасность для жизни, здоровья потребителя, причинить вред его имуществу или окружающей среде, производитель (генконтрактор, подрядчик) обязан установить срок службы товара или иного результата проекта. Перечень товаров утверждается Постановлением Правительства Российской Федерации. Обычно срок службы измеряется в единицах времени, однако возможно использование и других единиц – километров, литров и т. д.

Вред, причиненный жизни, здоровью или имуществу потребителя в течение установленного срока службы или срока годности товара (работы) и обусловленный конструктивными, производственными, рецептурными или иными недостатками товара (работы, услуги), подлежит возмещению в полном объеме. Право требовать возмещения вреда признается за любым потерпевшим независимо от того, состоял он в договорных отношениях с производителем или нет.

Производитель несет ответственность за вред, причиненный жизни, здоровью или имуществу потребителя в связи с использованием материалов, оборудования, инструментов и иных средств, необходимых для производства товаров (выполнения работ, оказания услуг), в случаях, предусмотренных договором между потребителем и производителем, а также за явные дефекты.

Если выявленные в течение гарантийного срока несоответствия и нарушения были вызваны несоблюдением правил эксплуатации и содержания товара либо обстоятельствами, не зависящими от подрядного предприятия, последнее освобождается от ответственности.

Для обеспечения безопасности товаров (работ, услуг) федеральные органы по стандартизации, метрологии и сертификации; санитарно-эпидемиологическому надзору; охране окружающей среды и природных ресурсов и другие федеральные органы исполнительной власти (их территориальные органы), осуществляющие контроль качества и безопасности товаров (работ, услуг), в пределах своей компетенции [13]:

- осуществляют контроль за соблюдением требований к безопасности товаров;
- направляют предписания об устранении нарушений требований к безопасности товаров, требования о снятии таких товаров с производства, прекращении их выпуска и продажи, прекращения продажи товаров с истекшими сроками годности и товаров, на которые должны быть установлены сроки годности или сроки службы, но не установлены, а также требования о приостановлении продажи товаров при отсутствии достоверной и достаточной информации о них, об отзыве их от потребителей и информировании об этом потребителей;
- предъявляют иски в суды, арбитражные суды к изготовителям (исполнителям, продавцам) в случае нарушения ими требований к безопасности товаров (работ, услуг).

Гарантийные обязательства подрядного предприятия действуют как в течение гарантийного срока, когда он бесплатно устраняет недостатки, возникшие по его вине, так и в течение установленного срока службы. Предприятие-производитель обязано обеспечить возможность использования товара путем ремонта и технического обслуживания, а также выпуска запасных частей. Если срок службы товара не установлен, то считается, что он составляет 10 лет со дня передачи товара заказчику (потребителю).

Гарантийный срок отсчитывается с момента, когда результат выполненной работы был принят или должен быть принят заказчиком, если иное не предусмотрено договором подряда. По завершении гарантийного срока эксплуатации объекта заказчик и подрядное предприятие подписывают протокол о выполнении всех обязательств по договору и отсутствии взаимных претензий.

Если гарантийный срок на результат работы не установлен, требования, связанные с его недостатками, могут быть предъявлены заказчиком при условии, что они были обнаружены в разумный срок — в пределах двух лет со дня передачи результата проекта, если иные сроки не установлены законом, договором или обычаями делового оборота (ст. 724 ГК РФ).

Если предусмотренный договором гарантийный срок составляет менее двух лет и недостатки результата работы обнаружены заказчиком по истечении гарантийного срока, подрядчик несет ответственность, если заказчик докажет, что недостатки возникли до передачи результата работы заказчику или по причинам, возникшим до этого момента.

Подрядные и иные предприятия, осуществляющие реализацию товаров (работ, услуг), вправе создавать резервы на предстоящие расходы по гарантийному ремонту и обслуживанию, учитываемые как накладные расходы. Согласно ст. 267 Налогового кодекса РФ, налогоплательщик, ранее не осуществлявший реализацию товаров с условием гарантийного ремонта и обслуживания, вправе создавать резерв на гарантийный ремонт и обслуживание товаров (работ) в размере, не превышающем ожидаемых расходов на указанные затраты. Под ожидаемыми понимаются расходы, предусмотренные в плане на выполнение гарантийных обязательств с учетом срока гарантии.

Методические материалы по страхованию строительных рисков предусматривают страхование послепусковых гарантийных обязательств, при этом ответственность страховой компании начинается после вступления в силу послепусковой гарантии и заканчивается по истечении ее срока.

Страховая компания несет ответственность за страховое возмещение расходов, понесенных заказчиком в период послепусковых гарантийных обязательств в результате убытков от повреждения или гибели объектов страхования, если таковые убытки произошли в результате или явились следствием недостатков, допущенных:

- при производстве строительно-монтажных и пусконаладочных операций, выявленных в период гарантийной эксплуатации;
- при выполнении гарантийных обязательств лицом (или лицами), в пользу которого заключено страхование.

Управление гарантийными обязательствами проводится в два этапа (рис. 3.16).

Рис. 3.16. Управление гарантийными обязательствами

В общем виде управление установлением гарантийных обязательств состоит из следующих процедур:

1. Определение результатов, которых можно достичь с помощью гарантийных обязательств, сравнение их с альтернативными вариантами.

2. Формирование пакета гарантийных обязательств предприятия по проекту, включающего срок и предмет гарантийных обязательств, способ устранения дефектов, условия предоставления услуг и работ по гарантийным обязательствам.

3. Назначение подразделений, ответственных за выполнение гарантийных обязательств.

Главным ***результатом введения гарантийных обязательств*** является увеличение объема продаж товара, произведенного в результате выполнения работ проекта. Этого можно добиться за счет введения или расширения гарантийных обязательств, которые являются одновременно функциями различных сфер управления предприятием: маркетинга, рекламы, обеспечения качества и др.

Например, рекламное сообщение представляет новое преимущество товара – продление предприятием гарантийного срока его обслуживания. Увеличение гарантийного срока стимулирует продажи, так как снижает текущие и непредвиденные затраты потребителей на содержание товара. Потребитель, убедившись в отличном качестве товара, при повторной покупке при прочих равных условиях отдаст предпочтению товару именно этого предприятия.

Предприятию необходимо оценить, можно ли достичь того же увеличения объема продаж, прибыли, доли на рынке и пр., не прибегая к увеличению гарантийных сроков. Если это невозможно, приступают к ***формированию пакета гарантийных обязательств***. В гарантийных обязательствах указываются:

1. *Гарантийный срок*, в течение которого потребитель (заказчик) может обратиться по поводу устранения текущих неисправностей, возникших по вине предприятия-производителя, или текущего осмотра и технического обслуживания.

2. *Срок службы товара*, в течение которого потребитель (заказчик) может потребовать устранения критических дефектов в товаре, произошедших по вине предприятия-производителя.

3. *Части товара*, на которые распространяется гарантийное обслуживание.

4. *Способы устранения дефектов* (ремонт либо замена старого товара на новый с идентичными потребительскими качествами).

5. *Условия предоставления гарантийного обслуживания* (требования к эксплуатации товара, ответственность за его доставку, предельные сроки ремонта, компенсация за возникший дефект и т. п.).

Если качество результата проекта не соответствует заявленному, предприятие будет нести большие издержки, связанные с расходами на гарантийное обслуживание. В таком случае необходимо рассмотреть альтернативные варианты достижения поставленных предприятием целей по реализации проекта, допускающие снижение степени гарантийных обязательств, наравне с мероприятиями по повышению качества результата проекта. Назначение подразделений и структур, ответственных за выполнение гарантийных обязательств, происходит, когда предприятие планирует выполнять работы по управлению гарантийными обязательствами и их исполнению собственными силами в полном объеме.

Формируется штатная структура, распределяются обязанности, происходят подбор и обучение персонала, материально-техническое обеспечение данных структур и их интеграция в систему управления проектом и предприятием.

Выводы

1. Процессы управления проектами состоят из семи основных составных частей: инициации проекта, его разработки, планирования, выполнения, контроля, завершения и гарантийных обязательств.

2. Системная модель управления проектом отражает взаимодействие участников, команды проекта, взаимосвязь фаз жизненного цикла и процессов управления проектом, а также временных параметров планирования и управления.

3. Инициация в управлении проектами – это процесс придания инвестиционной привлекательности новому проекту и работа по его продвижению к началу реализации.

4. Для оценки эффективности проектов по методике ЮНИДО используют локальные критерии оптимальности: чистую текущую стоимость (NPV), срок окупаемости (PP), индекс рентабельности (PI), среднюю норму прибыли (AAR), внутреннюю норму доходности (IRR), модифицированную внутреннюю ставку доходности ($MIRR$), средневзвешенный срок жизненного цикла проекта (D).

5. Разработка проекта с учетом принятых уровней детализации производится по четырем основным разделам: экологическому, технологическому, производственному и экономическому.

6. Планирование в управлении проектами – это определение вида и объема действий в условиях прогнозируемого окружения в течение определенного времени.

7. Структура декомпозиции работ (WBS) является основой для построения планов разных уровней. Проект разбивается на более мелкие составляющие – подпроекты, пакеты работ различных уровней, пакеты детальных работ.

8. При декомпозиции планирования по временным параметрам выделяют три основных типа планов: стратегические, тактические и оперативные. В свою очередь, среди методов календарного и сетевого планирования принято выделять диаграммы Гантта, комбинированные графики на основе гистограмм, методы PERT и критического пути – CPM.

9. Выполнение работ – это процесс, в течение которого производятся необходимые, заранее запланированные работы, а также корректируются и усовершенствуются планы реализации проекта.

10. Контроль проекта – это сложный процесс сравнения фактических и плановых показателей выполнения работ проекта, а также внесения необходимых корректирующих действий для устранения нежелательных отклонений.

11. Завершение проекта включает процесс оценки и приемки-передачи результатов проекта, разрешение всех спорных вопросов, а также анализ процессов выполнения работ проекта. Завершение проекта может быть нормальным, долгосрочным, досрочным и форсмажорным.

12. Гарантийные обязательства представляют собой документально оформленное обещание предприятия, реализовавшего проект, бесплатно удовлетворить требования заказчика (потребителя) по ремонту или замене товара в случае обнаружения в нем производственных дефектов.

Глава 4
Функции управления проектом

Согласно наиболее общему определению, *функция* – это деятельность, обязанность, работа, зависящая от другой работы и изменяющаяся вместе с ней [31]. В управлении проектом функции представляют собой различные группы деятельности, реализация которых на различных фазах жизненного цикла проекта определяет достижение конечного результата. Функции управления являются выражением процессов управления, подробно описанных в гл. 3.

4.1. Управление замыслом проекта

Управление замыслом проекта (project idea management) – это управление действиями, способствующими принятию решения о его разработке и реализации.

Реализация функции *управления замыслом проекта* дает представление о том, как возникают идеи проектов. Некоторые из них могут возникнуть неожиданно, даже во сне, другие являются результатом ежедневной работы. Приведем основные варианты возникновения замыслов проекта:

спонтанное, когда замысел о возможной реализации проекта приходит неожиданно. Такая ситуация наиболее характерна для творческой деятельности, например, создания серии картин или музыкального альбома;

вынужденное, когда замысел проекта является реакцией на внешние факторы, которые могут нарушить успешную деятельность компании, например, когда конкуренты выводят на рынок новые или модифицированные товары. Такая ситуация возникла на рынке мобильных телефонов, когда азиатские производители впервые представили модели телефонов со встроенными цифровыми фотокамерами, позднее рыночный сегмент этой модификации телефонов стал одним из самых динамично развивающихся, что привело к созданию европейскими производителями собственных моделей телефонов с фотокамерами;

принудительное, когда замысел проекта является следствием различных предписаний, законодательных, отраслевых или других нормативных документов и т. п. Например, введение требований к выбросам вредных веществ легковых автомобилей Euro II подтолкнуло автопроизводителей к реализации проектов по снижению выбросов в атмосферу;

планируемое – в соответствии с заранее запланированным направлением стратегического развития компании.

Зачастую невозможно определить первоисточник возникновения замыслов проектов. Они могут появиться как у отдельного специалиста, так и у целых групп. Компания вправе самостоятельно выделить приоритетные источники замыслов проектов, которые наилучшим образом отвечают особенностям ее деятельности.

Чандра считает, что толчком к возникновению замыслов могут стать [11]:

- анализ отраслей промышленности;
- анализ поставок и сбыта изделий различных отраслей промышленности;
- анализ потоков импорта и экспорта;
- изучение намерений правительства;
- рассмотрение предложений из финансового сектора;
- анализ местных материалов и ресурсов;
- анализ национальных и международных экономических и социальных тенденций;
- внимательное отслеживание новых технологий и процессов развития;
- изучение поведения потребителя за рубежом;
- анализ возможностей возрождения разрозненных отраслей промышленности;
- посещение ярмарок и выставок для получения информации относительно новых технологий и процессов развития.

Когда возникает замысел проекта, очень важно правильно **управлять его развитием**, т. е. объективно оценить, насколько реально его осуществление, и в случае положительного ответа предпринять шаги для его инициации. Иногда это очень сложно сделать из-за так называемого *синдрома 90 %*. Суть его заключается в том, что при рождении замысла разработчики ведут себя так, словно уже достигли желаемых результатов. Возникает психологический барьер между тем, что необходимо сделать для реализации проекта сейчас, и его конечными результатами, которые могут быть получены через несколько лет. В этой ситуации возможна необъективная оценка предстоящей и переоценка уже выполненной работы.

Чтобы избежать провала, нужно проанализировать, насколько эффективен проект и насколько возможности предприятия соответствуют потребностям проекта. Основная часть этой работы происходит в процессе инициации проекта (см. 3.1).

Рассмотрим основные препятствия к осуществлению проекта, которые необходимо учитывать при управлении его замыслом:

- отсутствие у компании ресурсов для реализации проекта или невозможность обеспечить их поступление извне;
- замысел проекта воспринимается персоналом предприятия как дополнительная нагрузка и вызывает отторжение;
- отсутствие у компании квалифицированных кадров, способных реализовать проект;

- замысел проекта противоречит стратегии развития компании;
- замысел проекта нарушает первоначальные планы заинтересованных сторон;
- реализация замысла проекта сопряжена с недопустимым уровнем риска для сотрудников или компании.

Если компания динамично развивается, диверсифицирует свое производство или является инновационной, то для принятия решения о реализации замыслов целесообразно использовать **матрицу доходности проектов**, которая позволяет оценить стратегические элементы проектов на разных фазах развития путем сопоставления доходов от реализованных замыслов и потенциальных темпов роста доходов в будущем (рис. 4.1). Преимущество этого метода состоит в том, что он позволяет оценивать замыслы проектов даже высокодиверсифицированных компаний.

Рис. 4.1. Матрица доходности проектов

Матрицу доходности проектов можно разделить на 4 сектора (см. рис. 4.1):

потенциально перспективные проекты характеризуются малой долей в доходах компании, но значительными потенциально возможными темпами роста. В этом секторе высок как риск неудачи, так и получение большой прибыли;

перспективные проекты – это детально разработанные и экономически обоснованные замыслы с хорошо прогнозируемыми показателями доходности и низкими рисками реализации;

успешные проекты – это проекты, которые успешно выполнены или находятся на завершающих стадиях реализации и приносят компании невысокий, но стабильный доход;

бесперспективные проекты – это проекты с низкими показателями доходности и высокими рисками, которые находятся на стадии запуска, либо реализация которых по каким-то причинам началась.

После классификации всех существующих проектов и замыслов будущих проектов компания определяет стратегическую роль каждого из них и принимает решение об увеличении финансирования или ликвидации проекта, дополнительных исследованиях рынка или инициации дополнительных проектов для поддержки успешной реализации основных.

Таким образом, управление замыслом – это работа по подготовке проекта к инициации. Управление замыслом обычно осуществляет высшее руководство компании с привлечением консультантов по различным направлениям знаний. Привлечение управляющих проектами и создание команды на данном этапе необязательны.

4.2. Управление предметной областью

Управление предметной областью проекта (project scope management) – это функция управления, позволяющая учесть особенности реализации и результата проекта, обусловленные отраслевой спецификой, рынком и потребительскими предпочтениями.

Предметную область проекта можно определить как производную от выполняемых работ и как характеристику результатов реализации проекта. Для предприятия-заказчика важен не столько процесс реализации проекта, сколько конечный результат или товар, будь то микрочип или космическая станция. В то же время для предприятий, выполняющих работы по реализации проекта, важен сам процесс реализации. Для них предметной областью проекта будет не конечный результат (товар), а создаваемые промежуточные материальные ценности в виде отдельных узлов, схем, деталей, заготовок и т. п. Все они должны соответствовать стандарту, иметь высокое качество и вписываться в общий конечный результат (или товар) проекта.

Качественный результат проекта (товар) можно получить только при высоком качестве промежуточных составляющих и их соответствии стандартам и назначению. Поэтому управление предметной областью должно быть направлено как на количественное создание конечного результата (товара), так и на промежуточные материальные объекты и ценности, входящие в состав конечного продукта.

Под товаром мы будем понимать все, что может удовлетворить потребности заказчика или рынка (широкого круга потребителей).

В процессе инициации, разработки и планирования команда проекта должна учесть три уровня детализации будущего товара:

товар по замыслу (что это будет);

товар в реальном исполнении (упаковка, качество, дизайн, торговая марка, набор отличительных свойств, условия использования, хранения и др.);

товар с подкреплением (гарантийные обязательства, сопутствующие товары, предпродажная подготовка и послепродажное обслуживание, поставка и монтаж, товарный кредит и др.).

Результатом проекта должен стать не просто товар, а товар, приносящий предприятию прибыль.

Прежде чем приступать к управлению предметной областью, необходимо рассмотреть схемы классификации товаров [16]:

по времени потребления товаров:

- товары краткосрочного пользования (потребляются за один или несколько раз);
- товары долгосрочного пользования (потребляются в течение длительного периода времени);

по типам потребителей:

- товары широкого потребления;
- товары производственного назначения – товары, используемые в коммерческой деятельности.

В свою очередь, среди товаров широкого потребления выделяют товары:

- повседневного спроса (потребляемые часто, без раздумий, без усилий на выбор и сравнение с другими товарами);
- предварительного выбора (которые потребитель сравнивает по показателям качества, цены, дизайна и др.);
- особого спроса (ради особых характеристик этих товаров потребитель готов потратить дополнительные средства);
- пассивного спроса (товары широкого потребления, о которых потребитель либо не знает, либо не задумывается об их покупке).

Товары производственного назначения подразделяются:

- на материалы и комплектующие (товары, которые полностью используются в процессе производства другого товара);
- капитальное имущество (товары, которые постепенно переносят свою стоимость на производство другого товара);
- вспомогательные материалы и услуги (товары, которые не присутствуют в другом производимом товаре).

Таким образом, управление предметной областью должно помочь управляющему проектом определить основные параметры товара, особенности его производства и последующей реализации, а также послепродажных обязательств. Рассмотрим основные параметры товара, которые необходимо принимать во внимание в процессе его разработки:

1. *Качество* товара – определяется качеством реализации проекта материалов, квалификацией работников и другими факторами, управление которыми подробно рассматривается в 4.5.

2. *Отличительные свойства* – степень совершенства, наличие дополнительных функциональных возможностей, необходимых потребителю. (Наличие отличительных свойств товара должно быть заложено в проект до начала его выполнения.)

3. *Дизайн* – форма, цвет, эргономика товара и т. д. Дизайн – это не просто внешний вид товара, он определяет его суть и в конечном итоге – потребителя, который готов заплатить за него деньги. Дизайн должен соответствовать функциональному назначению товара. В настоящее время дизайн определяет специфику многих проектов, от замысла дизайнера, конструктора, архитектора зависят все фазы реализации проекта и имидж предприятия.

4. *Упаковка товара* – оболочка, защищающая его от повреждения. Концепция упаковки определяет ее вид и назначение. Иногда, чтобы упаковка товара была более выразительной, в товар вносят конструктивные изменения. Примером может служить проект по производству шоколадных фигурок животных.

5. *Торговая марка* является одним из очень важных элементов создания товара. Например, торговая марка *Rolex* определяет материал корпуса для новых часов – это могут быть только дорогие металлы с уникальными свойствами.

Не менее важной составляющей удачного товара является его послепродажное обслуживание. Сюда включаются поставка комплектующих, гарантийный ремонт, отзыв некачественной продукции, служба технической поддержки. После того как товар произведен, проект не заканчивается, и все эти мероприятия должны быть запланированы заранее. Они влияют на успех проекта и предприятия в целом.

Механизм управления предметной областью представляет собой совокупность инструментов и субъектов воздействия на систему управления проектами и зависит от вида проектно-ориентированного предприятия:

1. На проектно-ориентированном предприятии, реализующем небольшое количество проектов или один проект, управление предметной областью осуществляется через производственные отделы и службы, занимающиеся производством (главный технолог, главный инженер, служба энергообеспечения и т. д.).

2. В холдинговых структурах управление предметной областью является более сложным (рис. 4.2). Совет директоров холдинга определяет общую характеристику будущего товара и поручает управление предметной областью одному из вице-

Рис. 4.2. Управление предметной областью в холдинговых структурах

президентов, который нанимает компанию по управлению проектами. Компания обеспечивает качественное управление, привлекая службы холдинга: служба маркетинга определяет, какие товары пользуются наибольшим спросом, и предлагает новые характеристики к разработке будущего товара, отдел продаж также участвует в разработке новых качественных характеристик товара; производственно-технический отдел рекомендует новые технологии и материалы для изготовления товара.

Что касается промежуточных материальных ценостей, то данной предметной областью занимаются генконтракторы и субконтракторы, которые выполняют соответствующие виды работ и непосредственно управляют процессом их реализации.

При управлении предметной областью уникальность каждого проекта обусловливает необходимость взаимодействия разных подразделений холдинга. Особенности этих взаимодействий определяются широким набором характеристик, в число которых входят временные параметры проекта.

4.3. Управление проектом по временным параметрам

Управление проектом по временным параметрам (*project time management*) — это функция, обеспечивающая своевременную реализацию отдельных этапов и всего проекта в целом.

Управление по временным параметрам является одним из ключевых элементов управления проектами и включает:
- концепцию управления проектом по временным параметрам;
- календарное планирование проекта;
- контроль выполнения работ проекта;
- анализ и регулирование процесса выполнения работ;
- закрытие управления проектом.

Под временными параметрами обычно понимают периоды времени, в течение которых будут выполнены работы или группы работ, а также моменты контроля за ходом реализации проекта. Временные параметры управления проектом показаны на рис. 3.1 как составная часть системной модели управления проектом.

Часто бывает очень трудно завершить проект в установленные сроки. Проблемы возникают из-за недостатка понимания того, чем именно мы управляем. Большинство проблем начинается на фазе планирования. Расхождения с календарным планом могут быть связаны с погодными условиями, задержками в поставке материалов и пр., а также с отсутствием достаточных резервов времени для устранения брака.

Если масштаб и предметная область проекта изначально определены неправильно, в процессе выполнения работ потребуются изменения в работах и календарном плане. В повторяющихся, типовых проектах можно использовать результаты прошлого опыта для достаточно точного определения времени и последовательности выполнения работ, однако большинство проектов не повторяются.

К основным причинам возникновения потерь времени в проекте относятся ошибки в планировании; неудовлетворительное управление качеством и составление смет; отсутствие плана непредвиденных затрат в случае неопределенности воздействия внешней среды; неадекватное распределение рисков между участниками проекта; неструктурированная система коммуникаций и нереалистичная система отчетности по проекту.

Другим аспектом управления проектами по временным параметрам является управление личным временем. Данный вопрос актуален для всех участников и исполнителей проекта, но особенно важен для управляющего проектом. Этот человек отвечат за успех проекта и должен успевать делать всю необходимую работу.

Чтобы улучшить управление личным временем, управляющий проектом может использовать одну из двух основных форм. Форма, показанная на рис. 4.3, представляет собой *список работ*, которые необходимо выполнить. После заполнения этой формы управляющий решает, какие из работ он должен выполнить сам и в какой последовательности.

Дата _____ Наименование проекта _____				
Код работ	Приоритет	Начало	Продолжительность	Окончание

Рис. 4.3. Список работ, которые необходимо выполнить

Затем работы с наивысшим приоритетом переносятся во временные блоки *ежедневного планировочного календаря* (рис. 4.4). Незаполненные временные блоки используются для внеплановых событий или работ с меньшим приоритетом. Если количество работ превышает количество свободного времени, можно запланировать эти работы на несколько дней вперед. Однако злоупотребление такой практикой может привести к задержкам в выполнении работ с высоким приоритетом. Существует вероятность того, что не выполненная сегодня работа с низким приоритетом завтра или послезавтра будет иметь высший приоритет. Таким образом, в управлении проектами все необходимо делать своевременно.

Большинство людей лучше мотивированы работой, запланированной заранее, чем возникающей спонтанно. Чтобы эффективно управлять временем, необходимо устанавливать приоритеты и строго следовать им. Управляющий проек-

Дата _____	Наименование проекта _____	
Время	Код работ	Приоритет
8:00–9:00		
9:00–10:00		
10:00–11:00		
11:00–12:00		
12:00–13:00		
13:00–14:00		
14:00–15:00		
15:00–16:00		
16:00–17:00		

Рис. 4.4. Ежедневный планировочный календарь

том не должен отвлекаться на второстепенные дела и события, отнимающие много времени (бесполезные телефонные звонки и встречи; выяснение непонятных целей и задач; приход незапланированных посетителей), откладывать важные решения и выполнять работу, которую можно поручить подчиненным.

4.4. Управление стоимостью и финансированием

Управление стоимостью и финансированием проекта (project cost and finance manageтенt) представляет собой функцию управления, обеспечивающую формирование, выполнение и контроль бюджета проекта.

Основными целями управления стоимостью проекта являются:

накопление информации о производительности труда и оборудования в форме, позволяющей лучше рассчитать стоимость проекта в будущем, что является ключом к успеху любого проектно-ориентированного предприятия;

поддержание затрат по проекту в заранее запланированных рамках.

Для управления стоимостью и финансированием проекта составляют **бюджет проекта** – документ, в котором планируемые расходы и доходы от реализации проекта распределены по временным периодам.

При определении стоимости проекта используется **смета проекта**, содержащая структурированный перечень работ и ресурсов, а также планируемых расценок на них. Смета является обязательной и очень важной частью бюджета проекта.

Проект может состоять из нескольких бюджетов разных уровней, распределенных по центрам ответственности, таким образом, бюджеты являются способом коммуникации и контроля. На проектно-ориентированных предприятиях бюджеты формируются вокруг проектов в течение всего времени их реализации, в отличие от непроектно-ориентированных предприятий, в которых ответственность за проект несут функциональные подразделения, а отчетность привязывается к какому-либо периоду времени.

При реализации проекта информация о фактических затратах учитывается на соответствующих счетах затрат, что позволяет контролировать проект с необходимой степенью детализации.

Стоимость любого проекта определяется суммой **прямых** *(direct costs)* и **косвенных** *(indirect costs, overhead costs) издержек*. **Прямые издержки** обычно связаны с расходами на материалы, оборудование, рабочую силу и др. Они ассоциируются с определенным пакетом работ. **Косвенные издержки** представляют собой расходы на содержание административного аппарата, консалтинговые услуги и др. Они изменяются только во времени и не зависят от пакета работ.

Стоимость проекта тесно связана со временем его реализации (рис. 4.5). Команда проекта должна так организовать работу над проектом, чтобы время его реализации и, соответственно, стоимость были минимальны.

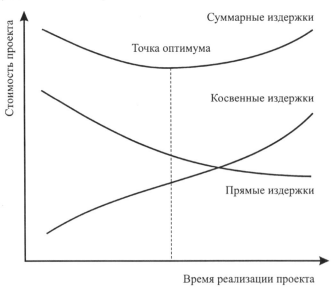

Рис. 4.5. Взаимосвязь стоимости проекта и времени его реализации

В управлении проектами рассматриваются также методы определения *затрат на протяжении жизненного цикла проекта (life-cycle cost – LCC) и ограничения затрат (design to cost – DTC)*.

Метод LCC используется для учета затрат на производство, сбыт, эксплуатацию и гарантийное обслуживание результатов проекта. В отдельных случаях эксплуатационные затраты могут превышать затраты на производство продукции, поэтому их необходимо учесть еще до реализации проекта.

При использовании метода DTC затраты рассматривают как параметры проекта. Вначале задают фиксированную цену работ (товаров), а затем выбирают подрядчика, который предлагает выполнить наибольшее (или оптимальное) количество работ (поставку товаров) с заданным уровнем качества в установленные сроки.

До завершения проекта оценка его стоимости носит вероятностный характер, и ее точность значительно различается в зависимости от метода оценки (табл. 4.1).

Таблица 4.1

Точность различных видов оценки стоимости проектов

Вид оценки	Погрешность, %
Предварительная	25–45
Укрупненный сметный расчет	20–30
Сметно-финансовый расчет	10–20
Окончательный сметный расчет	3–5
Оценка предстоящих работ	2–4

Существует множество графических видов представления бюджетов и смет проектов, основные из них [19] – календарный план-график затрат, матрица распределения расходов, столбчатая диаграмма, столбчатая диаграмма кумулятивных затрат (нарастающим итогом), линейная диаграмма распределенных во времени кумулятивных затрат, круговая диаграмма структуры доходов и др.

Для контроля стоимости проекта в процессе его реализации используются различные виды вариаций, т. е. отклонений в календарных графиках, затратах и других показателях. Чтобы рассчитать вариации, Рассел Арчибальд определил три основных вида затрат [53]:

плановые затраты (budgeted cost for work scheduled – BCWS) – плановая стоимость работ, намеченных на определенное время, или количество ресурса, запланированного к использованию в заданный период времени;

освоенный объем (budgeted cost for work performed – BCWP) – стоимость завершенных работ или количество ресурса, запланированного на завершенный объем работ в заданном периоде;

фактические затраты (actual cost for work performed – ACWP) – сумма, фактически затраченная на выполнение работы в заданном периоде.

Институт управления проектами (PMI) в новой версии изменил *PMBOK* на *PV*, *BCWP* – на *EV*, *ACWP* – на *AC*. Однако многие участники инвестиционных проектов все еще используют старые сокращения.

Все рассмотренные виды затрат можно применить к любому уровню *WBS* для всех работ, которые выполнены, выполняются или запланированы для выполнения.

После определения основных видов затрат перейдем к вычислению вариаций.

Вариация по затратам (cost variance – CV)

$$CV = BCWP - ACWP. \qquad (4.1)$$

Отрицательная вариация показывает перерасход средств.

Вариация по графику работ (schedule variance – SV)

$$SV = BCWP - BCWS. \qquad (4.2)$$

Отрицательная вариация говорит об отставании от графика.

Эффективность выполненной работы определяется по формулам (4.3) и (4.4).

Индекс освоения затрат (cost performance index – CPI)

$$CPI = \frac{BCWP}{ACWP}. \qquad (4.3)$$

Индекс выполнения графика работ (schedule performance index – SPI)

$$SPI = \frac{BCWP}{BCWS}. \qquad (4.4)$$

Если $CPI = 1,0$, выполнение проекта идет по плану. При $CPI > 1,0$ следует отметить несомненные успехи в выполнении работ проекта. Если же $CPI < 1,0$, то выполнение работ проекта оставляет желать лучшего. Подобный анализ можно провести и для индекса *SPI*.

Управление финансированием проекта заключается в его обеспечении денежными средствами, необходимыми для реализации, с последующим возвратом суммы инвестиций и процента за их использование.

В отличие от обычного кредитования предприятия, при финансировании проекта на первое место ставятся не только платежеспособность заказчика, но и инвестиционная привлекательность проекта, срок отвлечения финансовых средств, риск, рентабельность проекта и др.

Существуют различные способы финансирования проектов:
- самофинансирование – полная или частичная реализация проекта за счет собственных средств;
- финансирование за счет акционирования, т. е. за счет первичной или дополнительной эмиссии акций;
- финансирование за счет кредитов;
- лизинг или селенг;
- безвозмездное финансирование;
- смешанное (долевое) финансирование.

По видам собственности источники финансирования можно разделить на государственные инвестиции (бюджетные средства и др.), частные (средства предприятий, физических лиц и др.) и иностранные (средства иностранных предприятий, государств, физических лиц).

Чтобы обеспечить проект достаточными финансовыми ресурсами, необходимо знать основные формы финансирования проектов [19]:

1. *Финансирование с регрессом на заемщика*. При этой форме все риски проекта падают на заемщика, но цена финансовых ресурсов невысока.

2. *Финансирование без права регресса на заемщика*. При этом все риски проекта падают на кредитора, но цена финансовых ресурсов достаточно высока.

3. *Финансирование с ограниченным правом регресса*. Компромиссный вариант, когда риски проекта распределены между его участниками, а цена финансовых ресурсов является умеренной.

На разных фазах реализации проекта финансовые потоки могут носить различную направленность – выступать в качестве доходов и расходов. Рассмотрим два случая реализации проекта.

В первом случае во время реализации проекта возникают как расходная, так и доходная составляющие. К примеру, строительство жилого дома на начальном этапе ведет к увеличению расходной части, а когда начинается продажа будущих квартир, идет поступление денежных средств от соинвесторов и появляется доход. Схема формирования финансовых потоков по данному варианту показана на рис. 4.6.

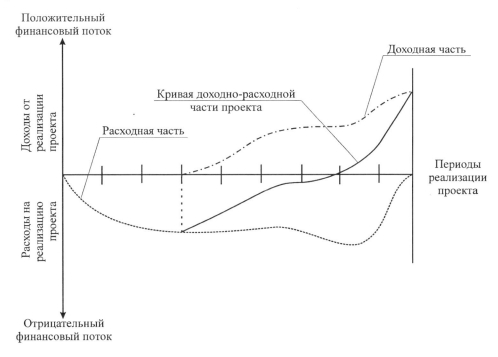

Рис. 4.6. Схема формирования финансовых потоков по проекту

Для иллюстрации второго случая возьмем в качестве примера строительство завода по выпуску облицовочной плитки. В процессе реализации данного проекта и до начала его эксплуатации присутствуют только расходы по финансированию проекта. Доходы от реализации появляются только после завершения строительства, а значит, и проекта. Однако выпуск облицовочной плитки представляет собой уже другой проект, и доходы необходимо показывать уже в другом проекте.

Денежные потоки обслуживают реализацию проекта, а также финансово-хозяйственную деятельность предприятия в целом. Предприятие должно планировать финансовые потоки по проектам и синхронизировать их по времени, чтобы обеспечить финансовое равновесие, ликвидность и платежеспособность, а также эффективность использования денежных средств.

На небольших предприятиях управление финансированием простых проектов осуществляется через бухгалтерию по запросам управляющего проектом; на более крупных предприятиях – через финансовые отделы (также по запросам управляющего проектом). В холдинговых структурах возможно создание специального управления расчетно-кассовых операций и управления по финансированию проектов.

4.5. Управление качеством

Управление качеством проекта (*project quality management*) представляет собой функцию управления, обеспечивающую соответствие результата проекта потребностям заказчиков (потребителей).

Одной из важнейших функций управления проектами является управление качеством. В XX в. произошла эволюция в сфере управления качеством. Ряд рецессий и жесткая конкуренция на мировом рынке заставили компании более полно учитывать требования заказчиков (потребителей) и уделять больше внимания качеству предлагаемых товаров (услуг).

Современный подход к управлению качеством включает следующие положения:

- ответственность за качество несут все участники проекта – от заказчика до временных рабочих;
- качество должно быть ориентировано на потребителей;
- люди хотят производить качественные товары;
- качество начинается на стадии инициации проекта и должно быть спланировано до его завершения;
- необходимо выявлять и устранять все дефекты, возникающие при реализации проекта;
- все мероприятия по управлению качеством, устранению дефектов и других проблем должны быть документально оформлены;
- более качественный товар экономит деньги и способствует развитию бизнеса.

В настоящее время разработан подход, который позволяет добиться наилучшего соответствия производимого товара ожиданиям потребителей, он носит название *всеобщее управление качеством (total quality management – TQM)*.

Большая часть принципов *TQM* приписывается доктрине Эдварда Деминга и Джозефа Джарена, которые в начале 50-х гг. прошлого века вместе с другими экспертами из США консультировали японские предприятия по вопросам улучшения качества продукции. В то время японские товары имели низкое качество и множество внутренних дефектов. Деминг несколько раз ездил в Японию для проведения семинаров по статистическому контролю процесса и интеграции качества в процесс производства. Он отмечал, что подавляющая часть производственных проблем возникает в самом процессе, а статистика помогает контролировать этот процесс. Джарен наметил в общих чертах управленческий подход к контролю качества и обратил внимание на удовлетворение запросов потребителей путем работы в проектных командах с развитием продукции от проекта к проекту. Он подчеркнул необходимость обучения на всех уровнях – от рабочих до руководителей предприятия и отметил, что шаги по улучшению качества продукции должны быть непрерывными [61].

Деминг сформулировал 14 принципов улучшения качества, используемых в теории управления:

постоянное стремление к улучшению товаров и услуг;

принятие философии управления качеством;

отказ от практики широкомасштабных проверок для достижения качества;

отказ от выбора поставщиков и подрядчиков исходя из минимальной цены поставляемой продукции (работ, услуг);

постоянное улучшение системы производства товаров и услуг;

введение обучения на работе;

принятие и использование теории лидерства;

вытеснение страха;

разрушение барьеров между подразделениями, мешающих взаимодействию и эффективной совместной работе;

отказ от девизов, призывов и контрольных заданий для рабочих;

отказ от численных норм выработки для рабочих и управленческого персонала;

снятие барьеров, которые лишают людей гордости за свою работу;

введение интенсивных программ обучения и самосовершенствования для всех работников предприятия;

принятие мер по трансформации системы управления качеством.

Управление качеством затрагивает целый комплекс взаимосвязанных компонент: культуру взаимодействия и работы коллектива, квалифицированный персонал, миссию предприятия, цели и стратегии, руководство и лидерство, организационную структуру и соответствующие инструменты управления проектами.

Многие программы по введению *TQM* терпят неудачу (на североамериканских предприятиях процент неудач достигает 80 [41]). Провал программ всеобщего управления качеством, несмотря на попытки обучения персонала и другие внешние воздействия, обусловлен отсутствием фундаментальных изменений в отношении работников к своему делу. Многие предприятия просто пытаются подражать действиям преуспевающих организаций, в то время как, чтобы программа *TQM* была успешной, ее необходимо адаптировать к условиям предприятия, на котором она внедряется.

Управление качеством в проекте состоит из трех основных фаз, которые должны выполняться одновременно:

1. *Планирование качества*:

- определение запросов потребителей;
- выявление преимущественных требований к товару со стороны потребителей.

2. *Повышение качества*:

- выбор критериев оценки;
- оценка возможностей процесса;
- улучшение процесса.

3. *Контроль качества*:

- оценка качества;
- корректировка мер по повышению качества и планированию.

На рис. 4.7 показаны взаимоотношения между фазами управления качеством проекта в контексте *TQM*.

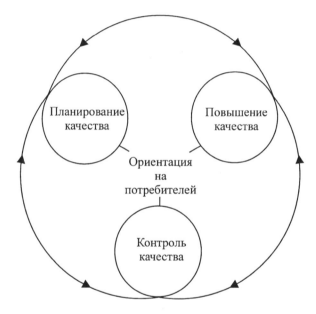

Рис. 4.7. Взаимоотношения в системе всеобщего управления качеством (*TQM*)

На предприятиях, которые еще не привыкли к философии *TQM* или к системе непрерывного повышения качества, желательно ввести в организационную структуру подразделение, отвечающее за управление качеством.

При учете требований потребителей во время реализации проектов можно использовать шкалу, состоящую из двух положений: проект *соответствует* или *не соответствует* указанным требованиям.

В управлении качеством часто используются схемы последовательности операций, с помощью которых каждый процесс можно разделить на стадии: начало работы, изменение ее состояния и переход на следующую стадию. Работники, ответственные за успешное выполнение каждой стадии, обеспечивают качество, необходимое потребителю.

Деминг разработал цикл ***план–выполнение–контроль–действие (Plan–Do-Check–Act – PDCA)***, который символизирует процесс анализа проблемы удовлетворения потребителей (рис. 4.8). Он представляет процедуру совершенствования методов предотвращения возникновения и устранения дефектов. Это можно сделать путем устранения причин возникающих проблем, а также разработки и пересмотра стандартов качества.

Рис. 4.8. Цикл *PDCA* [61]

Цикл *PDCA* состоит из четырех процессов, включающих 8 стадий [61]:

I. *Планирование:*

1) определение проблемы;

2) анализ текущей ситуации;

3) установление причины и следствия проблемы;

4) разработка плана корректирующих действий.

II. *Выполнение:*

5) выполнение плана.

III. *Контроль:*

6) сравнение результатов выполненных работ с запланированными.

IV. *Действие:*

7) стандартизация необходимых шагов для предотвращения повторного возникновения проблемы;

8) повторение процесса с учетом оставшихся проблем.

Чтобы товар (услуга) удовлетворял потребителей, необходимо оценить затраты на достижение соответствующего уровня качества. Рассмотрим классификацию этих затрат [53]:

- *затраты по предотвращению дефектов* связаны с действиями по удовлетворению потребителей и включают затраты на пересмотр проекта, обучение, планирование качества, инспектирование поставщиков и подрядчиков, изучение процесса, а также связанные с ним превентивные мероприятия;

- *затраты на оценку* товара с точки зрения удовлетворения требований потребителей включают затраты на обследование товара, лабораторное тестирование, контроль поставщиков, испытания в процессе производства и др.;
- *затраты на отказ по внутренней причине* связаны с неспособностью сделать товар приемлемым для потребителей и включают затраты на переделку, ремонт, простои, оценку дефектов, отходов производства и корректирующих действий по устранению этих отказов;
- *затраты на отказ по внешней причине* вызваны претензиями к товару со стороны потребителей и включают затраты на возврат или списание товара, оценку претензий, осмотр товара с выездом к потребителю, визиты потребителей для предъявления претензий по качеству, а также необходимые корректирующие действия.

На рис. 4.9 изображена условная модель оптимизации затрат на качество. Для построения этой модели необходимо принять во внимание ряд допущений. Во-первых, затраты, связанные с отказом, стремятся к нулю при уменьшении количества дефектов. Во-вторых, затраты на оценку товара и предотвращение дефектов стремятся к бесконечности при уменьшении количества дефектов.

Рис. 4.9. Модель оптимизации затрат на качество

Важную роль в повышении качества реализации проектов играет Международная организация по стандартизации (International Organization for Standardization). Международные стандарты содержат требования к системам качества, направленные на удовлетворение потребителя посредством предупреждения возможности несоответствия продукции нормативным требованиям на всех фазах реализации проекта. Они являются унифицированными и не привязаны к какой-либо конкретной отрасли.

Международной организацией по стандартизации разработаны 17 стандартов ISO по управлению качеством. В Российской Федерации также разработан ряд стандартов в этой области.

4.6. Управление рисками

Управление рисками в проекте (project risk management) представляет собой функцию управления, обеспечивающую анализ, реагирование и контроль рисков в проекте.

Реализация любого проекта сопряжена с различными видами рисков, обусловленных наличием неопределенности в хозяйственной деятельности предприятия. Основанием для возникновения рисков является неполнота знаний о событиях, которые должны произойти в будущем. Различие между риском и неопределенностью состоит в том, что, когда мы говорим о риске, то имеем в виду вероятность наступления рискового события, если же речь идет о неопределенности, то определить вероятность наступления связанного с ней события невозможно.

Рассмотрим основные параметры, характеризующие риск проекта [34]:
- рисковое событие (risk event), которое может нанести ущерб проекту;
- вероятность наступления такого события (risk probability, likelihood);
- размер потерь в результате наступления рискового события (amount at stake).

Для каждого события величину риска можно определить как функцию от вероятности и размера потерь от наступления события.

$$\text{Риск} = f(\text{вероятность, размер потерь}). \tag{4.5}$$

Увеличение вероятности наступления рискового события или размера потерь от его наступления влечет за собой увеличение риска.

Каким же образом избежать рисков в проектах и насколько это необходимо? Ответ на эти вопросы зависит от степени толерантности к риску управляющего проектом. Выделяют три основных вида толерантности: избежание риска, нейтральное отношение к риску и ориентация на риск.

Управление риском необходимо начинать на ранних стадиях реализации проекта, так как именно в этот период риск неудачи проекта особенно велик из-за отсутствия информации. На более поздних стадиях наибольшее значение имеют финансовые риски проекта (рис. 4.10).

Рассмотрим основные компоненты функции управления риском:

определение источников предполагаемых рисков;

анализ и оценка рисков;

реагирование на риск;

оценка мероприятий по снижению риска.

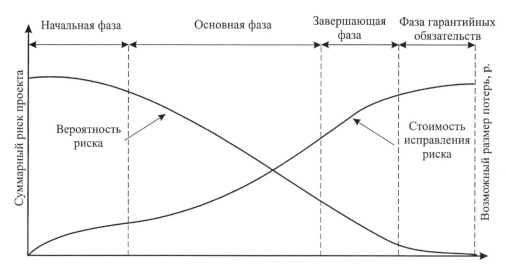

Рис. 4.10. Влияние рисков на протяжении жизненного цикла проекта

Определение источников риска начинается с выявления факторов, которые могут оказать негативное воздействие на проект и препятствовать его реализации. Общие риски можно разделить на четыре *основных группы*:

- *временные* риски, связанные с тем, что проект не будет завершен в запланированные сроки и в наихудшем случае задержки в его реализации окажут негативное воздействие на участников проекта;
- *финансовые* риски, связанные с тем, что затраты превысят средства, которые планируется вложить в проект, или себестоимость проекта превысит цену продажи;
- *риски, связанные с низким качеством работ*, материалов и результатов проекта;
- *целевые* риски, связанные с тем, что задача, ради которой был инициирован проект, не будет выполнена или будет выполнена не полностью.

В управлении риском принято выделять три *категории рисков*, характеризующие особенности реакции на него предприятия [11]:

- риск, который можно исключить;
- риск, от которого можно застраховаться;
- риск, для компенсации которого необходимо принятие профилактиктических мер.

Анализ и оценка рисков являются одними из самых важных этапов управления риском проекта, так как масштаб и качество оценки сильно влияют на последующие действия по снижению рисков.

После выявления источников рисков необходимо провести их количественную оценку, определить вероятность наступления рискового события, чувствительность к нему проекта и др. Для агрегирования полученных данных целесообразно построить матрицу оценки параметров рисков (табл. 4.2).

Таблица 4.2

Матрица оценки параметров рисков

Рисковое событие	Вероятность наступления	Чувствительность проекта	Время наступления	Возможность нейтрализации
Снижение курса доллара	Высокая	Средняя	В течение месяца	Средняя
Событие *N*	»	»	»	»

Анализ рисков проводят с помощью специальных методов с использованием различной информации:

- сравнение с аналогичными проектами и рисками;
- метод построения дерева решений;
- результаты тестов и опытного производства;
- экспертные оценки;
- имитационное моделирование;
- анализ чувствительности альтернативных решений;
- опыт реализации уже завершенных проектов;
- другие методы.

Обычно анализ и оценка рисков состоят из двух базовых этапов: качественного и количественного анализов (рис. 4.11).

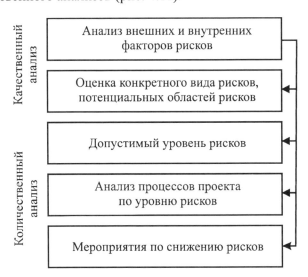

Рис. 4.11. Алгоритм анализа и оценки рисков [19]

После оценки рисков управляющий проектом должен выбрать методы их минимизации:

диверсификация (реализация различных видов проектов, инвестиционных портфелей);

распределение рисков (частичная передача рисков другим участникам проекта);

избежание (разработка мероприятий внутреннего характера, полностью исключающих конкретный вид риска);

страхование (передача отдельных рисков страховой компании);

резервирование средств (создание специальных фондов покрытия на случай форсмажорных обстоятельств);

прочие методы (получение гарантий, составление контрактов, снижающих риски предприятия и др.).

После выполнения мероприятий по снижению рисков необходимо оценить их эффективность. Для этого осуществляют количественный анализ рисков и сопоставляют затраты по их минимизации с размером потерь при наступлении рисковых событий. Затем управляющий проектом принимает решение о допустимости или недопустимости данного уровня риска.

4.7. Управление человеческими ресурсами

Управление человеческими ресурсами в проекте (project human resource management) представляет собой функцию управления, направленную на обеспечение эффективного использования работников, принимающих участие в реализации проекта.

Управление человеческими ресурсами включает широкий спектр задач:
- подбор персонала для реализации проекта;
- планирование и распределение работников;
- мотивацию персонала;
- организацию обучения персонала;
- создание и поддержание корпоративной культуры и др.

Ключевой фигурой в управлении человеческими ресурсами проекта является менеджер по персоналу, который входит в команду проекта. Этот человек должен быть не только отличным управляющим, но и профессиональным психологом, так как приоритет в управлении человеческими ресурсами отдается психологическим факторам и мотивации.

Подбор персонала начинают с предварительного отбора претендентов, в процессе которого оценивают:
- квалификацию и опыт работы на аналогичных должностях;
- личные качества;
- коммуникабельность и адаптивность;
- физические данные, здоровье, возраст;
- дополнительные навыки.

Перечисленные качества оцениваются с помощью специальных методик [19]: тестов на профпригодность, общих тестов способностей, личностных тестов, интервью, а также изучения биографии и рекомендаций.

Количественный и качественный состав работников и управляющих определяют исходя из необходимости выполнения проекта в соответствии с графиком работ. Управляющий проектом должен сравнить потребности в человеческих ресурсах с количеством работников на предприятии. Далее он определяет количество работников, которое необходимо принять, или отставание от графика из-за нехватки рабочей силы.

После того как проект полностью укомплектован персоналом, менеджер по персоналу должен добиться, чтобы работники выполняли свои обязанности наилучшим образом. Для этого существует система мотивации и стимулирования, согласно которой работники трудятся хорошо, если при этом удовлетворяются их потребности.

Различные теории мотивации по-разному классифицируют человеческие потребности:

Маслоу выделяет 5 основных человеческих потребностей, которые делятся на первичные и вторичные и располагаются в иерархической последовательности: физиологические, потребности в безопасности, принадлежности, уважении и самореализации. Удовлетворение потребности на нижней ступени иерархии ведет к стремлению достичь более высокой ступени.

Харцберг различает две группы основных факторов мотивации: гигиенические – их отсутствие ведет к неудовлетворенности, наличие – не оказывает какого-либо заметного влияния и мотиваторы – их наличие ведет к удовлетворенности персонала, отсутствие – не оказывает заметного влияния.

МакКлелланд делает упор на потребностях высших уровней: во власти, успехе и принадлежности, считая, что потребности низших уровней, как правило, удовлетворены.

Удовлетворение потребностей возможно с помощью вознаграждений. Принято различать:

- *внутреннее вознаграждение* – удовлетворение, которое человек получает от работы, общения с другими людьми и т. п.;
- *внешнее вознаграждение* – блага, получаемые от предприятия в виде материального, социального, дополнительного обеспечения.

Обучение и переподготовка играют важную роль как в повышении качества выполняемой работы, так и в мотивации персонала. Обучение может происходить двумя путями:

- *внутреннее обучение* – переподготовка персонала силами предприятия, куда можно включить внутрикорпоративные семинары, ротацию управленческих кадров, стимулирование самообразования и совмещения профессий;
- *внешнее обучение* – повышение квалификации персонала силами сторонних компаний. Здесь важную роль играют стажировки, курсы переподготовки на базе учебных заведений разных уровней, профессиональных организаций, бизнес-школ, институтов повышения квалификации и др. Возможно повышение квалификации с помощью консалтинговых компаний, особенно в сфере информационных технологий.

Корпоративная культура – неотъемлемая часть любой компании, она создает дополнительные нематериальные стимулы к работе над проектами. Элементами корпоративной культуры, по У. Холлу, являются:

- *артефакты и этикет (artefacts)* – видимые элементы культуры (приветствия, униформа, расположение помещений и др.);
- *поведение и действия (behaviours)* – устойчивые шаблоны поведения (принятие решений, управление и поведение в группе и др.);
- *мораль и ценности (core morals)* – ценностные убеждения персонала.

Все рассмотренные аспекты управления человеческими ресурсами помогают создать благоприятный климат для людей, реализующих проект, что способствует достижению результата проекта.

4.8. Управление материальными ресурсами

Управление материальными ресурсами в проекте (project resource management) представляет собой функцию управления, обеспечивающую приобретение и поставку необходимых материалов (оборотных активов) и оборудования (внеоборотных активов) для реализации проекта.

Вопросы наличия и поставки, запасов и хранения сырья, материалов и полуфабрикатов (оборотных активов), а также необходимых машин, оборудования и временных сооружений (внеоборотных активов), которые в совокупности составляют материальные ресурсы проекта, являются неотъемлемой производственной частью выполнения работ проекта.

Рассмотрим основные меры, предпринимаемые для успешного управления материальными ресурсами:

1. *Диагностика потребностей проекта в материальных ресурсах* на основе данных сметной документации по проекту в целом. Разработка календарных графиков поставок ресурсов в увязке с общим планом проекта.

2. *Выбор поставщиков материальных ресурсов* на основе изучения квалификационных данных претендентов в результате торгов или путем переговоров со знакомыми надежными поставщиками.

3. *Поэтапная поставка материальных ресурсов*. На первом этапе предприятие размещает заказы у выбранных поставщиков, на втором – материальные ресурсы поставляются в соответствии с графиком.

4. *Контроль поставки материальных ресурсов* на основе сопоставления плана с фактическим временем поставок отдельно по каждому виду материальных ресурсов.

Важными аспектами поставки материальных ресурсов являются выбор поставщиков и определение размера поставки и запаса. Это позволяет:

- снизить риск производственных потерь из-за дефицита материалов;
- минимизировать излишки запасов материальных ресурсов, которые увеличивают стоимость проекта и отвлекают дефицитные финансовые ресурсы;
- снизить затраты на хранение материальных ресурсов.

Рассмотрим основные методы управления запасами материальных ресурсов.

Метод ABC контроля материальных ресурсов. В соответствии с этим методом запасы сырья, материалов и полуфабрикатов делятся на три базовые категории в зависимости от их стоимости на единицу готовой продукции, а также от важности в процессе выполнения работ проекта:

категория *A* – наиболее ценные материальные ресурсы, которые требуют постоянного (иногда ежедневного) учета и контроля. Для этой категории обязательно применение метода *EOQ* – экономически обоснованного размера запаса;

категория *B* – материальные ресурсы, требующие периодического (от недели до месяца) учета и контроля. Для этой категории также возможно применение метода *EOQ*;

категория *C* – наименее ценные материальные ресурсы.

Применение данного метода позволяет сконцентрировать внимание на наиболее важных материальных ресурсах и таким образом добиться экономии времени и финансовых ресурсов, снижения стоимости выполнения работ проекта и повышения эффективности управления.

Метод определения экономически обоснованного размера запаса (Economic ordering quantity – EOQ model). Сущность метода состоит в минимизации суммарных затрат на закупку и хранение запасов материальных ресурсов. Предварительно затраты группируют по двум категориям: затраты на размещение заказа и затраты на хранение материальных ресурсов.

Для рассмотрения модели *EOQ* введем условные обозначения:

O – средние затраты на размещение одного заказа;

C – средние затраты на хранение материальных ресурсов;

S – объем производственного потребления материальных ресурсов;

Q* – экономически обоснованный размер заказа.

Если расход запасов находится на постоянном уровне, то средний размер запасов составляет

$$\text{Средний объем запасов} = Q/2 \text{ (единиц).} \tag{4.6}$$

Графическая интерпретация среднего объема запасов изображена на рис. 4.12. С одной стороны, предприятию выгодно завозить сырье, материалы и полуфабри-

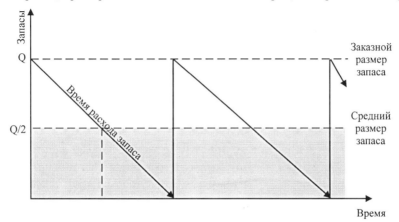

Рис. 4.12. Графическая интерпретация среднего размера запаса

каты очень большими партиями, так как это снижает затраты на размещение заказов и позволяет получить значительную скидку у поставщика. С другой стороны, чем больше размер партии, тем выше затраты на хранение материалов на складе.

Оптимальный размер заказа определяется по формуле

$$Q^* = \sqrt{\frac{2 \times S \times O}{C}} . \qquad (4.7)$$

Графическая интерпретация оптимального размера заказа приведена на рис. 4.13.

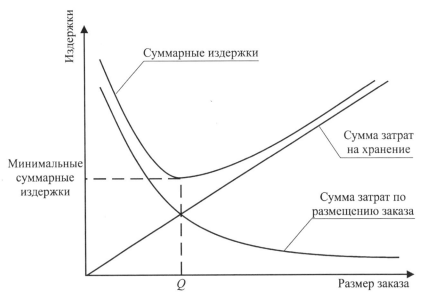

Рис. 4.13. График минимизации совокупных затрат при оптимальном размере заказа Q

При создании предприятия формируется некоторое количество внеоборотных активов предприятия (основные средства, нематериальные активы и др.). Управление внеоборотными активами осуществляется разными функциональными подразделениями предприятия, а в процессе реализации проектов может передаваться команде проекта.

Необходимый объем внеоборотных активов предприятия, которые будут использоваться при реализации проекта, вычисляется по формуле

$$ОП_{ова} = (ОВА_{н} - ОВА_{нп}) \times (1 + \Delta КИ_{в}) \times (1 + \Delta КИ_{м}), \qquad (4.8)$$

где $ОП_{ова}$ – общая потребность предприятия во внеоборотных активах для реализации проекта; $ОВА_{н}$, $ОВА_{нп}$ – стоимость используемых и не используемых предприятием внеоборотных активов к началу реализации проекта; $\Delta КИ_{в}$, $\Delta КИ_{м}$ – планируемые приросты коэффициентов использования внеоборотных активов во времени и по мощности при реализации проекта.

Финансирование обновления внеоборотных активов в общем случае сводится к финансированию за счет собственного капитала либо смешанному финансированию за счет собственного и долгосрочного заемного капитала.

Наиболее сложной задачей в процессе обновления отдельных видов внеоборотных активов является выбор альтернативного варианта – приобретение актива в собственность или его аренда. Последняя операция может осуществляться за счет различных форм аренды (лизинга) [2]:

1. *Оперативный лизинг* – передача арендатору права пользования основными средствами, принадлежащими арендодателю, на срок, не превышающий их полной амортизации, с обязательным возвратом владельцу по окончании срока действия лизингового соглашения. Переданные в оперативный лизинг основные средства остаются на балансе арендодателя.

2. *Финансовый лизинг* – приобретение арендодателем по заказу арендатора основных средств с их дальнейшей передачей в пользование арендатора на срок, не превышающий периода их полной амортизации, с обязательной последующей передачей права собственности на эти средства арендатору. Основные средства, переданные в финансовый лизинг, включаются в состав основных средств арендатора.

3. *Возвратный лизинг* – продажа основных средств финансовому институту с одновременным обратным получением этих средств предприятием в оперативный или финансовый лизинг.

Основные преимущества аренды (лизинга) заключаются в следующем:
- увеличение объема деятельности предприятия без существенного расширения объема финансирования его внеоборотных активов;
- значительная экономия финансовых ресурсов на первоначальном этапе использования арендуемых основных средств;
- освобождение арендатора от продолжительного использования капитала в незавершенном строительстве при самостоятельном формировании основных средств;
- снижение финансовых рисков, связанных с моральным старением основных средств;
- другие преимущества.

К основным недостаткам аренды (лизинга) можно отнести:
- удорожание стоимости проекта в связи с тем, что размер арендной платы обычно намного выше размера амортизационных отчислений;
- невозможность существенной модернизации используемых основных средств без согласия арендодателя;
- риск непродления аренды при оперативном лизинге в период высокой хозяйственной конъюнктуры и др.

4.9. Управление контрактами

Когда предприятие не может реализовать проект в полном объеме собственными силами, руководство принимает решение о передаче выполнения работ по проекту (полностью либо частично) одному или нескольким подрядным предприятиям-контракторам.

Управление контрактами (project contracts management) – это функция управления проектом, с помощью которой обеспечивается взаимодействие заказчика с другими участниками проекта.

Контракт представляет собой официальное соглашение между заинтересованными сторонами, в котором одна из них обязуется выполнить определенные виды работ в обмен на вознаграждение, предоставляемое другой стороной.

Управление контрактами в проектах осуществляется специализированным подразделением предприятия и включает планирование контрактов, выбор контракторов и заключение контрактов, контроль изменения контрактов.

Планирование контрактов заключается в определении набора необходимых взаимодействий с внешней и внутренней средой, а также в унификации условий планируемых контрактов, которые включают обязанности сторон, порядок расчетов, условия поставки, способы обеспечения обязательств, порядок разрешения споров, основания для изменения контракта, порядок принятия выполненных работ и др.

Установленные условия не исключают возможности адаптации формы и содержания контракта к особенностям взаимоотношений с конкретным контрактором. Они лишь устанавливают границы политики предприятия в отношении заключаемых контрактов и упрощают управление хозяйственной деятельностью при большом количестве контрактов.

Обычно *выбор контракторов* и заключение контрактов осуществляются двумя способами: в процессе переговоров или подрядных торгов.

На Западе большая часть контрактов распределяется с помощью подрядных торгов. Для проектов, осуществляемых за счет государственных средств, это условие обязательно и регулируется законодательством.

Процесс передачи заказа включает следующие этапы:

1. Определение основных работ заказа.
2. Разработка условий торгов.
3. Объявление о торгах.
4. Получение заявок от потенциальных контракторов.
5. Предварительный и окончательный отбор контракторов.
6. Подписание контракта и передача проекта для реализации.

Для подачи заявки на участие в торгах контрактор должен оценить стоимость реализации проекта на основании представленных заказчиком чертежей и спецификаций. К полученной сумме контрактор прибавляет приемлемую для себя прибыль и обязуется выполнить все работы за указанную цену.

Цены, указанные в заявках, часто являются главным аргументом при выборе контрактора, однако в большинстве случаев учитываются три фактора: цена, гарантия качества и сроки.

Иногда заказчику выгодно заключить контракт путем переговоров с заранее выбранным контрактором или группой контракторов на основании их репутации и общей квалификации. Условия контракта определяются в процессе переговоров между заказчиком и контрактором. В большинстве случаев в итоге переговоров заключаются контракты с оплатой издержек плюс вознаграждение.

Бывают ситуации, когда заказчик совмещает подрядные торги и переговоры. Например, при подаче заявок на участие в торгах контракторы должны дать предложения о снижении затрат проекта. После этого заказчик интервьюирует контракторов, предложения которых ему больше подходят и заключает контракт с одним из них.

Контроль изменения контрактов состоит из процедур мониторинга, делопроизводства, согласования и утверждения изменений.

Причинами ***изменений контрактов*** могут быть изменения в проекте, вызванные внутренними и внешними факторами. С помощью ***процедуры мониторинга*** команда проекта отслеживает изменения в проекте. Затем с помощью формальных заранее оговоренных ***процедур делопроизводства*** разрабатываются пункты изменений, которые необходимо внести в контракт. И последнее, в соответствии с ***процедурами согласования и утверждения*** вносимые изменения максимально учитывают мнение всех заинтересованных сторон, которые таким образом стремятся получить дополнительную выгоду.

Рассмотрим основные виды контрактов и особенности их заключения при реализации проектов.

Когда генеральный контрактор привлекает какую-либо компанию для выполнения специальных работ, они заключают между собой субконтракт. В этом контракте отсутствует прямая связь между заказчиком и субконтрактором. Генеральный контрактор несет всю ответственность перед заказчиком за небрежное или некачественное выполнение работ субконтрактором.

Обычно выполнение работ проекта начинается после завершения разработки ПСД, что находит выражение в процедуре «разработка ПСД–торги–выполнение работ». Однако по финансовым соображениям требуется, чтобы проект был завершен как можно раньше. Сроки «разработки ПСД–выполнения работ» для некоторых проектов можно сократить за счет начала работ до окончания разработки ПСД всего проекта (подробнее см. 3.3). В этом случае заказчик заключает ***контракт*** с предприятием ***на разработку ПСД и выполнение работ проекта***.

Контракт на разработку ПСД и выполнение работ похож на ***контракт реализации проекта «под ключ»***. Отличие состоит в большей ответственности контрактора при реализации проекта «под ключ». Он может отвечать, например, за выбор и аренду (приобретение) земельного участка под строительство, финансирование проекта, поставку оборудования, а также лизинг товаров, произведенных в результате реализации проекта.

Существует огромное количество контрактов, однако чаще всего используются:

1. ***Контракт с твердой ценой (fixed-price contract)***, по которому контрактор обязуется выполнить определенное количество работ по проекту в обмен на

сумму денег, установленную контрактом. Если фактические затраты на выполнение работ превысят эту сумму, все убытки контрактор относит на свой счет. Контракты с твердой ценой бывают:

с единовременной выплатой (lump-sum contract), когда контрактор обязуется выполнить определенный объем работ в обмен на единовременный платеж со стороны заказчика (рис. 4.14);

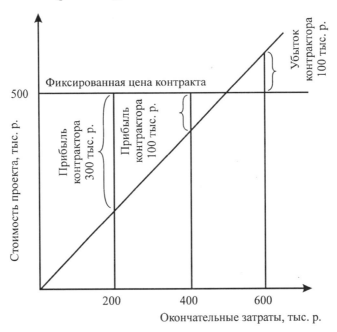

Рис. 4.14. Соотношение стоимости проекта и затрат в контракте
с единовременной выплатой

с фиксированной ценой элемента работ (unit price contract). Заказчик и контрактор договариваются о цене за единицу основных элементов работ по проекту (например, уплотнение грунтов, скальные работы и т. п.). Заказчик (или проектировщик) представляет контракторам расчетное количество элементов работ. Затем каждый контрактор предлагает свою цену за единицу элементов работ, а также окончательную цену контракта. В цену элемента работ включаются накладные расходы, прибыль и другие расходы по проекту. Подобные контракты с фиксированной ценой элемента используются в проектах с четко определенной *природой* работ, но для которых нельзя достаточно точно предсказать *количество* необходимых работ (рис. 4.15).

2. **Контракт с оплатой издержек плюс вознаграждение (cost – plus – fee contract)** – по этому контракту заказчик возмещает контрактору все издержки и выплачивает определенную сумму вознаграждения, способ определения которой указывается в контракте. Обычно это или фиксированная сумма, или процент от суммарных прямых издержек по проекту. В целях стимулирования в контракте может быть предусмотрено, что контрактор реализует проект так быстро и эф-

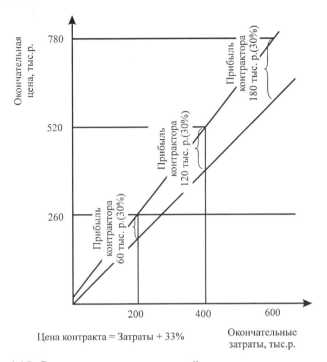

Цена контракта = Затраты + 33%

Рис. 4.15. Соотношение окончательной цены и затрат в контракте
с фиксированной ценой элемента

фективно, насколько возможно, и за это ему полагается премия. В контракты с
оплатой издержек плюс вознаграждение часто включается **максимальная сумма
затрат по проекту (*guaranteed maximum price – GMP*)**, которую контрактор не
должен превысить (рис. 4.16).

В рассмотренных видах контрактов заказчик координирует планирование
и разработку, проектирование, выполнение и завершение работ, а также ввод результатов проекта в эксплуатацию. Эти обязанности могут отвлекать заказчика от
основного вида деятельности. В таком случае он может передать ответственность
за координацию проекта контрактору. ***Контракты на реализацию проекта «под
ключ»***, а также ***контракт строительство – эксплуатация – цессия, или BOT-
контракт (build – operate – transfer – BOT)*** предусматривают полную ответственность контрактора за проект:

по контракту реализации проекта «под ключ» заказчик передает требования к результатам проекта контрактору, который проектирует и выполняет все
необходимые работы по проекту. По завершении проекта все результаты передаются заказчику;

контракт BOT является продолжением контракта «под ключ». Контрактор
проектирует, возводит, эксплуатирует и производит техническое обслуживание
объекта в течение определенного периода концессии. Этот вид контрактов используется при строительстве мостов, дорог, электростанций и реализации других проектов, которые приносят прибыль в долгосрочном периоде. По окончании

периода концессии происходит передача прав на объект (цессия) от контрактора к заказчику.

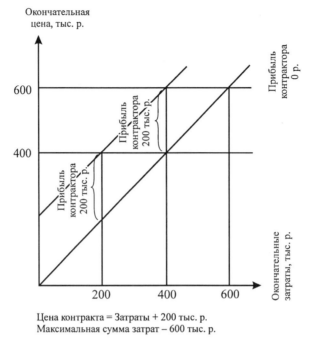

Цена контракта = Затраты + 200 тыс. р.
Максимальная сумма затрат – 600 тыс. р.

Рис. 4.16. Соотношение окончательной цены и затрат в контракте
с оплатой издержек плюс вознаграждение

Не бывает двух совершенно одинаковых проектов, поэтому заказчик выбирает контракт, наилучшим образом подходящий для конкретного проекта. Основными целями выбора контракта являются минимизация рисков и затрат.

В настоящее время не существует совершенной системы управления контрактами, так как ни один из видов контрактов не может предусмотреть все проблемы, возникающие в процессе реализации проекта. Зачастую системы управления конфликтами и коммуникациями, которые основываются на доверии и сотрудничестве, играют бо́льшую роль во взаимоотношениях между заказчиком и контрактором, чем формальные права и обязанности, перечисленные в контрактах.

4.10. Управление изменениями в проекте

Управление изменениями в проекте (project change management) – это функция управления проектом, обеспечивающая корректировку проекта на протяжении его жизненного цикла в связи с влиянием на его реализацию внешней и внутренней среды.

В общем случае имеется в виду изменение параметров и характеристик проекта при его реализации из-за критических воздействий среды. Управление изменениями является одной из важных функций, которая обеспечивает целостность проекта на протяжении всего жизненного цикла.

Управление изменениями взаимосвязано:
- с влиянием факторов внутренней и внешней среды проекта;
- прогнозированием возможных изменений в проекте;
- распознаванием и изучением происходящих изменений;
- планированием превентивных действий, направленных на снижение отрицательных воздействий на проект;
- реализацией принятых и утвержденных изменений;
- координацией изменений по всему проекту.

Изменения, происходящие в проекте, можно разделить на контролируемые и неконтролируемые.

При **контролируемых изменениях** управляющий проектом может прямо воздействовать на них или на их причины и выполнять корректирующие действия. **Неконтролируемые изменения**, как и их причины, находятся вне зоны ответственности управляющего проектом. В этом случае управляющий может воздействовать только на снижение вероятности наступления негативных последствий и их объем.

В зависимости от причины возникновения и предсказуемости *изменения* могут быть двух видов:

изменения, вызванные действиями предприятия:

прогнозируемые – результат управленческих воздействий на проект как реакция на прогнозируемые действия внутри предприятия;

непрогнозируемые – результат управленческих воздействий как реакция на непрогнозируемые действия внутренней среды предприятия;

изменения, вызванные внешними факторами:

прогнозируемые, вероятность и последствия возникновения которых заранее известны;

непрогнозируемые, возникновение которых не было известно заранее.

Оба вида изменений находятся в определенной зависимости. Изменения, вызванные действиями предприятия, обусловлены еще более глубокими изменениями, произошедшими под влиянием внутренних и внешних факторов.

При управлении изменениями необходимо учитывать приоритетность решения проблем [30] (табл. 4.3).

Особо важные проблемы требуют немедленного решения и привлечения всех необходимых ресурсов предприятия.

Важные проблемы требуют срочного решения и привлечения всех доступных ресурсов предприятия.

Незначительные проблемы требуют решения в рамках имеющихся ресурсов без ущерба для остальных работ по проекту.

Несущественные проблемы не требуют вмешательства.

Некоторые вероятные изменения в проекте можно запланировать. При необходимости управляющий проектом принимает решение о формировании *плана управления изменениями в проекте*, в котором приводятся:

- описание изменений;
- сценарии их развития (пессимистический, оптимистический, наиболее вероятный);
- предположительные сроки возникновения;
- последствия для реализации проекта;
- конкретные действия по управлению изменениями;
- ответственные лица за управление и контроль отдельных видов изменений.

Таблица 4.3

Матрица приоритетов решения проблем

Влияние на проект	Срочность		
	Несрочная	Первоочередная	Неотложная
Слабое	Несущественная	Незначительная	Важная
Среднее	Незначительная	Важная	Особо важная
Сильное	Важная	Особо важная	Особо важная

При оценке изменений в теории управления проектами принимают во внимание этап реализации проекта, поскольку, чем ближе проект к завершению, тем выше стоимость вносимых изменений.

Для контроля возникающих проблем и внесения изменений используют различные виды формальной отчетности:

- доклад о проблеме (problem report);
- предложение об изменении (change request);
- приказ об изменении (change order).
- доклад о результатах изменения (change results report).

Конкретные мероприятия по реализации изменений и возможные реакции на непредвиденные изменения можно сгруппировать следующим образом:

1. Оперирование ресурсами (увеличение и снижение объемов, замена или дополнительное привлечение других процедур, изменение интенсивности использования ресурсов и др.).

2. Оперирование временем (изменение сроков и последовательности выполнения работ, остановка работ).

3. Оперирование качеством (снижение или повышение качества работ, при котором происходит влияние на стоимость проекта и время его выполнения).

Организация работы по управлению изменениями является важной составляющей управления любым проектом. К этой работе должны привлекаться все участники реализации проекта, в противном случае часть команды или участников будут выполнять проект по ранее запланированному варианту, в то время как другая часть выполняет работу с учетом изменений. Это может привести к значительным дополнительным затратам, связанным с переделкой работ, выполненных на стадии нескоординированных действий участников проекта. Поэтому все без исключения изменения осуществляются при участии и под личным руководством управляющего проектом, который информирует о происходящем всех участников и членов команды проекта.

Примером негативных последствий, связанных с неумелой организацией работ по управлению изменениями, является строительство водозащитных сооружений в Санкт-Петербурге. Здесь отсутствие координации по управлению изменениями привело к приостановке проекта на неопределенный срок. Одним из примеров с наиболее тяжелыми последствиями является авария на Чернобыльской АЭС, когда неумелая организация работ по управлению изменениями в процессе эксплуатации объекта привела к глобальной катастрофе.

4.11. Управление безопасностью

Управление безопасностью (project safety management) представляет собой функцию управления, обеспечивающую безопасность реализации проекта для предприятия, здоровья работников и окружающей среды.

Безопасность – такая же необходимая часть управления проектами, как проектирование, выполнение работ по проекту и др. Забота о безопасности должна проявляться на всех уровнях и на каждой фазе проекта. Несчастные случаи затрагивают рабочих, их семьи, а в отдельных случаях и многих других людей. Непредвиденные затраты и обязательства, репутация компании – все это зависит от управления безопасностью проекта.

Управляющий должен работать в тесном контакте с участниками проекта, чтобы включить вопросы, связанные с безопасностью, во все сферы реализации проекта: планирование, проектирование, бюджетирование, выполнение работ проекта и др. Управление безопасностью должно передаваться от высшего руководства предприятия к конечным исполнителям через все уровни управления.

Управление безопасностью обычно состоит из 5 основных этапов (рис. 4.17) и осуществляется по всем направлениям программы обеспечения безопасности реализации проекта (рис. 4.18).

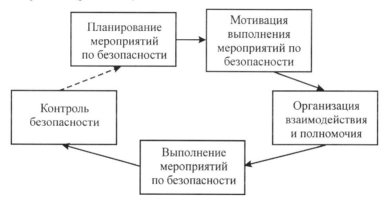

Рис. 4.17. Схема управления безопасностью

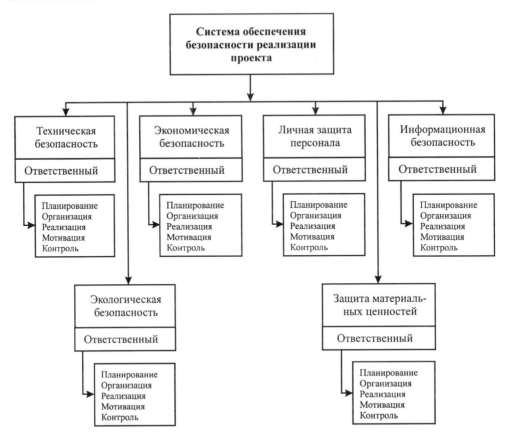

Рис. 4.18. Структура системы обеспечения безопасности

На этапе *планирования* разрабатываются основные направления обеспечения безопасности проекта, критерии безопасности, а также основные мероприятия, выполнение которых будет способствовать повышению безопасности.

Этап *организации взаимодействия и полномочий* предусматривает назначение ответственных за различные сферы безопасности проекта и наделение их соответствующими полномочиями. Если для повышения безопасности отдельной сферы необходимо участие нескольких сторон, то на этом этапе обеспечивается необходимое взаимодействие.

Безопасность реализации проекта касается всех его участников, поэтому система обеспечения безопасности должна координировать усилия всех центров, ответственных за безопасность.

На этапе *выполнения мероприятий по безопасности* реализуются меры, намеченные на предыдущих этапах.

Мотивация выполнения мероприятий по безопасности представляет собой комплекс мер по стимулированию реализации программы обеспечения безопасности проекта. Данные меры могут носить:

1. Поощрительный характер (например, премии за безопасное выполнение работ, снижение травматизма и др.).

2. Порицательный характер (например, штрафы за нарушение техники безопасности, выбросы загрязняющих веществ в атмосферу и др.).

3. Смешанный характер (например, зависимость материальной компенсации при получении производственной травмы от выполнения требований по безопасности или зависимость размера премии от достижения планируемых показателей экономической безопасности реализации проекта).

Контроль безопасности осуществляется по всем запланированным направлениям (см. рис. 4.18) и обеспечивает:

1. Обратную связь между показателями безопасности, фактически достигнутыми в процессе выполнения запланированных мероприятий, и мероприятиями, которые планируются для реализации в будущем.

2. Мониторинг отклонений результатов обеспечения безопасности.

3. Выявление элементов реализации проекта, требующих немедленного вмешательства для обеспечения безопасности всего проекта.

Как уже отмечалось, все мероприятия по обеспечению безопасности реализации проекта объединяются в систему, которая обычно включает требования (см. рис. 4.18):

- по технике безопасности и охране труда (безопасность при выполнении работ проекта);
- личной защите персонала;
- предотвращению загрязнения окружающей среды вследствие выполнения работ по реализации проекта;
- экономической безопасности;
- защите материальных ценностей предприятия и участников проекта;
- информационной безопасности.

Планирование и выполнение мероприятий ***по обеспечению техники безопасности и охраны труда*** – необходимое условие безопасной реализации проекта. Целесообразно создание комиссии по технике безопасности в начале реализации проекта. Комиссия, в которую обычно включают руководителей подразделений (бригадиров, прорабов, начальников цехов и т. п.), несет ответственность за все мероприятия по обеспечению техники безопасности. Как правило, члены комиссии периодически встречаются, пересматривают программы обеспечения техники безопасности и инспектируют выполнение требований по безопасности на местах. Многие западные компании осуществляют периодическую ротацию инспекторов по безопасности. Обычно инспектор ответственнее относится к своим обязанностям в комиссии, если знает, что завтра его участок будет обследовать другой инспектор, который обязан представить отчет о проблемах с безопасностью на рассмотрение коллег.

При реализации некоторых проектов наличие острых предметов, тяжелых грузов, высоких открытых мест и интенсивное производство способствуют возникновению ситуаций, опасных для здоровья и жизни людей. Поэтому в системе обеспечения безопасности следует предусматривать средства и мероприятия по обеспечению ***личной защиты персонала***.

При выполнении опасных работ всегда должны присутствовать работники, способные оказать первую медицинскую помощь, а также ответственные за вызов, встречу и сопровождение скорой медицинской помощи. Следует заранее продумать способы эвакуации раненых с верхних этажей зданий или из подземных помещений, разработать план эвакуации на случай пожара. При опасности возникновения наводнения, цунами, землетрясения система должна предусматривать в первую очередь возможность эвакуации рабочих, а во вторую – снижение ущерба, наносимого проекту. Наличие четких инструкций о поведении в критической ситуации поможет избежать человеческих жертв и материальных потерь.

Планирование безопасности должно включать подготовку и информирование рабочих и служащих о работе с опасными материалами. Особенно это касается работ с химическими препаратами в закрытых помещениях. Все химические реактивы должны иметь соответствующую маркировку и периодически проверяться на годность.

Оборудование по аварийной защите должно храниться в доступных местах. Необходимо инструктировать рабочих об обращении с подобным оборудованием, использование которого должно быть обязательным.

Если реализация проекта связана с постоянной опасностью для здоровья и жизни персонала, управляющий проектом должен предусмотреть контроль здоровья работников, чтобы не допустить к работе людей в состоянии алкогольного или наркотического опьянения. Система безопасности должна включать обязательное наркологическое обследование работников, а также периодическое выборочное обследование в процессе работы. Жесткая политика предприятия в этой сфере позволяет отстранить потенциальных нарушителей от работы и сократить количество несчастных случаев по вине работников.

Экологическая безопасность обеспечивается экологической экспертизой проектов, а также мероприятиями, направленными на предотвращение загрязнения окружающей среды. Экологическая безопасность должна стать одним из главных аспектов стратегии деятельности предприятия. В процессе реализации проекта необходимо использовать преимущественно экологически чистые материалы, безопасные для здоровья людей.

Современное законодательство в разных странах предусматривает взимание штрафов за загрязнение окружающей среды вследствие реализации проектов, которые могут быть значительно выше издержек на обеспечение экологической безопасности.

Экономическая безопасность проекта заключается в обеспечении стабильной финансово-хозяйственной деятельности, а также последовательной реализации проекта без вынужденных остановок путем реализации мероприятий по управлению устойчивостью проекта, которые включают:
- оценку уровня внутренних издержек, корректировку неплатежей, снижение себестоимости и др. (ценовая устойчивость);
- установление качественных пропорций в управлении, расчет оптимального количества затрат на управление и др. (управленческая устойчивость);

- эффективное использование собственных и заемных денежных средств, основных и оборотных фондов, обеспечение платежеспособности и др. (финансовая устойчивость);
- обеспечение деловой активности, предупреждение рисков, построение сценариев развития (деловая устойчивость).

Сохранность материальных ценностей предприятия и участников проекта обеспечивается целым рядом мероприятий. Рассмотрим некоторые из них:

- рациональное использование зданий, оборудования, материалов и других материальных ценностей;
- оптимальные поставки сырья, полуфабрикатов и других материалов точно в срок;
- создание требуемых условий хранения необходимого запаса сырья и материалов;
- эффективное функционирование службы охраны предприятия, а также наличие специального охранного оборудования.

Защита информации в современных условиях является условием эффективной работы предприятия и включает:

- обеспечение безопасности движения информационных потоков как внутри предприятия, так и между участниками проекта;
- предотвращение потерь вследствие недобросовестной деятельности конкурентов, нарушения авторских прав и т. д.
- обеспечение сохранности и предотвращение потерь данных при широком использовании компьютеров.

Проблема безопасности проекта является фундаментальной, поэтому меры по управлению безопасностью необходимо принимать на самых ранних этапах реализации проекта, привлекая как можно большее число заинтересованных сторон. Управление безопасностью проекта является выражением ответственности предприятия перед всеми участниками проекта, персоналом, государством и обществом.

4.12. Правовое обеспечение проекта

Правовое обеспечение проекта (projects legal aspects) – это функция управления проектом, обеспечивающая правовое поле и законность реализации проекта.

Реализация проектов происходит в условиях определенного правового окружения, которое включает систему законодательных актов, регулирующих инвестиционную деятельность, налоговое законодательство, порядок использования земельных, водных ресурсов, природной среды и др.

Таким образом, нужно выбирать только легальный способ реализации проекта. При необходимости в команду проекта следует включать юрисконсульта, который свободно ориентируется в сфере реализации проекта (международном праве, национальном, региональном и местном законодательствах страны, в которой реализуется проект или часть проекта). В таких случаях основные решения по проекту должны приниматься после консультации с юристом. Важное значение имеют знания в области контрактных отношений и контрактного права.

Предприятие, реализующее проект, обязано соблюдать федеральное, региональное и местное законодательство, а также требования органов государственного регулирования. Эти органы обеспечивают принудительное выполнение законов в сферах своей компетенции, а также вводят собственные требования, зачастую также имеющие силу закона. Региональные власти требуют от предприятий приобретения лицензий, ограничивают возможности выбора места расположения предприятия, облагают налогами, а иногда даже устанавливают фиксированные цены на некоторые виды продукции. Таким образом, предприятие, реализующее проекты в разных регионах и тем более в разных государствах, сталкивается со сложными правовыми системами, которые иногда противоречат друг другу.

Рассмотрим основные этапы управления правовым обеспечением проекта:

правовое планирование проекта;

реализация правового планирования;

адаптация к изменению правовых аспектов внешней среды;

внутренняя координация правовой сферы проекта;

правовые аспекты мотивации и компенсации работников и участников проекта;

контроль выполнения обязательств.

На *первом этапе* команда проекта планирует распределение прав и ответственности за реализацию проекта в целом и его отдельных частей между участниками проекта, анализирует сферу регулирования и вмешательства государства, а также допустимые формы партнерства. Правовые вопросы имеют особое значение при реализации проектов за рубежом.

Например, если иностранный банк решит осуществить проект выхода на российский рынок банковских услуг и открыть представительство в Москве, то ему необходимо принять во внимание правовые условия организации бизнеса в России. Иностранный банк не сможет открыть в России свой филиал (в соответствии с настоящими требованиями ЦБ РФ). Он должен учредить дочерний банк со стопроцентным иностранным участием, как это сделали Сити-банк, Райффайзенбанк, Дрезднер банк и др.

На *втором этапе* происходят получение необходимых лицензий, заключение контрактов с участниками проекта, получение согласований и разрешений от государственных контролирующих органов, заключение трудовых договоров с дополнительным персоналом, специалистами и др.

На *третьем этапе* осуществляется мониторинг состояния законов и норм госрегулирования, которые определяют, что может и чего не должно делать предприятие при реализации проекта. Только если предприятие подчиняется всем этим законам и нормативам, оно может считаться юридически ответственным.

После выявления изменений в правовых аспектах внешней среды команда проекта должна адаптировать правовое обеспечение проекта к требованиям нового законодательства, а при невозможности – рассмотреть вопрос о ликвидации проекта.

На **четвертом этапе** происходит внутренняя координация правовой сферы проекта. Это значит, что в случае изменения условий хозяйствования, поведения участников проекта, неисполнения ими своих обязательств и т. п. разногласия должны быть согласованы в рамках правовой сферы. Также необходимо проанализировать правовые последствия влияния одного события на другое. Например, в случае забастовки рабочих предприятие может не выполнить обязательства по проекту перед заказчиком и понести существенные убытки. Таким образом, при возникновении разногласий с рабочими следует пересмотреть правовую сторону конфликта и его последствия, проанализировать правовые взаимоотношения с заказчиком, если забастовка все-таки состоится. После этого команда проекта должна принять решение о нейтрализации конфликта и координации отдельных аспектов правовой сферы в нынешнем и будущих проектах, чтобы не допустить возникновения кризисной ситуации.

На **пятом этапе** осуществляется пересмотр правовых аспектов мотивации и компенсации работников, выполняющих проект. Сложность и повышенная опасность выполнения работ в некоторых проектах требуют особого юридически закрепленного подхода для успешного выполнения работ. Так, трудовые договоры с работниками, выполняющими специализированные работы по проекту, могут предусматривать страхование жизни, предоставление дополнительного отпуска, оплату лечения при получении травмы и другие формы мотивации и компенсации. Для других предприятий, участвующих в проекте, могут предусматриваться программы разделения ответственности, дополнительных выплат за досрочную сдачу объекта и др.

На **шестом этапе** производятся контроль выполнения обязательств, указанных в контрактах и договорах, а также решение спорных вопросов. В основе контроля лежит правовое поле, сформированное на предыдущих этапах управления правовым обеспечением проекта. Основой выполнения контроля является документооборот компании, подтверждающий совершение тех или иных хозяйственных операций. Таким образом, скорость движения информационных потоков в проекте является одной из важных составляющих всей системы правового обеспечения.

Разделение управления правовым обеспечением проекта на этапы является условным (подчиняясь при этом логике реализации проекта), так как зачастую все этапы идут параллельно, пересекаясь во времени и дополняя друг друга.

В управлении проектами выделяют следующие юридические аспекты [34]:
- использование правовых основ во взаимосвязи с фактической ситуацией в проекте (трудовое законодательство, контрактное право, лицензии на продукцию, патенты, страхование, обязательства, конфиденциальность данных, дисциплинарное право, законы об охране окружающей среды и т. д.);
- предоставление информации, необходимой для выполнения проекта.

Чтобы лучше понять степень влияния системы нормативно-правового регулирования в России на правовое обеспечение проекта, необходимо знать основные составляющие данной системы (рис. 4.19).

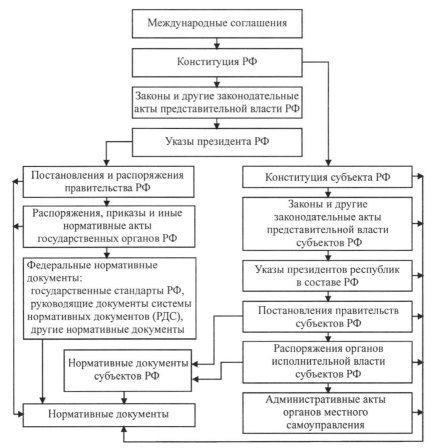

Рис. 4.19. Схема нормативно-правового регулирования в России (на основе [25])

Правовое обеспечение является неотъемлемой составляющей управления проектами и очень важной формой функционирования правового общества. Единое законодательство и неукоснительное исполнение законов всеми хозяйствующими субъектами государства положительно влияют как на инвестиционную привлекательность перспективных проектов, так и на их практическую реализацию.

4.13. Управление конфликтами

В течение всего срока реализации проекта может возникать множество конфликтов – от межличностных разногласий до специфических конфликтов управления проектами, к которым относится, например, плохо сбалансированное двойное подчинение в матричной организационной структуре. В задачи управляющего проектом входят своевременное выявление и нейтрализация подобных конфликтов.

Под **конфликтом (conflict)** в общем виде подразумевают столкновение мнений несогласных сторон, которыми могут быть как отдельные люди, так и организации, в решении различных вопросов.

В любом проекте на любом предприятии, особенно после его реорганизации, неизбежно возникают конфликты, однако их появление можно спрогнозировать и запланировать мероприятия по скорейшему разрешению конфликтов. Среди причин наиболее часто встречающихся типов конфликтов можно выделить:

- человеческий фактор;
- приоритеты;
- стиль административной работы;
- текущие расходы и капитальные затраты;
- оценку альтернативных решений;
- последовательность производства работ;
- разграничение ответственности и полномочий;
- межличностные споры.

Конфликт в управлении проектами может иметь два вида последствий:

1. Деструктивные, которые снижают эффективность реализации проекта:
- неудовлетворенность работой, снижение производительности и т. д.;
- ослабление духа взаимопомощи и сотрудничества;
- появление непродуктивной конкуренции внутри предприятия;
- концентрация внимания на конфликте, а не на решении задач проекта.

2. Конструктивные, которые повышают эффективность реализации проекта:
- выработка альтернативных эффективных решений;
- продуктивная конкуренция внутри предприятия;
- устранение враждебности и нацеленность на достижение общего результата.

Частота и интенсивность конфликтов зависят от стадии жизненного цикла, людей, вовлеченных в конфликт, напряженности их работы, а также любых изменений в проекте (например, видоизменение чертежей, перераспределение функций между членами команды и т. д.).

Управляющего проектами часто характеризуют как управляющего конфликтами, который ежедневно должен решать многочисленные проблемы, порожденные разногласиями участников проекта. Эффективное решение данных проблем состоит в устранении источника деструктивного конфликта и поощрении конструктивных конфликтов.

Рассмотрим основные признаки, характеризующие *условия возникновения конфликта*:

- наличие взаимодействия нескольких сторон;
- различные взгляды и намерения этих сторон;
- агрессивное поведение, основанное на противопоставлении интересов сторон;
- деструктивные действия, направленные на подавление другой стороны.

В зависимости от субъектов конфликтов выделяют четыре основных *типа конфликта*: внутриличностный, межличностный, конфликт между личностью и группой и межгрупповой.

Существуют ситуации, когда конфликт помогает добиться положительного эффекта, как уже говорилось, он называется *конструктивным*. Если у членов команды недостаточно опыта в реализации проектов, подобных тому, которым они управляют, то конфликты помогают выявить новые проблемы и пути их решения. Принято считать, что положительные стороны конфликта проявляются, когда люди адекватно оценивают ситуацию и свои противоречия, а их поведение ориентировано на сотрудничество и взаимодействие.

Многие конфликты, возникающие в процессе реализации проектов, можно разрешить с помощью одних и тех же методов. Выделим основные из них [53]:

установление правил и методик разрешения конфликтов, охватывающих все предприятие в целом;

разработка методик разрешения возможных конфликтов в проектах на ранних этапах планирования;

использование четкой организационной иерархии;

непосредственный контакт конфликтующих сторон.

Первый метод разрешения конфликтов применяется очень часто, однако его эффективность зависит от способностей управляющего использовать установленные правила и методики для конкретных проектов.

Второй метод является одним из самых эффективных и состоит в том, что каждый управляющий разрабатывает собственные правила и методы разрешения конфликтов в соответствии со спецификой проекта.

Использование четкой организационной иерархии теоретически является наилучшим методом разрешения конфликтов, потому как при двойном подчинении ни управляющий проектом, ни функциональный руководитель не будут доминировать. Однако на практике применение такого способа не всегда возможно.

Последний метод, когда конфликтующие стороны сами пытаются найти компромиссное решение, не всегда работает и может даже ухудшить ситуацию и усугубить разногласия соперников.

Уступки и снятие сиюминутных возражений – плохой способ управления конфликтами. Иногда это может временно разрешить конфликт, но никогда не решит вызвавшую его проблему. В отдельных случаях управляющий проектом может использовать свои властные полномочия и оказать давление на конфликтующие стороны с целью скорейшего урегулирования разногласий. Этот способ может применяться, когда управляющий проектом наделен такими правами и хочет использовать их для разрешения конфликта. Необходимо помнить, что принуждение может вызвать отрицательную реакцию, что скажется на работе команды проекта в будущем.

Среди структурных методов разрешения конфликта обычно выделяют четыре основных:

1. Разъяснение требований к работе, т. е. нормализация и корректировка информационных потоков о задачах, целях, обязанностях исполнителей и т. д.

2. Использование координационных и интеграционных механизмов – разграничение полномочий и области взаимодействия.

3. Установление комплексных целей предприятия и проекта – создание направленности в деятельности разрозненных подразделений.

4. Использование системы вознаграждений – поощрение конструктивного поведения исполнителей и руководителей.

Различные поведенческие подходы к разрешению конфликтной ситуации можно проиллюстрировать схемой, предложенной Томасом [11] (рис. 4.20).

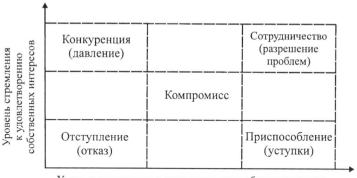

Рис. 4.20. Схема управления конфликтом по Томасу [11]

Раскроем содержание поведенческих подходов, указанных Томасом:

- *конкуренция* проявляется в том, чтобы заставить соперника принять свою точку зрения, игнорируя его мнение. Данный стиль поведения может быть очень эффективным при разрешении конфликтов, но может и подавлять инициативу членов команды;
- *отступление* – это избежание конфликтов в любых ситуациях. Побочным эффектом данного подхода является низкая инициативность членов команды и, как результат, возможное отсутствие оптимального варианта решения поставленных задач;
- *компромисс* является подходом, при котором конфликтующие стороны частично принимают решения оппонента. Это позволяет быстро снизить остроту конфликта, однако может привести к принятию неоптимальных решений;
- *сотрудничество* помогает наилучшим образом разрешить конфликтную ситуацию. Оппоненты должны быть открыты для диалога и стремиться понять причины несогласия соперника. Данный подход помогает выработать наилучшее решение проблемы;
- *приспособление* является подходом, при котором одна из сторон безоговорочно принимает мнение соперника, пренебрегая при этом своим. В этой ситуации конфликты могут накапливаться, а затем перерастать в более серьезное противостояние.

Из вышесказанного понятно, что управляющий проектом должен обладать качествами не только отличного менеджера, но и очень хорошего психолога, чтобы контролировать возникающие конфликты и разрешать их в минимальные сроки и наилучшим способом.

4.14. Управление системами

Управление системами (system approach and integration) представляет собой функцию управления проектом, когда предприятие и проект рассматриваются как совокупность систем, связанных общими задачами и процедурами.

Интеграция систем силами руководства предприятия и команды проекта позволяет обеспечить их единую направленность на достижение целей проекта.

Теория системного подхода в управлении проектами, которые также являются сложными системами, включает междисциплинарный и целостный взгляд на обстоятельства в целом и на возникающие сложные взаимоотношения, что позволяет моделировать действительность для упрощения постановки задач [34].

Общая теория систем существует более 40 лет, однако ее практическое применение связано с началом развития управления проектами. Людвиг фон Берталанфай в 1951 г. впервые описал открытые системы, используя терминологию из анатомии. Части человеческого тела, скелет, мышцы, нервная и кровеносная система, мозг человека и т. д. были описаны как подсистемы единой системы – человека. Таким образом можно было лучше понять взаимодействие различных подсистем, а также работу системы в целом.

В 1956 г. Кеннет Болдинг определил проблемы в коммуникациях, которые могут возникать в процессе интеграции систем. Профессора Болдинга беспокоил тот факт, что у каждого из специалистов в области подсистем (физиков, экономистов, химиков, социологов и др.) есть собственный понятийный аппарат, отличный от других. Он настаивал, что для успешной интеграции все специалисты в области подсистем должны говорить «на одном языке», как это делают математики [53]. Для этого мы используем свод знаний IPMA, PMI и других международных организаций. Общая теория систем предполагает создание методики, которая проходит через многие аспекты бизнеса – проектирование, маркетинг, производство, финансы и др. Такая методика получила название управления системами, управления проектами или матричной системы управления.

По условиям связи и наличию границ системы классифицируются как ***закрытые***, полностью изолированные от других систем во внешней среде, и ***открытые***, взаимодействующие с системами внешней среды.

Все социальные системы считаются отрытыми. Особенностью открытых систем является прозрачность границ.

Системный подход к управлению проектами можно охарактеризовать как логический и упорядоченный процесс решения проблем. Управление в данном случае выступает в качестве постоянной функции развития подсистем, характеризующихся входными данными, обработкой и выходным результатом, которые определяют поток ресурсов (денег, оборудования, зданий, персонала, информации, сырья и материалов). Системный подход позволяет пересмотреть взаимоотношения этих подсистем. С помощью системного подхода разрозненные части объединяются в единое целое, а проблемы находят оптимальное решение.

Управление системами включает этапы преобразования, диагностики, выбора и синтеза.

Важными составляющими системного подхода являются:

наличие *цели*;

требование – потребность, выполнение которой обеспечивает реализацию цели;

альтернатива – один из путей выполнения требования;

критерий выбора – факторы, использующиеся при оценке альтернатив;

сдерживающий фактор, описывающий условия, которым должна соответствовать альтернатива.

Системный анализ (рис. 4.21) начинается с обследования и сравнения альтернативных действий, связанных с достижением желаемой цели. После этого альтернативы сравниваются по затратам и результатам. Цикл завершается обратной связью, которая определяет совместимость альтернативы и целей предприятия [53].

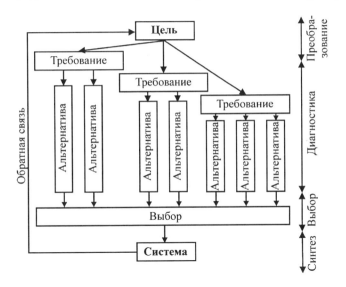

Рис. 4.21. Схема системного подхода

Системное мышление – необходимый фактор успешной реализации проекта. Системы управления проектом требуют новых способов стратегического видения и анализа потребностей проекта с точки зрения альтернативных технических, нетехнических и других решений. Способность анализировать проект в целом, избегая излишней концентрации на отдельных его частях, является важнейшим условием достижения целей проекта.

Отметим, что теория системного подхода не определяет, какие именно элементы предприятия как системы являются наиболее важными. Теория лишь говорит, что предприятие состоит из множества взаимозависимых подсистем и представляет собой открытую систему, взаимодействующую с внешней средой. Она не определяет степень влияния тех или иных элементов системы на достижение целей проектов. Чтобы грамотно применять теорию систем к управлению проектами, управляющий должен знать принципы взаимодействия предприятия и проекта как системы.

4.15. Управление коммуникациями

Для успешного управления проектами каждый проект должен иметь эффективное коммуникативное обеспечение. Это означает, что специалисты должны вовремя получать необходимую информацию по оптимальным каналам связи.

Недопонимание важности этого процесса является одним из самых распространенных источников ошибок в управлении проектами и работе с людьми. Часто люди неправильно интерпретируют поступающую информацию.

Обычно под *коммуникациями (communications)* понимают:
- действие или факт передачи какой-либо информации;
- устное или письменное сообщение;
- процесс обмена смысловыми конструкциями между людьми с помощью общей системы условных обозначений.

Необходимо взаимопонимание между участниками проекта, так как у каждого из них есть свои взгляды на то, как проект должен быть реализован. Нарушения в системе коммуникаций могут привести к самым неожиданным результатам (рис. 4.22). Управляющий проектом несет ответственность за непрерывный, достоверный и всесторонний поток информации между членами команды и другими участниками проекта. Особое внимание должно уделяться информации, которая может повлиять на успешную реализацию проекта. Эти коммуникации включают неформальные переговоры, встречи, совещания, деловую переписку, отчеты и презентации.

Значительная часть ежедневной работы выполняется с помощью неформального обмена информацией среди членов команды проекта (беседы, телефонные переговоры, электронные письма и т. д). Несмотря на простоту подобных контактов, с их помощью члены команды могут влиять на работу коллег, принимаемые ими решения в отношении конкретных задач, распределение финансовых средств, последовательность производства работ и т. п. Подобные результаты неформального обмена информацией должны быть документально оформлены во время очередного собрания команды проекта.

Чистота информационных потоков между участниками проекта в процессе коммуникации является необходимым условием взаимопонимания (рис. 4.23).

Эффективной коммуникации может препятствовать целый ряд причин, связанных с восприятием, личными качествами людей, различными точками зрения, настроением и пристрастным отношением к чему-либо.

Рассмотрим источники коммуникационных барьеров [53]:

1. Барьеры восприятия возникают, когда люди оценивают одно и то же сообщение с разных сторон. Среди факторов, оказывающих влияние на восприятие, можно отметить различие в уровне образования и сферу предыдущей работы. Можно свести к минимуму проблемы восприятия, если использовать слова, которые имеют предельно ясное значение.

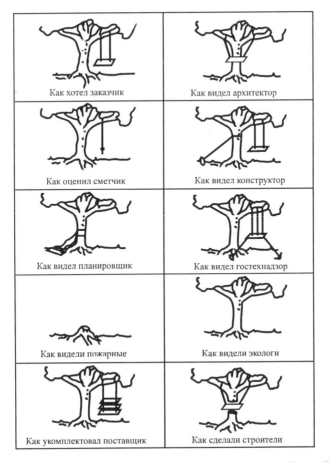

Рис. 4.22. Нарушения в системе коммуникаций (идея и рисунки Дэйва Тейлора [66])

2. *Личные качества и интересы*, например вкусы или неприязнь, сильно влияют на коммуникации. Обычно люди внимательно слушают только в том случае, если разговор идет на темы, которые им интересны, и не обращают внимания, когда тема разговора им скучна или просто незнакома.

3. *Мнения, эмоции и предубеждения* являются причиной искаженной интерпретации. Люди, которые чего-то боятся, сильно любят или ненавидят, будут стараться защитить себя, искажая процесс коммуникации. Сильные эмоции лишают людей способности правильно оценивать события.

Рассмотрим более подробно использование различных типов коммуникаций в управлении проектами.

Презентации часто используются управляющим проектом, чтобы в наглядной форме показать заказчику, руководству и другим заинтересованным лицам важные стороны реализуемого проекта. Чтобы презентация прошла эффективно, необходимо досконально изучить предполагаемую аудиторию и подготовить весь материал с точки зрения будущих зрителей. Организация презентации должна быть подчинена единой логической структуре, например: от проблемы к решению, от неизвестного к известному, от причины к следствию или же в хронологическом порядке.

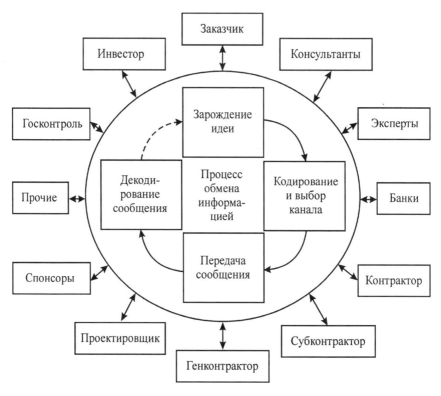

Рис. 4.23. Схема информационных потоков между участниками проекта
в процессе коммуникации

Обычно время презентации ограничено, поэтому следует представлять только самые необходимые сведения, самые важные таблицы и диаграммы. Подробную информацию заинтересованные лица смогут прочесть в соответствующих отчетах. Презентацию необходимо проводить доброжелательно, избегая оправданий и негативных высказываний в адрес конкурентов. В самом конце следует подвести итоги, предусмотреть время для вопросов и ответов.

Встречи команды проводятся в течение всего срока реализации проекта с принятой периодичностью. Повестку дня необходимо разработать заранее, это способствует эффективному протеканию дискуссии. При возникновении непредвиденных проблем возможно проведение внеочередных собраний. Все встречи команды должны быть запротоколированы, независимо от того, являются ли они плановыми.

Деловая переписка и отчеты имеют огромное значение при принятии решений о расходах, графиках работ и по правовым вопросам. Все официальные документы должны быть датированы, иметь четкую структуру и лаконичное содержание. Для эффективного контроля проекта управляющий должен периодически составлять отчет о состоянии проекта, описывающий успехи в его реализации. Сегодня существуют специальные компьютерные программы, и многие отчеты могут быть написаны в стандартизированной форме. Задача управляющего – написать отчет, отражающий особенности конкретного проекта и дающий объективную оценку работы команды.

В последние годы успехи в области информационной технологии позволяют усовершенствовать обмен информацией. Электронная почта, видеоконференции, телефонные конференции с синхронным переводом – все это и многое другое уже сегодня предлагается на рынке телекоммуникационных услуг. Программные продукты по управлению проектами позволяют участникам проекта обмениваться информацией, непосредственно не контактируя друг с другом – через общую базу данных, причем все фактические события отображаются с привязкой к календарно-сетевому графику выполнения работ по проекту.

Современные информационные технологии позволяют более эффективно использовать время, оперативно получать и передавать информацию и практически мгновенно реагировать на любые изменения в проекте. Использование компьютерных программ способствует сокращению сроков реализации проекта и повышению эффективности работы всех участвующих в нем предприятий.

4.16. Бухгалтерский учет

Бухгалтерский учет в проекте (accounting) – это функция управления проектом, обеспечивающая наблюдение, стоимостное измерение, текущую группировку и итоговое обобщение фактов хозяйственной деятельности.

Бухгалтерский учет представляет собой упорядоченную систему сбора, регистрации и обобщения информации в денежном выражении об имуществе, обязательствах организаций и их движении путем сплошного, непрерывного и документального учета всех хозяйственных операций, связанных с реализацией проектов.

Основной задачей бухгалтерского учета в соответствии с ФЗ РФ «О бухгалтерском учете» является формирование полной и достоверной информации о реализуемых проектах и другой деятельности предприятия, его имущественном положении, а также бухгалтерской отчетности, необходимой внутренним пользователям (руководителям, учредителям, участникам и собственникам имущества предприятия) и внешним (инвесторам, кредиторам и др.).

С помощью составления и анализа бухгалтерской отчетности обеспечиваются:

контроль за соблюдением законодательства Российской Федерации при осуществлении предприятием хозяйственных операций по реализации инвестиционных проектов, наличием и движением имущества и обязательств, использованием материальных, трудовых и финансовых ресурсов в соответствии с утвержденными нормами, нормативами и сметами;

предотвращение отрицательных результатов хозяйственной деятельности предприятия и выявление внутрихозяйственных резервов его финансовой устойчивости.

Все предприятия обязаны составлять бухгалтерскую отчетность на основе данных синтетического и аналитического учета. Бухгалтерская отчетность коммерческих предприятий включает:

1. Бухгалтерский баланс.

2. Отчет о прибылях и убытках.

3. Приложения к ним, предусмотренные нормативными актами.

4. Аудиторское заключение, подтверждающее достоверность бухгалтерской отчетности организации, если она подлежит обязательному аудиту в соответствии с федеральными законами.

5. Пояснительную записку.

Бухгалтерский учет долгосрочных инвестиционных проектов проводится в соответствии с порядком, установленным следующими нормативными документами:

- федеральным законом Российской Федерации «О бухгалтерском учете» от 21.11.1996 г. №129-ФЗ с последующими изменениями и дополнениями;
- Положением по ведению бухгалтерского учета и бухгалтерской отчетности в Российской Федерации, приказ Минфина России от 29.07.1998 № 34 н;
- Положением по бухгалтерскому учету долгосрочных инвестиций (письмо Минфина России от 30.12.1993 № 160);
- положением по бухгалтерскому учету «Доходы организации» – ПБУ9/99, приказ Минфина России от 06.05.1999 № 32 н;
- положением по бухгалтерскому учету «Расходы организации» – ПБУ10/99, приказ Минфина России от 06.05.1999 № 33 н;
- планом счетов бухгалтерского учета финансово-хозяйственной деятельности организаций и инструкцией по его применению, приказ Минфина России от 31.10.2000 № 94 н;
- положением по бухгалтерскому учету «Учет материально-производственных запасов» – ПБУ 5/01, приказ Минфина России от 09.06.2001 № 44 н;
- положением по бухгалтерскому учету «Учет основных средств» – ПБУ 6/01, приказ Минфина России от 30.03.2001 № 26 н.

В положении по бухгалтерскому учету «Учетная политика организации» (ПБУ 1/98), утвержденном приказом Минфина России от 09.12.98 № 60н, под учетной политикой предприятия понимается принятая им совокупность способов ведения бухгалтерского учета.

Цель учетной политики – обеспечение законности деятельности предприятия, ее соответствия действующему налоговому и иному законодательству на основе выполнения обязательных правил обобщения информации о хозяйственных операциях в течение отчетного периода для определения налоговой базы для исчисления налога. Правильное исчисление налоговой базы жизненно важно для успешного функционирования предприятия и реализации проектов в любой сфере.

Выбранная предприятием учетная политика существенно влияет на величину показателей себестоимости продукции, прибыли, налогов на прибыль, добавленную стоимость и имущество, показателей финансового состояния. Учетная политика предприятия – важное средство формирования величины основных показателей деятельности предприятия, налогового планирования, ценовой политики. Без ознакомления с учетной политикой нельзя осуществить сравнительный анализ показателей деятельности предприятия за различные периоды, сравнительный анализ различных предприятий и составить адекватную базу проектов-аналогов.

Рассмотрим основные факторы, влияющие на формирование учетной политики предприятия:

организационно-правовая форма предприятия (акционерное общество, государственное и муниципальное унитарное предприятие, общество с ограниченной ответственностью, производственный кооператив и т. д.);

отраслевая принадлежность и вид деятельности (промышленность, сельское хозяйство, торговля, строительство, посредническая деятельность и т. д.);

масштабы деятельности (объем производства, характер реализуемых проектов, численность персонала, стоимость имущества предприятия и т. д.);

управленческая структура предприятия и структура бухгалтерии;

финансовая стратегия (например, если для предприятия важно иметь в отчетности высокие показатели прибыли и рентабельности, то руководству необходимо выбирать варианты учета и оценки объектов учета, позволяющие уменьшить текущие затраты на реализацию проектов – понижающие коэффициенты амортизации, метод ФИФО при оценке израсходованных производственных запасов и т. п.);

материальная база (наличие технических средств регистрации информации, компьютерной техники, прикладных компьютерных программ и т. д.);

степень развития информационной системы в организации, в том числе управленческого учета;

уровень квалификации бухгалтерских кадров.

Учетная политика организации должна обеспечивать:

полноту отражения в бухгалтерском учете всех факторов хозяйственной деятельности в процессе реализации проектов (требование полноты);

своевременное отражение фактов хозяйственной деятельности в бухгалтерском учете и бухгалтерской отчетности (требование своевременности);

бо́льшую готовность к признанию в бухгалтерском учете расходов и обязательств, чем возможных доходов и активов, не допуская создания скрытых резервов (требование осмотрительности);

отражение в бухгалтерском учете факторов хозяйственной деятельности исходя не столько из их правовой формы, сколько из экономического содержания фактов и условий хозяйствования, соответствующих специфике реализации проектов на предприятии (требование приоритета содержания над формой);

тождество данных аналитического учета оборотам и остаткам по счетам синтетического учета на последний календарный день каждого месяца (требование непротиворечивости);

рациональное ведение бухгалтерского учета исходя из условий хозяйственной деятельности и величины предприятия (требование рациональности).

Данные требования помогают направить управление бухгалтерским учетом на реализацию целей инвестиционного проекта и всего предприятия в целом.

4.17. Управление выполнением гарантийных обязательств

Управление выполнением гарантийных обязательств (warranty management) представляет собой функцию, обеспечивающую удовлетворение требований заказчика (потребителя) по ремонту и замене товара в случае обнаружения в нем производственных недостатков.

Функция управления выполнением гарантийных обязательств проявляется на последней фазе реализации проекта (см. рис. 1.7) и завершается по истечении гарантийного срока.

После установления гарантийных обязательств осуществляются:

1. Формирование службы технической (информационной) поддержки потребителей.

2. Мониторинг и выявление дефектов товаров:

плановая (внеплановая) диагностика товаров;

анализ обращений (предъявления претензий) потребителей.

3. Формирование службы, ответственной за экспертизу, гарантийный и постгарантийный ремонт товаров:

внутренняя ремонтная служба;

внешние контракторы.

4. Обеспечение юридической поддержки выполнения гарантийных обязательств.

5. Диагностика выполнения гарантийных обязательств и обеспечение информацией отдела, ответственного за установление гарантийных обязательств.

Рассмотрим указанные мероприятия подробнее. Формирование и эффективное функционирование службы технической поддержки происходит в соответствии с принятым уровнем выполнения информационных гарантийных обязательств. Управление работой службы технической поддержки строится согласно схеме, изображенной на рис. 4.24.

Обязательства по информационной поддержке потребителей товаров после завершения проекта определяют специфику работы службы технической поддержки. Это могут быть – разъяснение положений, указанных в инструкции по использованию товара, консультации по устранению мелких неполадок, замене износившихся деталей или расходных материалов. Служба технической поддержки может оказывать дополнительные, в том числе платные, информационные услуги: организовывать выезд эксперта для оценки поломки товара, вызов специалиста для производства гарантийного (или иного) ремонта.

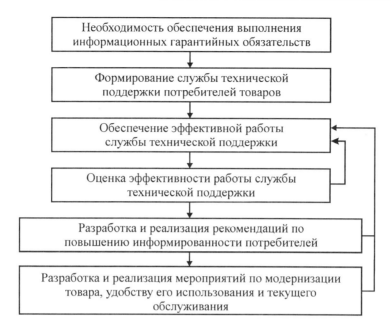

Рис. 4.24. Схема управления формированием и работой службы технической поддержки

Эффективная **работа службы технической поддержки** обеспечивается наличием:

квалифицированных специалистов, способных понять суть проблемы и оказать необходимую дистанционную консультацию потребителю;

организационно-технического обеспечения (телефонов, компьютеров, базы данных возможных неисправностей, типовых методик устранения неисправностей и т. д.);

взаимодействия с другими службами, ответственными за гарантийное обеспечение;

обратной связи с потребителями, которые пользовались услугами технической поддержки.

В процессе работы анализируются запросы и претензии потребителей. По результатам анализа служба технической поддержки совместно с другими службами, ответственными за гарантийное обслуживание, разрабатывает рекомендации:

по повышению информированности потребителей;

модернизации товара, удобству его использования и технического обслуживания, эргономике, взаимозаменяемости деталей с другими моделями и т. д.

Мониторинг и выявление дефектов товаров производятся:

1. Путем диагностики дефектов силами предприятия (плановая или внеплановая диагностика товара). Плановая диагностика может выполняться как при модернизации товара в целом, так и отдельных его частей. Внеплановая диагностика производится в результате внешних воздействий, например при изменении требований к загрязнению окружающей среды товарами данного типа.

2. В результате обращений (претензий) потребителей. В этом случае осуществляется экспертиза товара для классификации проявившегося дефекта и отнесения ответственности за него на предприятие-производитель (генерального контрактора).

В результате мероприятий по мониторингу и выявлению дефектов разрабатываются шаги по их устранению, а если выявленный дефект катастрофически снижает безопасность дальнейшего использования товаров, они признаются бракованными, и вся партия товаров отзывается.

Если предприятие берет на себя обязанность гарантийного ремонта, оно должно обеспечить практическую возможность его реализации путем ***формирования службы, ответственной за экспертизу, гарантийный и постгарантийный ремонт***. Возможны два варианта решения данной проблемы:

формирование службы, ответственной за экспертизу и ремонт силами предприятия;

передача ответственности за экспертизу и ремонт подрядному предприятию.

В любом случае предприятие должно обеспечить ремонтную службу необходимым оборудованием, запасными частями и материалами, технической документацией, а также подготовку специалистов по ремонту товаров.

Юридическую поддержку гарантийных обязательств производит юридический отдел предприятия, который отвечает:

за соответствие всех пунктов гарантийного обеспечения законодательным актам и другим нормативным документам, например закону «О защите прав потребителей»;

правовую защиту предприятия от обмана, необоснованных судебных исков со стороны потребителей, контракторов и др.

Диагностика выполнения гарантийных обязательств позволяет определить возможность и способы выполнения обязательств и генерировать для этих целей дополнительную прибыль. В результате такого анализа разрабатываются рекомендации по установлению гарантийных обязательств в будущем.

Установление гарантийных обязательств часто связано с высокой конкуренцией среди производителей товаров данного типа. Например, производитель автомобилей «Форд» продлил срок гарантийного обслуживания автомобилей вслед за корпорацией «Крайслер». До того момента гарантийный срок, предоставляемый фирмой «Форд», был самым большим в автоиндустрии – 12 месяцев или 12 тыс. миль пробега (около 20 тыс. км). Корпорация «Крайслер» продлила срок гарантии до пяти лет или 50 тыс. миль пробега. В течение трех лет доля фирмы «Крайслер» на рынке сбыта так возросла, что компании «Форд» пришлось последовать ее примеру [39].

С развитием рыночных отношений управление выполнением гарантийных обязательств становится одним из конкурентных преимуществ, которые позволяют реализовывать проект все более и более эффективно.

Выводы

1. Управление замыслом проекта – это управление действиями, способствующими принятию решения о его разработке и реализации. Основные варианты возникновения замысла: спонтанное, вынужденное, принудительное и планируемое.

2. Управление предметной областью проекта – это функция управления, позволяющая учесть особенности реализации и результата проекта, обусловленные отраслевой спецификой, рынком, потребительскими предпочтениями.

3. Управление проектом по временным параметрам – функция, обеспечивающая своевременную реализацию отдельных этапов и всего проекта в целом.

4. Управление стоимостью и финансированием проекта представляет собой функцию управления, обеспечивающую формирование, выполнение и контроль бюджета проекта. Для расчета вариаций используют плановые затраты, освоенный объем и фактические затраты.

5. Управление качеством проекта – это функция управления, обеспечивающая соответствие результата проекта требованиям заказчика. Различают три фазы управления качеством: планирование, повышение и контроль.

6. Управление риском представляет собой функцию управления проектом, которая обеспечивает анализ, реагирование и контроль рисков. Основные группы рисков – временные, финансовые, целевые и качества работ.

7. Управление человеческими ресурсами – это деятельность, направленная на обеспечение эффективного использования работников, принимающих участие в реализации проекта.

8. Управление материальными ресурсами обеспечивает приобретение и поставку необходимых материалов (оборотных активов) и оборудования (внеоборотных активов) для реализации проекта.

9. Управление контрактами, как функция управления проектом, обеспечивает взаимодействие заказчика с другими участниками проекта. Управление контрактами включает планирование, выбор, заключение и контроль изменения контрактов.

10. Управление изменениями в проекте представляет собой функцию управления проектом, посредством которой обеспечивается корректировка проекта на протяжении его жизненного цикла из-за влияния на его реализацию внешней и внутренней среды.

11. Управление безопасностью – это функция, с помощью которой обеспечивается безопасность реализации проекта для деятельности предприятия, здоровья работников и окружающей среды. Система обеспечения безопасности проекта включает обеспечение технической, экономической, экологической и информационной безопасности, личной защиты персонала и защиты материальных ценностей.

12. Правовое обеспечение проекта – это функция управления, с помощью которой обеспечиваются правовое поле и законность реализации проекта.

13. Конфликт представляет собой столкновение несогласных сторон, которыми могут быть как отдельные люди, так и организации. Разрешение конфликтной ситуации возможно с помощью различных поведенческих подходов (конкуренции, отступления, компромисса, сотрудничества, приспособления).

14. Управление системами – это функция управления проектами, когда предприятие и проект рассматриваются как совокупность систем, связанных общими задачами и процедурами. Управление системами включает четыре основных этапа: преобразования, диагностики, выбора и синтеза.

15. Под коммуникациями понимают действие или факт передачи какой-либо информации; устное или письменное сообщение; процесс обмена смысловыми конструкциями между людьми с помощью общей системы условных обозначений.

16. Бухгалтерский учет в проекте – это функция управления проектом, обеспечивающая наблюдение, стоимостное измерение, текущую группировку и итоговое обобщение фактов хозяйственной деятельности.

17. Управление выполнением гарантийных обязательств обеспечивает удовлетворение требований заказчика по ремонту и замене товара в случае обнаружения в нем производственных недостатков.

УПРАВЛЕНИЕ ИНВЕСТИЦИОННО-СТРОИТЕЛЬНЫМИ ПРОЕКТАМИ (ИСП)

Глава 5
Введение в управление ИСП

Развитие инвестиционно-строительного комплекса на основе применения новых технологий, внедрения прогрессивных форм организации производства, применения современных материалов и изделий не может быть достаточно эффективным без использования теории управления инвестиционно-строительными проектами (ИСП). Строительство является не только первой отраслью, в которой стали использовать положения теории управления проектами, но и объектом внедрения новых методик и инструментов управления проектами. Именно поэтому в данной главе раскрываются важнейшие тенденции развития современного управления ИСП, которые полезно знать управляющим проектами не только в строительстве, но и в любых других отраслях, где управление проектами является ключевым фактором эффективности.

5.1. Понятие управления ИСП

Повышение эффективности управления инвестиционным и строительным процессами является предметом исследования ученых и практиков на протяжении многих лет. Решение данной проблемы имеет важное народнохозяйственное значение. Кроме того, развитие управления инвестиционно-строительными проектами создает стимулы для дальнейшего совершенствования теории управления проектами в других отраслях и сферах деятельности (инновационной, компьютерной, машиностроительной).

Распространенность ИСП во всем мире предъявляет повышенные требования к знаниям по управлению ими. К инвестиционно-строительным проектам можно отнести строительство зданий, дорог, мостов, жилых домов, театров, парков, стадионов, аэропортов, заводов, фабрик, космодромов и многих других объектов.

Таким образом, мы подошли к необходимости более четкого определения инвестиционно-строительного проекта.

Инвестиционно-строительный проект (ИСП) – это проект, предусматривающий реализацию полного цикла вложений и инвестиций в *строительство* объекта (от начального вложения капиталов до достижения целей инвестиций и завершения предусмотренных проектом работ).

Реализация ИСП связана с инвестиционно-строительной деятельностью одного или нескольких предприятий. Под **инвестиционно-строительной деятельностью** понимается совокупность практических мер, дел и действий по инвестированию и строительству зданий, сооружений и иных объектов. При этом инвестиции возможны в форме денежных средств, имущества, прав требования, интеллектуальных и других ценностей.

Инвестиционно-строительные проекты включают комплекс взаимосвязанных действий – от зарождения идеи до полного завершения проекта.

Для удобства анализа и синтеза ИСП, а также системы управления ими проведем классификацию ИСП по различным критериям (рис. 5.1). Данная классификация основана на общей классификации проектов (см. 1.1), но учитывает особенности ИСП.

1. В зависимости от класса ИСП подразделяют на *моно-, мульти-* и *мега-проекты.*

2. ИСП подразделяются на следующие виды:
- *гражданское строительство* (строительство жилых домов, административных зданий, школ, детских дошкольных учреждений, спортивных сооружений и т. п.);
- *промышленное строительство* (строительство заводов, фабрик, промышленных предприятий, инженерных сооружений промышленного назначения и пр.);
- *дорожное строительство* (строительство дорог, тротуаров, мостов, переездов, благоустройство территорий и др.);
- *специализированное строительство* (строительство военных объектов, электростанций, космодромов, аэропортов и других специализированных объектов).

3. Масштаб ИСП определяется объемом инвестиций:
- *мелкие ИСП* – объем инвестиций до 1 млн дол. (например, кирпичный коттедж, гараж, небольшой жилой дом, магазин и т. д.);
- *средние ИСП* – от 1 до 10 млн дол. (жилой комплекс со встроенно-пристроенными помещениями, кирпично-монолитный дом примерно на 300 квартир, крупный универмаг, театр, пешеходный переход, парк и пр.);
- *крупные ИСП* – от 10 до 100 млн дол. (жилищно-парковый комплекс, здание коммерческого назначения, завод, фабрика, железнодорожный мост, транспортная развязка и т. д.);
- *очень крупные ИСП* – более 100 млн дол. (жилой поселок, крупный квартал, мегаполис, комплекс защиты города от наводнений, кольцевая дорога, железная дорога между городами, аэропорт, космодром, морской порт, электростанция и т. д.).

4. В зависимости от длительности ИСП разбивают на три группы (предположительные сроки реализации включают возникновение, производство всех необходимых работ и завершение ИСП, за исключением сроков выполнения гарантийных обязательств):

- *краткосрочные*, продолжительность реализации – менее 6 месяцев;
- *среднесрочные* – от 6 до 24 месяцев;
- *долгосрочные* – более 2 лет.

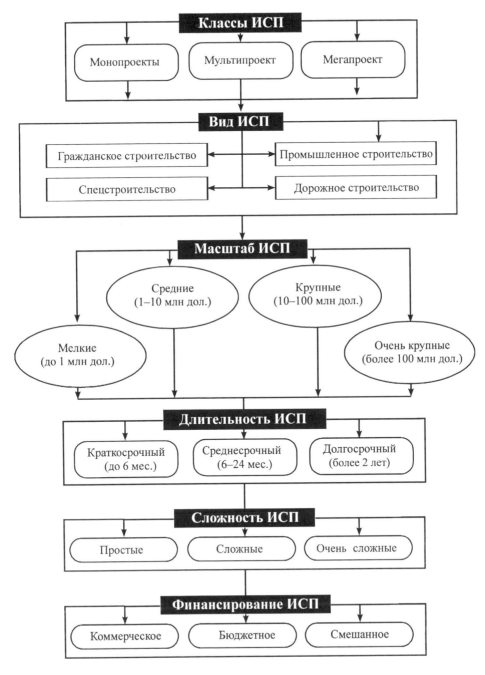

Рис. 5.1. Классификация инвестиционно-строительных проектов

5. С учетом сложности ИСП подразделяют на *простые, сложные* и *очень сложные*. Отметим, что один и тот же проект с точки зрения разных организаций может быть классифицирован по-разному: для крупной организации проект может быть простым, для небольшой организации – сложным. Тем не менее общую классификацию проектов можно представить следующим образом:

- *простые ИСП* включают строительство небольших жилых домов, магазинов, гаражей и т. д. По размерам инвестиций их можно отнести к мелким проектам;
- *сложные ИСП* включают строительство жилых домов и комплексов, офисов и иных зданий и сооружений, которые по размерам инвестиций можно отнести к средним и крупным проектам;
- *очень сложные ИСП* по размерам инвестиций можно отнести к очень крупным проектам, таким как строительство гидроэлектростанции, космодрома и др.

Однако это деление довольно условно, так как в отдельных случаях мелкие и средние проекты могут быть достаточно сложными, а крупные – достаточно простыми. Например, строительство мелкой подстанции или небольших очистных сооружений может быть сложным проектом, а строительство большого по масштабу производственного цеха – простым.

К сложным и очень крупным ИСП относятся ***инвестиционно-строительные программы***, представляющие собой несколько проектов, объединенных для реализации общей цели. ***Программа*** может состоять из нескольких десятков проектов, которые реализуются самостоятельно. Объединение проектов в программу в отдельных случаях позволяет достигать максимальной эффективности за счет координации взаимодействия большого числа участников. Управление программой относится к особой сфере управления проектами – мультипроектному управлению.

Мегапроектами являются целевые программы, имеющие важное народно-хозяйственное значение и содержащие множество взаимосвязанных ИСП, объединенных общей целью, финансовыми и иными ресурсами. Мегапроекты могут быть *международными, государственными, региональными, межотраслевыми, отраслевыми и смешанными*.

Примером строительного мегапроекта Госстроя РФ может служить федеральная целевая программа «Жилище» (утв. постановлением Правительства Российской Федерации от 17.09.2001 г. № 675), направленная на обеспечение устойчивого функционирования и развитие жилищной сферы, создание безопасных и комфортных условий проживания, повышение доступности жилья для граждан России. Федеральная целевая программа «Жилище» включает федеральную целевую программу «Государственные жилищные сертификаты» и 9 подпрограмм, каждая из которых направлена на решение ряда проблем жилищной сферы.

Мультипроекты – это комплексные программы ИСП, осуществляемые крупными предприятиями или группами предприятий. Такие программы связаны с определением концепций и направлений стратегического развития.

Мультипроекты включают как изменения, касающиеся создания новых предприятий и трансформации уже существующих, так и изменения, связанные с созданием инфраструктуры для дальнейшего развития бизнеса предприятий, например, строительство морского терминала или нефтяного трубопровода для транзита нефти в стратегически важный регион. Многопроектное управление координирует все множество ИСП, выполняемых предприятием.

6. *По методу финансирования ИСП* подразделяются:

- на *бюджетные*, финансируемые за счет бюджетов различных уровней. В основном это социальные объекты: школы, детские дошкольные учреждения, больницы, дороги, объекты жилищно-коммунального хозяйства и т. п.;
- *коммерческие* (жилые дома, гостиницы, магазины, развлекательные центры и многое другое), финансируемые частными компаниями и физическими лицами;
- *смешанные* (строительство жилого квартала, коммерческие и жилые помещения финансируются частными предприятиями и физическими лицами, а помещения социального назначения – за счет бюджета).

5.2. Структура ИСП

Формирование и адекватная организация структуры проекта, в частности структуры декомпозиции работ (WBS), является необходимым условием успешной реализации любого ИСП независимо от его размера, сложности и предметной области. Отличие структуры декомпозиции работ ИСП от декомпозиции работ других проектов заключается не в методике составления, а в содержании работ.

Рассмотрим уровни детализации ИСП исходя из параметров его реализации, которые обычно разбивают на три группы:

затраты;

время;

качество.

Каждый уровень декомпозиции представляет собой степень детализации работ по выполнению ИСП. Основные уровни декомпозиции, а также документы, в которых они находят отражение, представлены на рис. 5.2.

Теперь рассмотрим, как работы ИСП различной степени детализации отражаются в структуре декомпозиции работ и взаимосвязаны с основными параметрами реализации проекта (рис. 5.3).

Декомпозиция работ начинается на самых ранних фазах ИСП и осуществляется на протяжении реализации всего проекта. Команда проекта, включая представителей проектной организации, отвечает за разработку исходной декомпозиции работ от начала и до момента окончания проекта. Впоследствии другие участники проекта, например контракторы и субконтракторы, углубленно разрабатывают свою часть декомпозиции работ.

Таким образом, команда проекта отвечает за составление единого плана, а контракторы – за составление собственных планов, которые являются частью единого ИСП. С помощью структуры декомпозиции работ команда ИСП управляет проектом в целом и может последовательно выполнять одну за другой хорошо описанные, части работ.

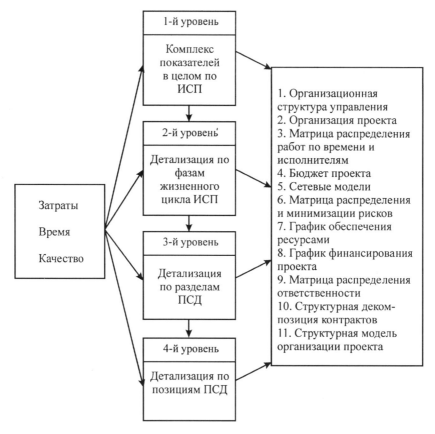

Рис. 5.2. Уровни структуры декомпозиции работ по реализации ИСП

Несколько видов работ могут образовывать *пакет контракта*. Пакеты контрактов зависят от производственной мощности контракторов, их квалификации, а также ставок комиссионных вознаграждений.

Концепция, на основе которой происходит разделение проекта на пакеты работ может эффективно использоваться во всех без исключения проектах, поскольку каждый пакет работ рассматривается как подпроект или подсеть. Слишком большой пакет работ может привести к задержке реализации проекта, если для него необходимо привлечение ресурсов, которых иногда нет в наличии. Чтобы избежать возникновения этой проблемы, необходимо разбить пакет работ на меньшие пакеты.

Структурирование ИСП является важной составляющей управления ИСП, которая помогает определить реальные потребности в ресурсах, а также оптимальные объемы реализации комплекса работ. Структура декомпозиции работ проекта позволяет обеспечить планирование и учет затрат, своевременное и качественное выполнение проектов, а также их контроль.

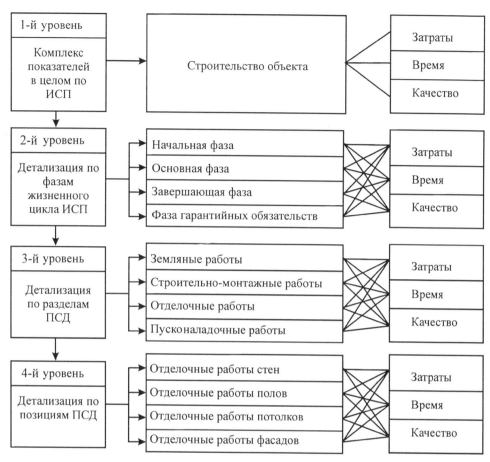

Рис. 5.3. Структура декомпозиции работ по реализации ИСП

5.3. Фазы и жизненный цикл ИСП

Фазы и жизненный цикл инвестиционно-строительного проекта могут отличаться от общего жизненного цикла проекта (см. рис. 1.7). В общем виде жизненный цикл ИСП состоит из четырех основных фаз (рис. 5.4):

1. Начальная фаза:

предпроектное технико-экономическое обоснование ИСП;

получение разрешения на строительство объекта.

2. Основная фаза:

проведение инженерных изысканий;

заключение контрактов;

проектирование объекта;

строительство объекта.

3. Завершающая фаза:

ввод объекта в эксплуатацию;

продажа объекта.

Рис. 5.4. Фазы жизненного цикла ИСП

4. Фаза гарантийных обязательств – выполнение гарантийных обязательств.

Окончание каждой предыдущей и начало новой фазы характеризуются решением о возможности осуществления такого фазового перехода. Решение принимается на основе оценки достигнутых результатов, динамики выполнения плана и других показателей. Также происходит корректировка времени реализации ИСП. Подобные моменты анализа называют *точками отсчета*.

В реализацию ИСП вовлечено большое количество разнообразных ресурсов. В процессе продвижения ИСП по фазам жизненного цикла появляется все больше информации. Это позволяет точнее скорректировать содержание работ и границы ИСП, бюджет и график производства работ. Задача управляющего ИСП – организовать работу так, чтобы весь комплекс работ выполнялся в соответствии с откорректированными планами.

После выполнения комплекса работ по строительству и введению объекта в эксплуатацию в зависимости от цели строительства заказчик может эксплуатировать объект самостоятельно либо продать его полностью или частично частной компании или государственному предприятию. В условиях, когда спрос на продукцию строительного производства превышает предложение, заказчик может продать объект до окончания его строительства по договору долевого участия.

Если предприятие самостоятельно осуществляет эксплуатацию объекта, то в его задачи может входить весь комплекс работ по техническому обслуживанию и ремонту построенного объекта. Но это уже *другой бизнес* и *другие* проекты.

5.4. Окружение ИСП

Реализация инвестиционно-строительных проектов, как и любых других, происходит в среде, которая оказывает на них непосредственное влияние. Структура окружения ИСП аналогична представленной в 1.6.

Рассмотрим подробно составляющие внешней и внутренней среды ИСП (рис. 5.5).

Внутреннюю среду ИСП определяют стиль руководства предприятия, организационная структура управления, участники и команда ИСП, коммуникационное, информационное и иное обеспечение ИСП, объекты строительства, ПСД, ресурсы и бюджет ИСП, технологическое решение проекта и пр.

Ближнее окружение ИСП определяют развитие управления предприятием, рынок недвижимости, генплан района застройки, сферы сбыта и обеспечения, инженерные сети и сооружения, другие сферы и отделы.

Дальнее окружение ИСП определяют градостроительная политика, экономика, политика, общество, законы и право, наука и техника, культура, природа, экология и др.

Большинство ИСП реализуются под воздействием динамических факторов окружения, при этом изменяются не только внешние параметры, но и внутренняя среда проекта. Примером может служить постоянная корректировка руководством предприятия границ проекта, целей, ресурсов, сроков выполнения работ и других переменных. Одна из самых сложных задач команды управления ИСП – обеспечить устойчивость внешних воздействий и не допустить критических изменений во внутренних переменных. Для этого команда ИСП может разработать соглашение о реализации проекта и согласовать его со всеми участниками. В этом соглашении необходимо указать возможные последствия частых изменений, вносимых в проект заказчиком, инвестором и другими участниками ИСП.

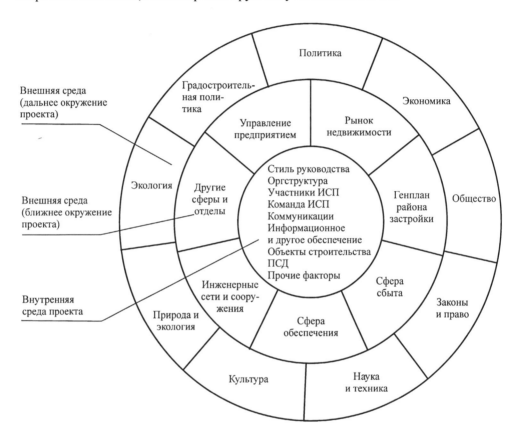

Рис. 5.5. Окружение ИСП

В дополнение к соглашению команда проекта должна разработать план действий на случай возникновения непредвиденных ситуаций при реализации ИСП, а также предусмотреть возможность резервирования ресурсов для выполнения данного плана. Все эти действия помогут обеспечить эффективное взаимодействие ИСП и его окружения.

Выводы

1. Под инвестиционно-строительным проектом (ИСП) понимается проект, предусматривающий реализацию полного цикла вложений инвестиций в строительство какого-либо объекта – от начального вложения капиталов до достижения цели инвестирования и завершения предусмотренных проектом работ.

2. ИСП классифицируют в зависимости от класса, масштаба, длительности, сложности и формы финансирования.

3. Результаты реализации ИСП и его параметры (затраты, время, качество) связаны со структурой декомпозиции работ, уровни которой можно представить следующим образом:

I уровень – комплекс общих показателей ИСП;

II – детализация по фазам жизненного цикла ИСП;

III – детализация по разделам ПСД;

IV – детализация по позициям ПСД.

4. Жизненный цикл ИСП в наиболее общем виде состоит из четырех основных фаз: начальной, основной, завершающей и фазы гарантийных обязательств, каждая из которых имеет свои специфические особенности.

5. Окружение ИСП аналогично рассмотренному в 1.6 и состоит из внутренней среды, ближнего и дальнего окружения.

Глава 6

Человеческий фактор и организационные структуры в управлении ИСП

Эффективная работа управляющего и команды проекта являются залогом успешной реализации ИСП.

Рассмотрим некоторые вопросы, связанные с взаимоотношениями между людьми в зависимости от ролей, которые они выполняют при реализации ИСП, а также организационные структуры предприятий, реализующих подобные проекты.

6.1. Участники ИСП

Инвестиционно-строительные проекты обычно выполняются различными специализированными предприятиями, количество и состав которых изменяются от проекта к проекту. Предприятия являются свободными хозяйствующими субъектами, организационно не зависящими друг от друга в процессе реализации проекта. Действия всех этих предприятий объединяет замысел – реализация ИСП.

Рассмотрим основные группы участников ИСП и их роль в его реализации. От правильного выбора состава участников ИСП зависит эффективность управления проектами. Несмотря на многообразие исполнителей и заинтересованных лиц, можно представить общий состав участников ИСП (рис. 6.1) и схему взаимодействия между ними (см. рис. 6.4).

Заказчик (и/или инвестор) является главным лицом (физическим или юридическим), заинтересованным в реализации проекта. Заказчики различаются по множеству параметров. Наиболее важные различия касаются целей и задач, преследуемых заказчиками при реализации ИСП. Заказчиками могут быть государственные структуры, частные предприятия, иностранные или межнациональные компании.

Задача инвестиционно-строительного комплекса – реализация ИСП, удовлетворяющих потребности любого заказчика.

Теория управления предлагает различные организационные подходы к созданию временной управленческой структуры для реализации ИСП в неустойчивой и сложной среде. Однако сегодня профессионалы по управлению проектами все чаще склоняются к созданию постоянных управленческих структур, которые наилучшим образом удовлетворяют потребности каждого конкретного заказчика.

Рис. 6.1. Участники ИСП

В 1994 г. Мастерман и Геймсон [57] предложили классификацию заказчиков с учетом следующих факторов:

1. В зависимости от того, являются заказчики ИСП **первичными** или **вторичными** (т. е., являются ли заказчики профессиональными девелоперами, для которых строительство – основная деятельность, или же строительство не является деятельностью, от которой заказчик получает большую часть своих доходов).

2. В зависимости от опыта реализации ИСП (**опытный** – если заказчик в недавнем времени выполнял аналогичные ИСП, и **неопытный** – если у него отсутствует такой опыт).

Таким образом, можно выделить четыре группы заказчиков ИСП:
• первичный опытный;
• первичный неопытный;
• вторичный опытный;
• вторичный неопытный.

Отметим, что данные группы являются крайними, между ними существует множество классификационных градаций (рис. 6.2).

Формулируя цели ИСП, заказчик исходит из основной деятельности собственной компании. К примеру, заказчик может быть образовательным учреждением, которому необходимы дополнительные лекционные помещения, или же поликлиникой, которая планирует открыть новую лабораторию или диагностический центр. Для этого необходимо строительство новых зданий. Таким образом, потребности заказчика стимулируются средой, в которой осуществляет свою деятельность компания.

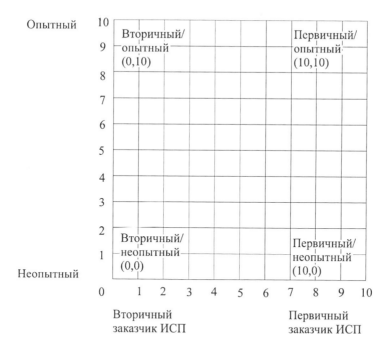

Рис. 6.2. Градация различных типов заказчиков ИСП [66]

Воздействие окружающей среды косвенно стимулирует и начало строительства. В этом случае основной проблемой является тот факт, что команда проекта в этом этапе обычно не участвует и целый ряд ключевых решений, которые могут значительно повлиять на реализацию проекта, принимается без участия профессионалов, выполняющих основной объем работ.

Обычно заказчик заинтересован в ***трех*** основных показателях реализации ИСП: ***цене, качестве и времени реализации***. Причем различные заказчики придают различное значение этим параметрам. Например, государственное предприятие с относительно небольшим бюджетом может согласиться на ухудшение качества работ при снижении цены, в то время как девелоперская компания, инвестирующая в строительство элитного жилья, придерживается абсолютно противоположных взглядов.

Для иллюстрации целей и приоритетов заказчика представим набор значимых параметров, каждому из которых соответствует определенный вес (рис. 6.3). Значимость, которую заказчик придает тому или иному параметру, еще не значит, что этот параметр будет иметь такой же вес при реализации проекта. Окончательные приоритеты параметров устанавливаются в процессе переговоров со всеми участниками ИСП.

Отметим большую группу участников проекта – ***контракторов***, в которую входят проектные, строительно-монтажные, научно-исследовательские, инжиниринговые, транспортные, консалтинговые предприятия, заводы – поставщики строительных материалов и др.

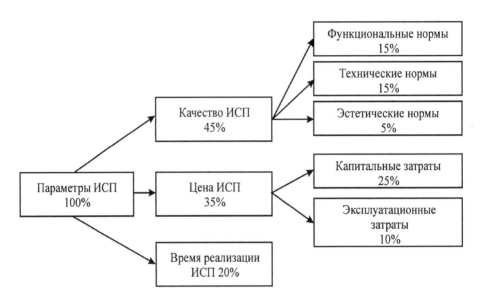

Рис. 6.3. Структура параметров ИСП в соответствии
с их значением для заказчика

Строительные предприятия, осуществляющие функции генерального контрактора или субконтрактора и имеющие на своем балансе необходимые ресурсы по договору строительного подряда, выполняют строительно-монтажные работы по ИСП собственными силами.

Проектно-изыскательские предприятия, которые осуществляют функции контрактора на основании задания на проектирование и договора подряда на выполнение проектных и изыскательских работ, разрабатывают техническую документацию и/или изыскательские работы, а также осуществляют авторский надзор за строительством.

Авторы ИСП – это люди, которые разрабатывают идею проекта, проводят предварительный анализ и принимают решение о реализации ИСП. Авторы ИСП обычно являются менеджерами будущего заказчика.

В отдельных случаях необходимо разделять *автора идеи ИСП* и *авторов ИСП* – они различаются по степени детализации и проработки проекта.

Авторы идеи ИСП предлагают общее очертание ИСП, его назначение и желаемый результат. Впоследствии авторы идеи могут стать и авторами ИСП, а могут передать или продать идею ИСП стороннему лицу.

Авторы ИСП детально прорабатывают все аспекты *практической* реализации проекта, принимают решение о его инициации и курируют ИСП вплоть до его завершения.

Среди других предприятий, которые детально прорабатывают ИСП, но нанимаются автором ИСП по контракту (в проектно-ориентированной оргструктуре с управляющей компанией) или же выполняют распоряжение вышестоящей головной компании (в проектно-ориентированной холдинговой оргструктуре), можно выделить: разработчика ПСД и разработчика ИСП.

Предприятия-контракторы отвечают за техническую сторону разработки ИСП и ПСД для заказчика, который совместно с автором ИСП курирует всю работу по разработке и реализации проекта.

Архитекторы – одни из самых известных людей в строительной отрасли. Работы отдельных из них сравнивают с произведениями искусства (например, работы знаменитых петербургских зодчих Бартоломео Франческо Растрелли, Карла Ивановича Росси и др.).

Традиционно архитекторы первыми выслушивали запросы заказчика, предлагали возможные решения, помогали разработать бюджет и график строительства. Часто архитекторы влияли и на выбор контракторов.

Исходя из требований заказчика архитектор должен графически представить архитектурный проект будущего здания так, чтобы заказчик мог с достаточной степенью точности рассчитать цену, календарный план и реализовать все запланированные конструктивные решения. В работе архитектору помогают профессиональные CAD-операторы, художники-декораторы, архитекторы по ландшафту и другие специалисты.

Архитектурная деятельность в России регулируется федеральным законом РФ «Об архитектурной деятельности в Российской Федерации». В соответствии с этим законом архитектор имеет право осуществлять авторский надзор за строительством объекта или по поручению заказчика быть его представителем на строительстве данного объекта, участвовать в разработке всех разделов документации для строительства и др.

Проектно-строительные предприятия осуществляют функции генерального контрактора или субконтрактора и имеют на своем балансе необходимые ресурсы по договорам строительного подряда и подряда на выполнение проектных и изыскательских работ, выполняют проектирование и строительство объектов по ИСП собственными силами.

Специализированные строительные предприятия обычно являются субконтракторами и выполняют узкоспециализированные работы: электротехнические, земляные, работы по сносу и разборке зданий и др. Эти предприятия обычно привлекаются к выполнению ИСП напрямую генеральным контрактором.

Инжиниринговые (управляющие) компании, выполняющие функции заказчика или генерального подрядчика, как правило, не осуществляют производство работ собственными силами, а привлекают для этого на конкурсной основе другие предприятия. Благодаря наличию высококвалифицированного управленческого персонала инжиниринговые компании координируют весь процесс управления ИСП. Иногда наиболее ответственные работы по проектным исследованиям, оценке стоимости работ, эффективности ИСП, контролю и мониторингу выполнения работ эти компании выполняют собственными силами.

К *предприятиям по обеспечению и обслуживанию* финансовой, производственной деятельности строительно-монтажных организаций относятся банки, ПИФы, страховые компании, спонсоры, юридические компании, рекламные агентства и агентства недвижимости, охранные предприятия и др. Особое место в системе обслуживания работ по ИСП занимают предприятия энерго-, водо- и газоснабжения, телефонные компании, предприятия по утилизации отходов, которые заказчик привлекает на этапе эксплуатации объекта для обеспечения его эффективного функционирования.

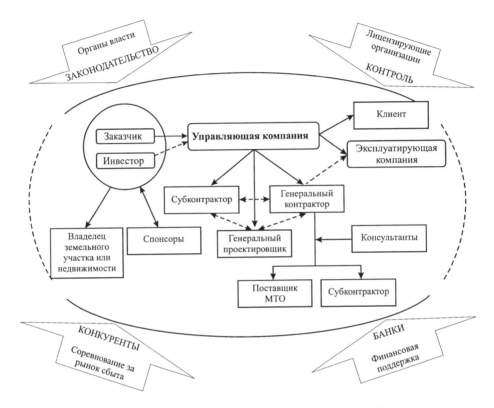

Рис. 6.4. Схема взаимодействия участников ИСП

Консалтинговые компании могут привлекаться для осуществления наиболее сложных задач в процессе ИСП: оптимизации календарного графика по различным критериям, например, минимизация затрат при установленных сроках ввода объекта в эксплуатацию и др.

При реализации ИСП используются самые разнообразные схемы финансирования: собственные средства заказчика, краткосрочные и долгосрочные кредиты банков и страховых компаний, облигационные займы, привлечение инвесторов (юридических и физических лиц) по договорам долевого участия и многие другие. Ограниченное использование долгосрочного кредитования в настоящее время продиктовано высокими рисками кредитно-финансовых институтов, однако по мере развития рыночных отношений, а также стабилизации экономической и политической ситуации этот инструмент финансирования строительства получит большее распространение.

Круг участников ИСП не ограничивается перечисленными предприятиями. В зависимости от специфики и масштабов проекта его участниками могут быть иностранные компании, государственные структуры, общественные организации и многие другие. Их объединяют заинтересованность в ИСП, а также ответственность за какую-либо часть работ, функций, процессов и подсистем его реализации.

6.2. Команда ИСП

Команда ИСП является основной управляющей единицей проекта, руководит работой и координирует действия всех его участников. Создание команды необходимо для успешной реализации ИСП. Работа управляющих напрямую зависит от квалификации и состава команды, так как ни один управляющий не может выполнить весь объем работ.

В состав команды (рис. 6.5) входят все ключевые участники ИСП, включая как собственных специалистов, так и внешних консультантов, которые полностью или частично отвечают за различные части ИСП. Таким образом, управление командой проекта является отправной точкой политики управления человеческими ресурсами предприятия, реализующего ИСП.

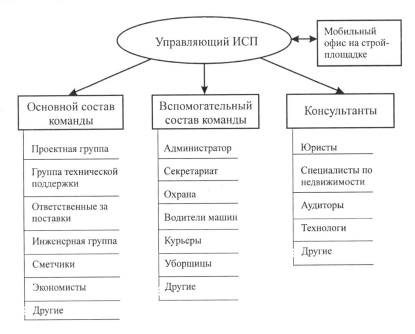

Рис. 6.5. Команда ИСП

Членов команды ИСП можно разделить по группам ответственности: проектно-изыскательская, группы строительства, снабжения и поставки и др. Размер и состав команды и составляющих ее групп определяются масштабом, сложностью ИСП и количеством контракторов. При реализации особо крупных проектов возможно формирование у каждого контрактора нескольких команд ИСП из представителей предприятий субконтракторов на подотчетной ему части ИСП.

В процессе перехода от проектирования к выполнению работ по проекту различные группы ответственности должны объединить усилия для успешной и эффективной работы команды ИСП.

Условия работы и специфика реализации ИСП уникальны не только по сравнению с условиями реализации других проектов, но также по сравнению с другими ИСП. Мелкие ИСП может выполнять группа специалистов из совершенно разных предприятий, которые назначаются или приглашаются для участия в ИСП и строительстве здания или сооружения. Из-за относительно небольшой продолжительности ИСП эти специалисты могут воспринимать ИСП как краткосрочную задачу. Управляющий должен убедить   команду ИСП в том, что долгосрочные отношения предприятий в большей степени способствуют карьерному росту, чем решение краткосрочных задач.

Отметим, что для реализации даже небольших ИСП требуется большое количество людей. Организация и регулирование их работы является сложной задачей даже, если они работают на одном предприятии. Таким образом, в команду ИСП должны привлекаться специалисты, готовые пожертвовать краткосрочным вознаграждением по результатам выполнения своей части работ по ИСП ради достижения более важных целей в долгосрочной перспективе. Для каждого конкретного ИСП устанавливается штатное расписание команды, а для каждого специалиста – функциональные обязанности.

Рассcмотрим основные обязанности членов команды в процессе реализации ИСП:
- общее управление ИСП;
- подготовка и заключение контрактов;
- финансовое управление (финансовый анализ, планирование и бюджет, кредиты, контроль, учет и отчетность);
- управление проектно-изыскательскими работами в соответствии с установленной стадийностью;
- организация питания, медицинского обслуживания и отдыха работников на строительной площадке;
- управление строительным производством;
- учет выполнения строительно-монтажных работ;
- управление взаимодействием контракторов;
- управление поставками ресурсов;
- организация управления экологией;
- ведение архивов проекта;
- другие обязанности.

Залогом эффективной работы команды управления ИСП является ее мотивация. Особое внимание уделяется стимулированию деятельности ключевой фигуры – управляющего ИСП.

Материальное стимулирование – один из наиболее значимых мотивационных аспектов деятельности наемных работников. Рассмотрим четырехуровневую мотивационную модель материального стимулирования команды управления ИСП (рис. 6.6).

Общая заработная плата с вознаграждением для членов команды проекта состоит из четырех частей:

1. Основная часть заработной платы включает базовый оклад и другие базовые составляющие.

2. Премиальная часть заработной платы выплачивается в зависимости от показателей выполнения текущих работ (качества, сроков, экономии затрат). Это может быть месячная, квартальная и другие виды премий.

3. Основное вознаграждение – это премия за конечный результат реализации ИСП. Иногда данная премия составляет основную часть общей заработной платы и вознаграждения работника. Эта премия выплачивается в три этапа: первый – после сдачи объекта госкомиссии, второй – после завершения пусконаладочных работ и, наконец, третий – после завершения всего ИСП.

4. Условно-начисляемая заработная плата (УНЗП).

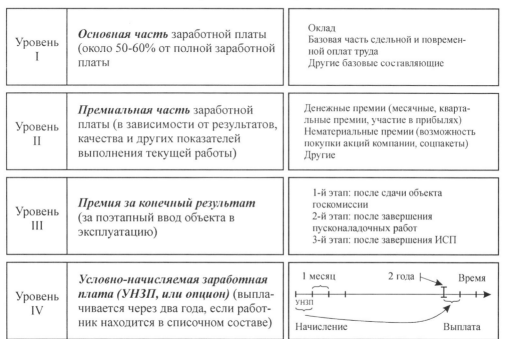

Уровень I	**Основная часть** заработной платы (около 50-60% от полной заработной платы	Оклад Базовая часть сдельной и повременной оплат труда Другие базовые составляющие
Уровень II	**Премиальная часть** заработной платы (в зависимости от результатов, качества и других показателей выполнения текущей работы)	Денежные премии (месячные, квартальные премии, участие в прибылях) Нематериальные премии (возможность покупки акций компании, соцпакеты) Другие
Уровень III	**Премия за конечный результат** (за поэтапный ввод объекта в эксплуатацию)	1-й этап: после сдачи объекта госкомиссии 2-й этап: после завершения пусконаладочных работ 3-й этап: после завершения ИСП
Уровень IV	**Условно-начисляемая заработная плата (УНЗП, или опцион)** (выплачивается через два года, если работник находится в списочном составе)	

Рис. 6.6. Четырехуровневая мотивационная модель стимулирования команды управления ИСП

В связи с тем что реализация ИСП занимает значительный промежуток времени (в среднем два года и больше), определить размер вознаграждений отдельных руководителей и исполнителей ИСП на начальной стадии реализации проекта очень сложно, особенно если это члены команды, делающие рационализаторские предложения по проекту, эффект от которых можно получить только после реализации всего проекта. Чтобы заинтересовать работника и мотивировать его к работе на предприятии не временно, а на более длительный срок, рекомендуется устанавливать так называемую условно-начисляемую заработную плату, или опцион, который выплачивается через два года после той деятельности, которую осуществляет работник на данный момент, и только в том случае, если на момент выплаты он будет находиться в списочном составе предприятия – это четвертый уровень материального стимулирования членов команды.

В схеме на рис. 6.6 в систему стимулирования *третьего уровня* попадают также другие участники ИСП, работа которых имеет важное значение для заказчика, например проектировщики.

Для членов команды ИСП стимулирование третьего уровня происходит только, если они находятся в списочном составе по окончании ИСП. Подобная схема стимулирования может применяться также для конечных исполнителей:

- для холдинговой проектно-ориентированной оргструктуры – в соответствующих подразделениях, выполняющих работы;
- для оргструктуры с управляющей компанией – на соответствующих субконтрактных строительных предприятиях.

Для управляющих ИСП предусмотрена шкала уровня выплат в зависимости от квалификации и сложности реализуемых проектов, а также площади построенного объекта. Например, при реализации ИСП в жилищном строительстве возможны следующие шкалы премирования управляющих по конечным результатам (дол. за 1 м²):

управляющий проектом 1-й категории – 1;
«   «   2-й категории – 0,8;
«   «   3-й категории – 0,6.

Особую роль играет фактор возможности карьерного роста каждого члена команды, поэтому в организационной структуре предприятия необходимо предусмотреть категории работников команды, к примеру, управляющий первой, второй и третьей категорий, главный управляющий. Каждый член команды должен иметь возможность карьерного роста, вплоть до директора предприятия. Перспектива увеличения заработной платы, расширения полномочий, применения и развития профессиональных способностей заставляют работников трудиться с полной отдачей.

Как бы хорошо ни работала команда, ее потенциальная эффективность ограничена особенностями структуры управления, сложившейся на предприятии. Здесь мы подошли к следующему важному аспекту обеспечения эффективного управления ИСП – формированию организационных структур.

6.3. Организационные структуры

Рассмотрим существующие организационные структуры строительных предприятий, реализующих ИСП, а также направления их развития и модификации.

С начала XX в. произошел скачок в развитии линейно-функциональных вертикально интегрированных предприятий, которые выполняли весь цикл производства – от добычи сырья до строительства и эксплуатации построенных объектов. В процессе развития рыночных отношений недостатки этой организационной структуры в первую очередь сказались на снижении конкурентоспособности предприятий. Это послужило толчком к поиску новых организационных структур. Применение новых методик управления на строительных предприятиях также сыграло свою роль, например, методика управления проектами на строительных предприятиях максимально эффективна только в *рамках проектно-ориентированных организационных структур*.

Развитие организационных структур на предприятиях строительства в России можно показать на примере организационной структуры СМУ (строительно-монтажного управления), которое является первичным строительным предприятием (рис. 6.7). Жесткое функциональное подчинение было характерно и для вышестоящих предприятий – строительных трестов и ДСК, что было оправданно в условиях плановой экономики.

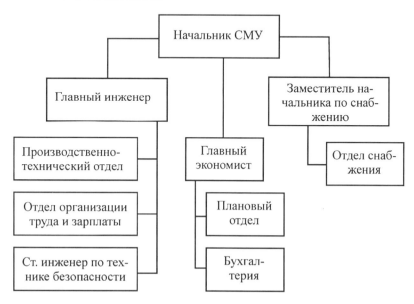

Рис. 6.7. Типичная организационная структура СМУ

С развитием рыночных отношений обозначился переход от традиционных организационных структур к более эффективным – рыночным структурам.

Наиболее рациональными для успешной реализации ИСП являются *три вида организационных структур*, причем все они – проектно-ориентированные:

- *компании, выполняющие только несколько функций управления ИСП*. Все остальные работы (проектирование, строительство, пусконаладку и пр.) выполняют другие предприятия по контракту (рис. 6.8, 6.9);
- *холдинговые структуры, корпорации, группы компаний, выполняющие ИСП от «нуля» под ключ* (от начала до завершения) собственными силами (рис. 6.10, 6.11);
- *комбинированные проектно-ориентированные организационные структуры*, которые управляют ИСП по контракту или самостоятельно. Работы частично выполняются собственными силами, а частично с привлечением специализированных предприятий-контракторов.

При создании проектно-ориентированной организационной структуры должны учитываться:

1. Количество и масштаб реализуемых ИСП.

2. Адресная программа на средне- и краткосрочный периоды.

3. Перспективы развития создаваемой структуры.

Рис. 6.8. Схема реализации ИСП проектно-ориентированным предприятием

4. Возможность диверсификации деятельности указанной структуры.

5. Базовая составляющая, на основе которой создается организационная структура.

6. Возможности выполнения работ по реализации проекта, виды работ, которые могут быть выполнены в рамках данной структуры.

7. Направление развития и т. д.

К примеру, если компания собирается выполнить только один проект, то для его выполнения достаточно сформировать временный коллектив и ограничиться созданием предприятия по управлению данным проектом в соответствии с матричной или функциональной организационной структурой управления, а для реализации проекта привлечь по контракту предприятия, которые будут осуществлять проектирование, строительство, пусконаладочные и другие работы.

Если компания планирует реализовать несколько ИСП (как мелких, так и очень крупных) в долгосрочном периоде, целесообразно создать холдинговую структуру, корпорацию или иную группу взаимосвязанных компаний (на основе прав собственности или договоров о сотрудничестве), которые смогут реализовывать проекты «под ключ» собственными силами (см. рис. 6.10, 6.11).

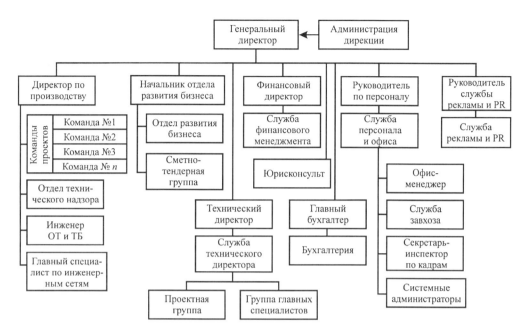

Рис. 6.9. Проектно-ориентированное предприятие по управлению проектами

Так как создание холдинговых структур, корпораций или группы компаний занимает длительное время, то на первом этапе развития этих структур возможна реализация ИСП с помощью комбинированных проектно-ориентированных организационных структур, которые частично выполняют функции управления самостоятельно, а на отдельные виды работ привлекают другие компании по контрактам.

Например, компания выполняет управление замыслом проекта, проектом по временным параметрам, стоимостью и финансированием проекта, его качеством и рисками, контрактами и изменениями, а вот, допустим, управление предметной областью, проектированием, правовое обеспечение, управление безопасностью, материально-техническими ресурсами, персоналом и другие функции управления проектами выполняют сторонние предприятия. При этом данная структура может поручить сторонним предприятиям основную массу обязанностей, т. е. пригласить генконтрактора на выполнение основного вида работ либо пригласить для выполнения различных видов работ отдельные предприятия без единого генконтрактора.

Все зависит от руководителей предприятия, определяющих степень ответственности за данный проект и объемы работ, выполняемых самостоятельно. Следует учесть, что, чем больше участников проекта, тем выше накладные расходы на его реализацию и, в конечном итоге, выше стоимость самого проекта. Поэтому наиболее рациональными организационными структурами являются холдинговая структура, корпорация или группа компаний, выполняющие реализацию проекта под ключ собственными силами. В отдельных случаях данная компания принимает на себя ответственность за эксплуатацию объекта, обеспечивая выполнение всех гарантийных обязательств.

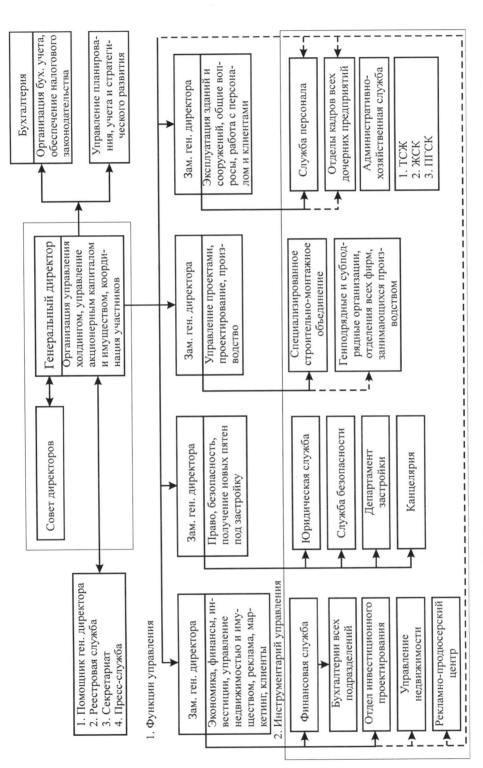

Рис. 6.10. Структура управления проектно-ориентированного холдинга (на примере ЗАО «УК СХ Эталон -ЛенСпецСМУ»)

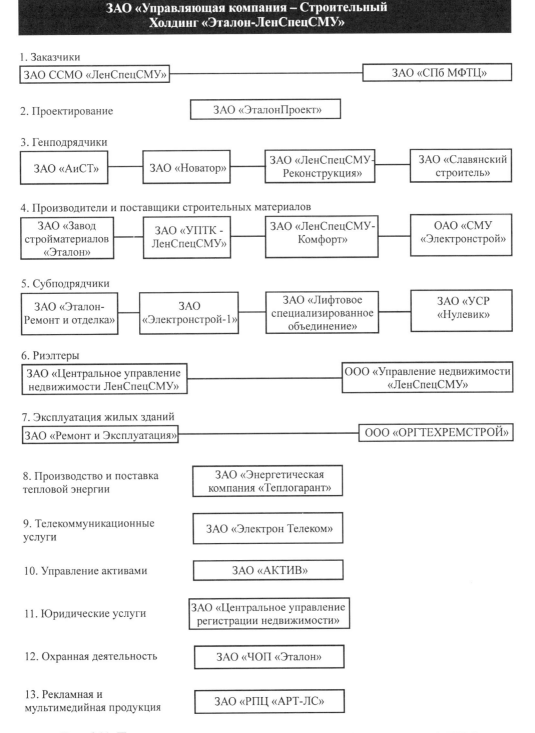

Рис. 6.11. Проектно-ориентированная организационная структура холдинга
на примере ЗАО «УК СХ «Эталон-ЛенСпецСМУ»

Формирование организационной структуры, отвечающей целям и задачам управления проектами, не является достаточным условием повышения эффективности производственно-строительной деятельности. Необходимо обеспечить целенаправленное и корректное изменение организационной структуры, т. е. добиться выполнения работниками новых, изменившихся обязанностей. Нужно научить их работать в новых условиях, учитывая, что большинство работников с новой системой не знакомы.

Реорганизация предприятия является испытанием для его руководителей. Крис Аргирис [44] считает, что для оптимального осуществления запланированной реорганизации необходимо выполнение пяти требований, которые составляют основу эффективного изменения организационной структуры предприятия:

1. Непрерывное и открытое взаимодействие между отдельными специалистами и группами внутри предприятия.

2. Свободные и надежные каналы коммуникации.

3. Взаимозависимость интересов отдельных специалистов и подразделений предприятия.

4. Доверие, ответственность и взаимопомощь в совместной работе.

5. Минимизация негативных последствий возникающих конфликтов.

И хотя эти требования очень сложно реализовать на практике, необходимо стремиться устранить недоверие, избежать традиционного противодействия работников предприятия любым изменениям и постараться заручиться их поддержкой.

Реорганизация предприятия – сложная, многоэтапная задача и решение ее лучше доверить профессиональным консалтинговым компаниям, которые смогут контролировать работу различных служб предприятия, отслеживать негативные отклонения и оперативно вносить необходимые изменения.

Выводы

1. Основными участниками ИСП являются авторы ИСП, заказчик, предприятия по управлению ИСП, строительные и проектно-изыскательские предприятия, авторы ИСП, архитекторы, специализированные строительные предприятия, инжиниринговые компании, предприятия по материально-техническому обеспечению, консалтинговые компании, банки и др.

2. Команда ИСП состоит из следующих основных групп, возглавляемых управляющим ИСП: основного и вспомогательного составов команды, консультантов, мобильного офиса на стройплощадке.

3. Стимулирование членов команды ИСП происходит в соответствии с четырехуровневой мотивационной моделью.

4. Наиболее рациональными видами проектно-ориентированных организационных структур для управления проектами являются предприятия по управлению ИСП, самостоятельно выполняющие отдельные функции управления, и группы компаний, объединенных в структуры, выполняющие весь комплекс работ ИСП; возможны также комбинированные структуры, сочетающие элементы двух предыдущих видов.

Глава 7
Процессы управления ИСП

Инвестиционно-строительные проекты состоят из комплекса сложных и трудоемких процессов, среди которых можно выделить *инициацию, разработку и планирование, выполнение работ, контроль и завершение инвестиционно-строительного проекта, а также выполнение гарантийных обязательств.* Для реализации этих процессов требуется привлечение строительных предприятий, финансовых компаний, государственных структур, проектно-изыскательских предприятий, юридических, страховых компаний, контракторов различных уровней, производителей и поставщиков материалов, а также рабочих различных строительных специальностей.

В данной главе мы рассмотрим различные процессы управления ИСП, которые в совокупности представляют собой основу управления проектами от момента зарождения идеи о проекте и до момента реализации его основных целей.

Любой ИСП в какой-то степени является уникальным – не существует двух совершенно идентичных ИСП. Результаты ИСП зависят от целей, которые ставит заказчик, уровня развития управления проектами и технологии строительного производства, а также многих других факторов, влияние которых невозможно предсказать со значительной степенью достоверности. Однако ***процессы управления ИСП*** в своей базовой составляющей сохраняют преемственность в рамках структуры (от одного ИСП к другим).

7.1. Инициация ИСП

Толчком к реализации любого ИСП являются экономические, социальные и иные запросы хозяйствующих субъектов и государства. Спрос на жилье, магазины, дороги, заводы, фабрики и другие объекты формирует предложение зданий и сооружений со стороны заказчиков, идеи которых реализуют различные предприятия. ИСП обязаны своим возникновением частным и государственным предприятиям, которые стремятся удовлетворить платежеспособный спрос.

Исключительной особенностью строительства является то, что оно стимулирует развитие строительной деятельности в смежных направлениях. Например, строительство и развитие крупных предприятий в регионе влечет за собой приток людских ресурсов, а это, в свою очередь, стимулирует развитие жилищного, коммерческого, дорожного и иных видов строительства.

Потребность в каком-либо здании или сооружении не является достаточным условием для осуществления ИСП. На это оказывают влияние тип экономических отношений в стране и степень свободы экономических субъектов, законодательство, демографическая структура населения и степень развития рынка, а также возможности для финансирования ИСП. В целом, экономический рост в стране приводит к увеличению инвестиций в новое строительство, модернизацию и реконструкцию.

Идея нового строительства может возникнуть в самых различных подразделениях заказчика ИСП (от топ-менеджера до регионального представительства компании), а может «поступить» извне, например, по предложению консультантов. Заинтересованная сторона производит предварительную оценку и обоснование необходимости реализации ИСП для руководства предприятия.

Принципиальная схема инициации ИСП изображена на рис. 7.1.

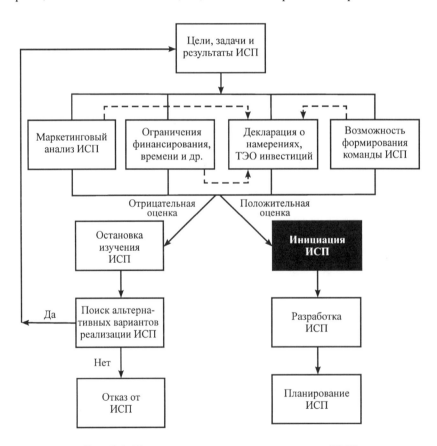

Рис. 7.1. Принципиальная схема инициации ИСП

В первую очередь заказчик должен определить желаемый результат, цели и задачи проекта. В процессе определения целей заказчик производит оптимизацию показателей качества, затрат и времени реализации ИСП. Цели являются базисом для первоначального отбора управленческих, технических, технологических, экологических и других требований по эффективному осуществлению ИСП.

Важным моментом является отделение того, что «действительно необходимо предприятию», от того, что «хотели бы видеть руководители или иные заинтересованные лица». И, если принимать во внимание факторы, ограничивающие затраты и период осуществления ИСП, то цели могут легко измениться с необходимых на желаемые. Так как бюджетные и временные ограничения присутствуют практически в любом проекте, то заказчик должен обеспечить подготовку и инициацию проекта на основе реальных потребностей предприятия.

Заказчик не должен перекладывать задачу определения целей ИСП на плечи управляющего или команды ИСП. Если у заказчика неясные представления о конечных результатах, то в процессе управления ИСП может происходить большое количество изменений, переделок и исправлений, что негативно скажется на эффективности реализации проекта.

Предметная область ИСП представляет собой набор объектов и промежуточных конструктивных элементов, удовлетворяющих потребности заказчика. Так, например, ИСП может включать строительство трех зданий: административного, складского и ремонтного цеха. В дополнение к этому проект может включать территорию, на которой заказчик планирует разместить машины, оборудование, материалы и т. д. Знание требований по каждому из указанных зданий, логистики по организации процесса будущего производства необходимо заказчику, управляющему и команде проекта для качественного определения конечной предметной области проекта и состава работ по его реализации.

Чтобы заказчик мог определить цели, задачи и ограничения ИСП, целесообразно использовать контрольный список параметров, которые необходимо рассмотреть. Данный список может состоять из следующих групп:

1. Общие вопросы реализации ИСП.
2. Финансовое обеспечение ИСП.
3. Временные ограничения реализации ИСП.
4. Требования к качеству.
5. Условия и организация строительного производства.
6. Технические требования к объектам строительства.
7. Нормативные и иные регулирующие документы и др.

Иногда заказчик хочет начать работу как можно быстрее, однако даже в этом случае перед инициацией проекта управляющий должен убедиться, что объем, цели, задачи и ограничения ИСП определены в должной степени, чтобы в последующем не пришлось переделывать проект.

Маркетинговый анализ проводит заказчик, если результаты реализации ИСП будут использоваться им не для собственных нужд, а для предложения на открытом рынке. В этом случае идея ИСП перерабатывается с учетом потребностей потенциальных клиентов. (Основные методы маркетингового анализа представлены в 3.1.) При необходимости проводится многоуровневое маркетинговое планирование на оперативном, тактическом и стратегическом уровнях. В разрабатываемых планах отражаются:

- миссия;
- стратегический аудит ИСП;
- SWOT-анализ;
- маркетинговая стратегия роста;
- программы действий;
- организация отдела маркетинга;
- бюджеты;
- реализация;
- контроль реализации маркетинговых мероприятий;
- другие маркетинговые аспекты реализации ИСП.

Оценка возможности формирования команды ИСП осуществляется перед принятием решения об инициации ИСП, так как отсутствие специалистов или их неэффективная работа в команде могут негативно повлиять на самые различные стороны реализации ИСП и привести к перерасходу ресурсов, отставанию по времени, ненадлежащему качеству проекта, несоблюдению установленных показателей, приостановке проекта и даже банкротству как предприятия-заказчика, так и контракторов.

В процессе оценки возможности формирования команды рассматриваются:

- возможность привлечения управляющего ИСП необходимой квалификации;
- возможность эффективного взаимодействия команды – желание потенциальных участников работать в рамках проектной структуры;
- технические, экономические, организационные управленческие и другие возможности эффективной работы команды проекта;
- подготовка, организация и проведение тендерных торгов;
- другие аспекты разработки и планирования ИСП.

На основании проведенного анализа и установленных ограничений заказчик оценивает возможности реализации ИСП и достижения приемлемых для него показателей.

Заказчик предварительно согласует с властными структурами и органами надзора место размещения будущего объекта ИСП, для чего разрабатывается и утверждается «Декларация о намерениях». После получения необходимой документации производится предварительное технико-экономическое обоснование инвестиций. Альтернативные варианты (сценарии) технического и экономического обоснования инвестиций в общем случае включают следующую информацию:

1. Описание ИСП.
2. Место расположения объекта.
3. Технологии строительства.
4. Оценка результатов и затрат.
5. Обеспеченность ИСП различными видами ресурсов.
6. Безопасность объекта и оценка его воздействия на окружающую среду (ОВОС).

7. Возможность формирования команды проекта.

8. Возможность привлечения квалифицированных исполнителей.

9. Другие положения.

10. Выводы и результаты.

При необходимости в дальнейшем привлечения инвесторов на этапе разработки ИСП подготавливают подробное ТЭО инвестиций, которое оформляется в виде бизнес-плана. В этом случае производится многовариантая экономическая оценка инвестиций по методикам, удовлетворяющим потенциального инвестора – западную или отечественную компанию. Для этого могут использоваться показатели, представленные в 3.1.

Если один из полученных результатов удовлетворяет заказчика, начинается этап разработки и планирования ИСП. В случае отрицательного эффекта заказчик либо отказывается от реализации ИСП, либо перссматривает цели, задачи и результат ИСП. В последнем случае происходит пересмотр маркетинговых особенностей ИСП, ограничений и других показателей.

Примером может служить реализация крупного проекта строительства дамбы в Санкт-Петербурге. Несмотря на то что был проведен маркетинговый анализ данного проекта, выполнено его техническое и экономическое обоснование, а также определены возможности формирования команды проекта, не были учтены ограничения по финансированию и срокам строительства. В результате строительство одного из самых масштабных проектов было приостановлено более чем на 15 лет.

Рассмотрим еще один пример инициации ИСП. В 2000 г. компания «ЛенСпецСМУ» рассматривала возможность строительства апартаментов и квартир на берегу Черного моря в районе г. Сочи. На первый взгляд проект казался интересным, поскольку под строительство выделялось 9 га земли. Однако, проведя маркетинговый анализ и изучив потребительский спрос на апартаменты и квартиры в данном районе, а также возможности формирования команды инвестиционно-строительного проекта из местных специалистов, руководство «ЛенСпецСМУ» дало проекту отрицательную оценку и его реализация была приостановлена. Впоследствии руководству компании удалось найти регион, в котором реализация подобного проекта по результатам маркетинговых исследований оказалась предпочтительнее, хотя при *первоначальном* рассмотрении проекта близость Сочи к Черному морю казалась существенным преимуществом.

7.2. Разработка и планирование ИСП

В процессе разработки и планирования ИСП необходимо составить документы, которые в общем случае включают:

- ТЭО ИСП;
- имитационные модели оценки влияния различных факторов на результаты ИСП;
- WBS – структуру декомпозиции работ ИСП;
- бюджет ИСП;

- календарные графики и диаграммы выполнения работ ИСП;
- другие документы.

ТЭО ИСП регулируется нормативными документами как на общероссийском, так и на ведомственных уровнях и выполняется специализированными проектно-изыскательскими предприятиями после осуществления предварительного ТЭО инвестиций. После разработки ТЭО проектно-изыскательское предприятие в соответствии с заданием заказчика разрабатывает рабочую документацию и оформляет отвод в натуре земельного участка.

В процессе проектных разработок должны подтверждаться технико-экономические показатели ИСП. Если этого не происходит, требуется обоснование уточнений и изменений показателей и степени их влияния на реализацию всего ИСП.

На более поздних этапах планирования составляется производственная документация, которая включает:

- проект организации строительства (ПОС);
- директивные и календарные графики строительства;
- проекты производства работ (ППР);
- графики поступления на объект строительных материалов, конструкций, деталей и оборудования;
- графики движения бригад;
- графики установки башенных кранов;
- технологические карты на сложные строительно-монтажные и специальные работы;
- другие документы.

Аналитическое исследование на имитационной модели чувствительности проекта происходит на основе двух главных документов: *плана финансирования по статьям затрат* и *плана продаж*. Если денежных средств на основе плана продаж недостаточно для реализации плана финансирования по статьям затрат разрабатывается *план привлечения заемных ресурсов*.

На основе плана финансирования по статьям затрат с помощью матрицы задержек и матрицы начала работ составляется график финансирования по ИСП.

Все указанные документы являются базой для разработки планов движения денежных средств, а также доходов и расходов, которые в конечном итоге формируют инвестиционные параметры оценки эффективности ИСП. Ответственность за выбор вариантов реализации ИСП и значимость тех или иных параметров лежит на заказчике и команде проекта.

Инвестиционные параметры включают:

- затраты на строительство;
- строительную себестоимость 1 м^2;
- чистую прибыль;
- чистую прибыль на 1 м^2;
- чистую текущую стоимость;
- чистую текущую стоимость 1 м^2;
- объем заимствования, кредитования и дополнительного финансирования;

- объем процентных платежей по займам и кредитам;
- индекс рентабельности;
- срок окупаемости.

При наличии времени и технических возможностей заказчик может использовать моделирование на основе имитационной модели чувствительности параметров проекта в зависимости:

- от технологических процессов и конструктивных решений проекта;
- от объема планировочных решений.

Таким образом, если первая модель (рис. 7.2) зависит от финансово-кредитной системы экономики страны, а также управления финансами на строительном предприятии, то последние две модели зависят от организации строительного производства, соотношения спроса, предложения и цен на рынке жилья, строительных материалов, рабочей силы, машин и механизмов и др.

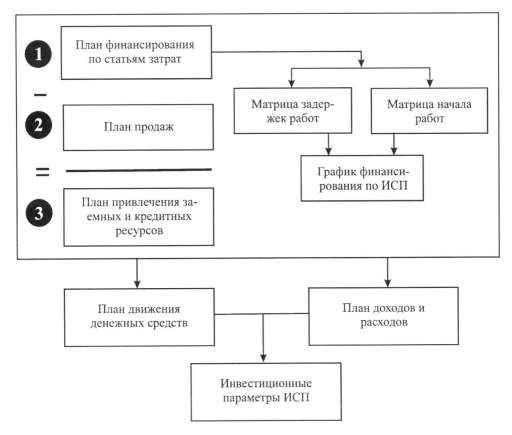

Рис. 7.2. Имитационная модель чувствительности параметров проекта
от особенностей его финансирования

Структура декомпозиции работ является аналогом списка задач по ИСП, представляемого как в форме дерева целей, так и некоторых других. Использование WBS обусловлено необходимостью распределения заданий во времени, чтобы оставаться в рамках планируемого бюджета. Количество уровней и заданий WBS зависит от сложности проекта.

Когда команда ИСП разделена функционально на подгруппы, например, по финансированию ИСП, управлению производством СМР на строительной площадке, снабжению ИСП и др., наиболее эффективной формой является функциональная структура декомпозиции работ. Эта структура позволяет быстро и достаточно точно оценить различные сферы реализации ИСП, а также ответственных за них членов команды ИСП.

При детализации WBS следует исходить из разумного предела управляемости, объема трудозатрат (в человеко-часах) и необходимых финансовых ресурсов.

Для создания WBS ИСП необходимо:

1. Четко определить конечный результат реализации ИСП. Для этого нужно сделать обзор и оценку документов, определяющих предметную область ИСП (декларация о намерениях, технические требования к ИСП и др.), чтобы удостовериться в соответствии WBS требованиям ИСП.

2. Определить основные составные части ИСП, особенно предынвестиционной фазы, которые сами по себе не являются объектами инвестиционного анализа (например, технические требования на проектирование и др.).

3. Осуществить декомпозицию составных частей до уровня, необходимого для адекватного управления и контроля ИСП. Эти элементы WBS часто связаны с составляющими ИСП (например, отдельными зданиями в ИСП по строительству жилого комплекса).

4. Пересмотреть и усовершенствовать WBS до тех пор, пока участники проекта не согласятся с тем, что процесс планирования успешно завершен, а процессы выполнения работ и контроль ИСП будут благополучно реализованы.

Следующим аспектом планирования является финансовое планирование и формирование бюджета ИСП. Затраты, прописанные в бюджете ИСП, являются одними из количественных показателей, позволяющих осуществлять контроль эффективности реализации проекта.

Бюджетное планирование и контроль затрат на реализацию ИСП можно представить в виде трех этапов:

1. Бюджетное планирование, т. е. разработка бюджетной базисной линии ИСП, а также потоков денежных средств, основанных на данных реализации ИСП в прошлых периодах.

2. Установление взаимоотношений затраты/прогресс в реализации ИСП. Для каждого пакета работ WBS устанавливается уровень затрат. В процессе реализации проекта планируемые затраты сравниваются с фактическими, чтобы определить реальный прогресс в реализации ИСП.

3. Обновление информации и отчетность.

Отчеты должны подготавливаться по трем основным направлениям:

1. Фактическое состояние реализации ИСП по параметрам времени и затрат.

2. Планируемый пересмотренный результат реализации ИСП по параметрам времени и затрат.

3. Проблемы с реализацией ИСП, которые существуют сейчас и могут возникнуть в будущем, а также возможные варианты их решения.

В общем случае с позиций контрактора бюджет проекта представляет собой более детально проработанную документацию по оценке затрат, чем та, которая была выбрана тендерной комиссией заказчика в качестве предложения.

Разработка календарных графиков и диаграмм выполнения работ является функцией управления временем ИСП и определяет:

- состав работ по реализации ИСП;
- последовательность работ;
- продолжительность работ.

Среди сетевых методов планирования в западной практике управления проектами наибольшее распространение получил метод критического пути (Critical Path Method, CPM). Этот метод является хорошим инструментом контроля времени реализации ИСП.

Методика управления в CPM основана на графической модели проекта, которая называется сетевым графиком. Сетевой график в схематической форме показывает работы, которые должны быть выполнены в строго определенное время. Подобные графики являются наглядным и эффективным способом отображения связей составляющих сложных проектов, а также основой календарного планирования и контроля своевременности выполнения работ ИСП. С помощью CPM в результате анализа последовательности работ и выявления наименьшей величины резервов времени определяется продолжительность ИСП.

Таким образом, метод критического пути представляет собой трехфазную процедуру, состоящую из планирования работ (операций), разработки календарного графика и мониторинга времени выполнения запланированных работ (операций).

Планирование производства строительно-монтажных и иных работ включает определение того, какие именно работы и каким образом должны быть выполнены, а также последовательность их выполнения. В результате разработки календарного графика определяются календарные даты начала и окончания работ ИСП. Мониторинг времени выполнения запланированных работ представляет собой процесс сравнения фактических сроков завершения работ с запланированными.

Таким образом, характеристика временных параметров работ может быть представлена в виде формулы

$$T^{\text{ок}}_i = T^{\text{н}}_i + t_i, \tag{7.1}$$

где $T^{\text{ок}}_i$ и $T^{\text{н}}_i$ – соответственно время окончания (окончание) и начала (начало) работы i; t_i – продолжительность i-й работы.

Пример диаграммы предшествования (одной из разновидностей сетевых диаграмм) показан на рис. 7.3.

Для каждой из работ сетевого графика рассчитывают резерв времени, ранние и поздние даты начала и окончания. Различают следующие резервы времени [18]:

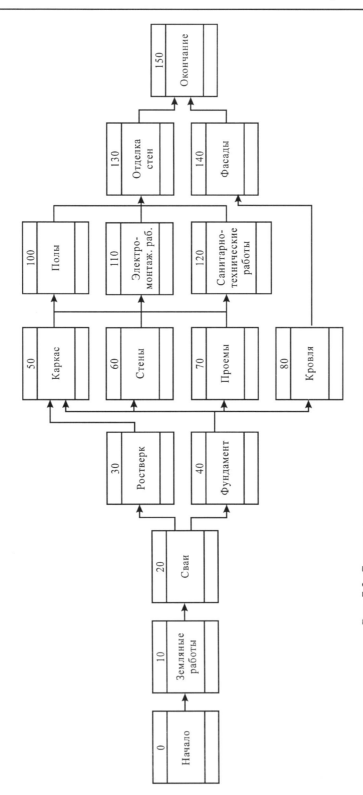

Рис. 7.3. Сетевая диаграмма предшествования по строительству жилого дома

- общий резерв (Total Float) – промежуток времени, на который можно задержать выполнение работы относительно раннего начала без изменения даты завершения проекта;
- свободный резерв (Free Float) – интервал времени, на который можно задержать выполнение работы относительно раннего начала без изменения даты раннего начала хотя бы одной из работ проекта;
- резерв пути (Path Float) – минимальная величина резерва времени работ, принадлежащих этому пути.

Критический путь ИСП (Critical Path) составляют работы с нулевым резервом времени, которые называются критическими работами ИСП (Critical Activities).

В строительстве продолжительность работ обычно выражается в рабочих днях, хотя в отдельных случаях возможно использование других единиц измерения (часов, смен или календарных недель). Выбор единицы измерения определяется содержанием методов и инструментов, которые будут использоваться в процессе управления проектами.

Гистограммы (столбчатые диаграммы) представляют собой календарный график производства работ ИСП на горизонтальной шкале времени. Данный вид графиков является традиционным инструментом в планировании ИСП.

Однако целый ряд ограничений гистограмм не позволяет добиться максимальной эффективности первоначальной разработки ИСП для целей управления проектами: на графике сложно отобразить многочисленные взаимозависимости между работами и распознать критический путь. Все работы являются равноправными и не наделены информацией о том, какой из них команда проекта должна уделить максимальное внимание. Таким образом, гистограмма не является адекватным инструментом для планирования работ и календарного планирования, так как не дает детального, комплексного и законченного представления о плане работ и операций по ИСП. Гистограммы неэффективны для определения возможностей сокращения сроков реализации проекта, управления ресурсами а также других методов управления проектами [18].

Несомненное преимущество гистограмм – наглядность. Кроме того, они доступны для понимания рабочими, не обладающими знаниями, необходимыми для интерпретации сетевых графиков. К преимуществам гистограмм относится также удобство контроля за процессом выполнения работ и продвижением всего ИСП.

Сейчас разработаны улучшенные виды гистограмм, которые позволяют устранить их внутренние ограничения с помощью особых форм отражения данных сетевого анализа. Современные компьютерные программы по управлению проектами позволяют легко переходить от одной формы отображения данных к другой (сетевые графики – CPM, PERT, ADM, различные виды гистограмм и др.).

Иногда различные части одного проекта планируются раздельно. Однако часто отдельные планы не являются полностью независимыми и в определенной мере пересекаются, поэтому необходимо определить связи между различными работами. На сетевом графике такие взаимозависимости могут быть показаны прерывистой линией между связанными работами.

Сетевые диаграммы, которые детально разрабатывают субконтракторы на свои виды работ, должны быть совместимы с общим графиком ИСП в той форме, в которой ведется его разработка (СРМ, PERT, улучшенная гистограмма и т. д.).

Современные компьютерные программы оказывают огромное влияние на процесс планирования, позволяя отображать информацию на мониторе компьютера, оперативно обновлять и изменять ее, представлять информацию с помощью проектора во время разработки проекта командой ИСП. Компьютеры предоставляют также возможность удаленной разработки и обновления планов и диаграмм с помощью локальных и глобальных компьютерных сетей.

Конечный план ИСП является результатом совместной работы команды проекта, контрактора и субконтракторов и дает возможность выполнить проекты в установленные сроки.

7.3. Выполнение работ по ИСП

В гл. 3 мы разделили два понятия: выполнение работ проекта и реализация проекта, определив, что выполнение работ проекта – это практическое выполнение всех видов работ, которые входят в конкретный инвестиционно-строительный проект.

Все виды работ ИСП можно условно разделить на несколько групп (рис. 7.4):

1. Оформление идеи ИСП.

2. Разработка ИСП.

3. Разработка проектно-сметной документации проекта.

4. Получение разрешительной документации.

5. Непосредственное выполнение строительно-монтажных и других видов работ.

6. Пусконаладочные работы.

7. Сдача-приемка объекта в эксплуатацию.

Рассмотрим, к примеру, идею создания в Санкт-Петербурге Международного туристического и культурного центра. Выполнение работ по оформлению данной идеи начинается с изучения возможности строительства такого центра, реальных возможных мест строительства, возможного набора зданий и сооружений, маркетинга потребителей услуг в данном центре, возможных расходов на создание центра, возможных доходов в казну государства и города после его создания и др. Все эти аспекты могут прорабатываться небольшим количеством исполнителей: в первую очередь – это автор идеи, потенциальные инвесторы, возможно, разработчики проектно-сметной документации, дизайнеры, архитекторы, руководители властных структур города и правительства страны и другие заинтересованные участники.

После того как идея сформировалась и имеет хорошие перспективы развития, необходимо получить разрешительную документацию на ее дальнейшую проработку.

Если автор идеи не имеет собственного земельного участка, возможно участие в различных тендерах по приобретению привлекательных мест для строительства.

Организуются встречи на уровне губернаторов, членов правительства для поддержки возможности проработки данной идеи, разрабатываются градостро-

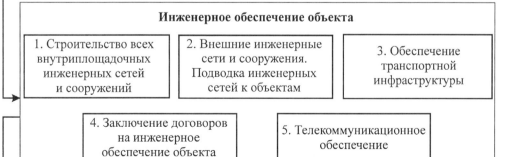

Оформление идеи ИСП

1. Разрешение на проработку идеи ИСП

2. Определение основных технико-экономических параметров

3. Получение разрешения на проведение проектно-изыскательских работ

4. Выполнение проектно-изыскательских работ

5. Оформление градостроительной концепции

Разработка ИСП

1. Разработка технико-экономических обоснований (ТЭО)

2. Разработка технического проекта

3. Разработка проектно-сметной документации

4. Выбор управляющей компании и организаций по выполнению строительно-монтажных работ

5. Получение разрешения на строительство

Выполнение СМР

1. Подготовка территории

2. Выполнение основных строительно-монтажных работ

3. Выполнение инженерных работ и благоустройство

4. Установка инженерно-технологического оборудования и финишная отделка

Инженерное обеспечение объекта

1. Строительство всех внутриплощадочных инженерных сетей и сооружений

2. Внешние инженерные сети и сооружения. Подводка инженерных сетей к объектам

3. Обеспечение транспортной инфраструктуры

4. Заключение договоров на инженерное обеспечение объекта

5. Телекоммуникационное обеспечение

Рис. 7.4. Группы выполнения работ ИСП (начало)

Рис. 7.4. Группы выполнения работ ИСП (окончание)

ительная концепция и другая документация, необходимая для дальнейшего продвижения указанной идеи. После проработки идеи строительства ИСП начинается разработка самого проекта. В нее входят разработка технико-экономического обоснования, проекта организации работ, проекта организации строительства, детализация работ по уровням декомпозиции, определение участников проекта, а также возможностей инвесторов, выбор управляющей компании разработчиков проектно-сметной документации (ПСД), определение условий проведения тендеров на привлечение подрядчиков для выполнения работ и т. д.

На первом этапе разработки ИСП не обязательно иметь полный комплект проектно-сметной документации. Чтобы получить разрешительную документацию, т. е. перейти к следующему этапу работ, необходимо иметь градостроительную концепцию ИСП, принципиально согласованную на градостроительных советах различного уровня с указанием технических, экономических, архитектурных, градостроительных характеристик и др. После того как концепция прошла согласование, необходимо получить разрешительную документацию на реализацию проекта.

Получение разрешительной документации в России происходит по двум направлениям: первое – целевое выделение места (пятна застройки) под инвестиционно-строительный проект, которое определяется решением правительства города. Целевое выделение пятна застройки осуществляется только стратегическим инвесторам на проекты, имеющие особо важное значение для города и страны. Международный туристический и культурно-развлекательный центр для Санкт-Петербурга имеет, к примеру, особо важное значение, поэтому разрешение на строительство выдается решением правительства города.

Если получение такого разрешения проблематично, возможно применение второго направления – участие в конкурсах или торгах на предоставление пятна застройки под реализацию данного проекта. В обоих случаях окончательным разрешающим документом на реализацию ИСП является постановление правительства Санкт-Петербурга, подписанное губернатором города.

В процессе получения разрешительной документации выполняются следующие работы: изыскательские, согласование концепции с инспектирующими организациями, определение рыночной стоимости участка застройки, получение технических условий на подключение к инженерным системам, разбивка пятна застройки и др.

Разработка ПСД может осуществляться в два этапа. На первом этапе разрабатывается технический проект, в состав которого входят все разделы: технологический, строительный, инженерный, проект организации строительства, проект организации работ, проект производства работ и т. д. Этот проект проходит согласование во всех согласующих организациях: в пожарной инспекции, санэпидемстанции, ГАИ, госконтроле и т. д. Затем проект сдается во вневедомственную экспертизу, которая дает по нему заключение. Если у экспертов имеются замечания по проекту, заказчик совместно с управляющей компанией с привлечением организаций-разработчиков решают все вопросы по этим замечаниям, и проект повторно представляется на экспертизу. После положительного заключения вневедомственной экспертизы переходят к проектированию рабочей документации, которая может разрабатываться как одновременно на весь объем работ, так и по этапам. К примеру, генеральным разработчиком проектно-сметной документации является одна организация, она может привлекать к разработке отдельных видов ПСД по объектам разные организации по направлению и специализациям. Далее происходит выбор генподрядной организации, которая будет выполнять все виды работ. Это возможно как путем выбора конкретной организации через переговоры, так и с помощью проведения тендерных торгов. В процессе разработки ПСД особое внимание необходимо уделить планированию работ.

Определив всех исполнителей, переходят к выполнению строительно-монтажных работ, при этом начинают с подготовки территории, сноса старых зданий, расчистки от насаждений, вертикальной планировки, разбивки осей, определения высотных отметок, ограждения территории, обеспечения территории временным водоснабжением, канализацией, электроэнергией и другими энергоносителями. После полной подготовки площадки и подведения инженерных комуникаций, прокладки необходимых дорог, организации временных сооружений под хранение необходимых материалов начинают работы по возведению зданий, сооружений и прокладке инженерных коммуникаций.

Производство работ начинают с отрывки котлована, затем осуществляют забивку свай, выполняют работы нулевого цикла, каркасы зданий, отделочные, специализированные работы, подводку постоянных инженерных сетей, заключают договора на постоянное энергообеспечение, осуществляют наладку оборудования и всех сооружений.

И, наконец, завершающий этап работ – подготовка объекта к сдаче и непосредственная сдача-приемка. После того как заказчик и управляющая компания назначили дату проведения рабочей комиссии, генподрядчики должны представить заказчику и управляющей компании всю необходимую документацию. Рабочая комиссия назначается заказчиком или управляющей компанией, в ее состав входят все участники ИСП, инспектирующие организации, которые должны проверить здания и сооружения на соответствие нормам. Возглавляет рабочую комиссию представитель заказчика. В процессе работы выявляются возможные недоделки, делаются замечания, определяются сроки устранения недостатков и намечается срок проведения госкомиссии. Результаты рабочей комиссии оформляются специальным актом, к которому прикладываются все замечания по выполненным работам с указанием сроков их устранения. Госкомиссия назначается по заявке заказчика соответствующими органами, в России – это ГАСК (Государственный архитектурно-строительный контроль). Председателем государственной комиссии обычно назначают ответственного работника – члена ГАСКа.

В процессе работы госкомиссии подтверждается готовность сдачи объекта в эксплуатацию с учетом устранения всех замечаний, указанных в акте рабочей комиссии, после чего оформляется акт государственной комиссии. Данный акт должен быть утвержден правительством города или соответствующими комитетами. Госкомиссия оформляет акт сдачи-приемки объекта в эксплуатацию, после чего заказчик принимает объект. Отметим, что на все без исключения работы оформляется акт приемки-сдачи выполненных работ. К актам прилагаются исполнительная документация, а при необходимости – паспорта на выполненные работы, акты испытаний, документы, подтверждающие качество выполняемых работ и др.

7.4. Контроль ИСП

Системы контроля являются механизмом обратной связи, обеспечивающим эффективную работу любой управляющей системы, к которой относится и управление ИСП.

Как в западной, так и в отечественной практике реализации ИСП существуют специальные методики, позволяющие максимально эффективно использовать инструменты контроля для решения задач управления.

Как уже говорилось, показатели, контролируемые командой проекта, можно разделить на три группы: *затраты, время и качество*. Рассмотрим методы контроля этих параметров применительно к реализации ИСП.

Наиболее простым методом контроля выполнения работ и расходования средств является использование совмещенного графика производства работ и их стоимости. Рассмотрим более подробно контроль параметров выполнения совмещенного графика по видам, объемам работ и их стоимости.

На рис. 7.5 показан пример контроля реализации работ ИСП с учетом времени на их выполнение; затрат в физических и денежных единицах; процента выполнения работ на определенный период и качества выполняемых работ. Практически на одном графике мы имеем все показатели ИСП (как плановые, так и фактические) на рассматриваемый период времени. Верхняя линия на графике показывает плановое время выполнения работ, нижняя – фактическое выполнение работ на данный момент. Цифра над верхней линией указывает физический объем выполняемых работ, цифра внутри этой линии – стоимость плановых работ. Цифры в нижней линии в числителе указывают объем выполненных работ, в знаменателе – стоимость выполненных работ и под линией – процент выполнения работ.

Ниже линии фактического выполнения работ проставляется оценка качества по пятибалльной шкале – от 5 (отличное качество) до 1 (брак).

В графе «ИТОГО» указаны плановые (числитель) и фактические (знаменатель) затраты за определенный период.

В нашем примере данные по фактическому выполнению работ указаны с учетом нарастающего итога.

Управляющий проектом (или руководитель предприятия), а также все участники проекта, интересующиеся ходом его реализации, взглянув на такой график, четко видят состояние дел с реализацией проекта как по объему, так и в стоимостном выражении.

К примеру, на рис. 7.5 п. 2 «кирпичная кладка стен», общий объем кладки – 90 м³, начало работ – с третьей недели, окончание – в конце пятой недели. Общая стоимость работ – 1200 дол. США. На данный момент (4-я неделя) выполнено 66,6% кирпичной кладки (60 м³) и затрачено 800 дол. Работы выполнялись с оценкой – 4 (хорошо). Ту же самую информацию (в физических объемах, стоимостном выражении, с оценкой качества) можно получить для любого вида работ.

Возможны иные формы представления графиков контроля, включающие линию критического пути, время отставания или опережения плана выполнения работ и др.

Еще более наглядным можно сделать совмещенный график, используя цветовую гамму, например, линию планового выполнения работ показывать синим цветом, линию фактического выполнения работ – красным. В этом случае управляющему проектом достаточно одного взгляда на совмещенный график, чтобы оценить ситуацию на строительной площадке.

№ п/п	Виды работ	Единица измерения	Объем работ	Стоимость работ, дол.	Время выполнения работ					
					Недели					
					1	2	3	4	5	6
1	2	3	4	5	6					
1	Устройство ростверков	м³	150	3000	150 3000 50 / 1000 100 / 2000 150 / 3000 33,3% / 5 66,6% / 5 100% / 4					
2	Кирпичная кладка стен	м³	90	1200			90 1200 30 / 400 60 / 800 33,3% / 4 66,6% / 5			
3	Монтаж оконных проемов	м³	20	4000					20 4000	
4	Устройство кровли	м³	100	2000						100 2000
	Итого	дол.		10200	1000 / 1000	2000 / 2000	3400 / 3400	4800 / 4800	6200 / 0	10200 / 0

Рис. 7.5. Пример контроля реализации выполнения работ ИСП

Таким образом, контроль выполнения работ по совмещенному графику, несмотря на свою простоту, является самым удобным методом контроля реализации ИСП. Более сложным видом контроля реализации проекта является система кодирования.

В первую очередь необходимо отметить *систему кодирования (Coding System)*, широко применяемую в западной практике управления проектами. Она позволяет определить любой из компонентов ИСП и представить информацию по контролю ИСП в виде разнообразных отчетов. Код, который присваивается компоненту ИСП, может отражать самую различную информацию: фазу ИСП, тип пакета работ, центр ответственности за определенный пакет работ и др. Система кодирования может служить связующим звеном между структурой декомпозиции работ (WBS) и структурой декомпозиции организации (OBS).

На основе системы кодирования, представленной на рис. 7.6, команда проекта может присвоить персональный номер каждой работе на календарном или сетевом графике работ. Например, работы по организации ландшафта на фазе строительства, выполняемые под управлением ландшафтного дизайнера Анатолия Борисова, могут быть представлены кодом 5667.

Рис. 7.6. Пример простой четырехзначной системы кодирования ИСП

Если количество пунктов в отдельных группах превышает 10, вместо цифр можно использовать буквенные обозначения. Однако в этом случае сортировка и другие действия с данной системой кодирования будут затруднены. Возможны и более сложные системы кодирования, сочетающие буквенные и цифровые символы.

Контроль текущего состояния проекта – необходимая составляющая системы управления. Процесс строительства включает множество работ с различными единицами измерения (кубические метры, квадратные метры, тонны и др.). Для интеграции этих разрозненных данных необходим единый базис сравнения, каковым является процент выполнения работы, используемый в качестве обобщенной единицы измерения для управления и контроля всех подвидов строительства. Однако на уровне исполнителей иногда целесообразно оценить выполнение работы в физических единицах, а не в процентах. Например, прокладку трубопровода можно легко измерить в метрах, а установленные бетонные сваи – в штуках.

Контроль издержек (затрат) в целом требует учета:

1. Прямых издержек (они могут быть напрямую отнесены на ИСП, например, заработная плата, затраты на материалы и др.).

2. Косвенных издержек (их можно измерить как долю от прямых издержек, например, заработная плата вспомогательных рабочих, получение лицензий и разрешений и др.).

3. Накладных расходов (издержек, которые заранее относятся на ИСП, например, издержки на управление, содержание офиса и др.).

Для каждой категории используются свои собственные методы оценки, отражающие специфику затрат, имеющих свои особенности учета даже внутри каждой категории.

При относительно небольшом сроке реализации ИСП заказчик может ограничить риск внеплановых издержек, заключив с генподрядчиком договор с фиксированной ценой. Если же реализация ИСП занимает несколько лет, договора заключаются на определенные этапы их реализации, и возникает необходимость финансового контроля ИСП для предотвращения перерасхода финансовых средств.

Несмотря на то что генконтрактор контролирует весь бюджет ИСП, заказчик должен периодически проверять различные оценки издержек проекта по фактическим рыночным ценам, чтобы удостовериться, что они не превысили размера предельных затрат по ИСП.

После завершения пакетов работ расчетные издержки по ним трансформируются в фактические затраты. Однако существует еще средняя стадия оценки издержек – в процессе выполнения работы. Таким образом, оценка работ по ИСП, в которой затраты определяются по трем временным параметрам: работа не начата, работа в процессе выполнения, работа завершена, – должна обновляться ежемесячно.

Время является невозобновляемым ресурсом в процессе реализации ИСП. Управление и контроль времени отражаются в календарных планах выполнения работ. Для контроля времени и оценки прогресса в реализации ИСП можно использовать сравнение:

- физических объемов выполненной работы с плановыми;
- фактически затраченного времени на выполнение какого-либо вида работ с плановым;
- фактических затрат с плановыми;
- фактического объема использованных ресурсов (человеческих, а также материалов и оборудования) с плановыми;
- качества выполненных работ с намеченным.

Возможна оценка прогресса в реализации ИСП опытным диспетчером, инспектором, или руководителем, осуществляющим текущее управление работами на строительной площадке.

Процент завершения ИСП может рассчитываться от заранее определенной пограничной точки (вехи), например, точки завершения проектирования или начала работ нулевого цикла. Однако подобная оценка всегда будет носить субъективный характер, поэтому необходимо заранее определить, что означает процент завершения каждой работы и проекта в целом.

Наиболее простым методом определения прогресса в реализации ИСП является *матричный метод оценки процента завершенных работ (percent complete*

Пример оценки прогресса в реализации ИСП матричным методом оценки процента завершенных работ

Объекты	Проектные работы		Работы нулевого цикла		Возведение наземной части здания		Внутренние работы		Устройство инженерных сетей		Вертикальная планировка и благоустройство		Всего затрат, дол.
	Стоимость работ, дол. / % выполн. / Стоимость вып. работ, дол.	% работ в здании / % работ в ИСП / % выполн. работ в ИСП	Стоимость работ, дол. / % выполн. / Стоимость вып. работ, дол.	% работ в здании / % работ в ИСП / % выполн. работ в ИСП	Стоимость работ, дол. / % выполн. / Стоимость вып. работ, дол.	% работ в здании / % работ в ИСП / % выполн. работ в ИСП	Стоимость работ, дол. / % выполн. / Стоимость вып. работ, дол.	% работ в здании / % работ в ИСП / % выполн. работ в ИСП	Стоимость работ, дол. / % выполн. / Стоимость вып. работ, дол.	% работ в здании / % работ в ИСП / % выполн. работ в ИСП	Стоимость работ, дол. / % выполн. / Стоимость вып. работ, дол.	% работ в здании / % работ в ИСП / % выполн. работ в ИСП	% в ИСП
Здание 1	50 000 / 90 / 45 000	2,51 / 0,84 / 0,76	250 000 / 70 / 175 000	12,56 / 4,24 / 2,97	1 250 000 / 0 / 0	62,81 / 21,19 / 0	200 000 / 0 / 0	10,05 / 3,34 / 0	200 000 / 0 / 0	10,05 / 3,34 / 0	40 000 / 0 / 0	2,01 / 0,08 / 0	1 990 000 / 33,73
Здание 2	60 000 / 100 / 60 000	2,62 / 1 / 1	280 000 / 100 / 280 000	12,23 / 4,75 / 4,75	1 400 000 / 70 / 980 000	61,14 / 23,73 / 16,37	240 000 / 20 / 48 000	10,48 / 4,06 / 0,81	250 000 / 0 / 0	10,92 / 4,24 / 0	60 000 / 0 / 0	2,62 / 1,02 / 0	2 290 000 / 38,81
Здание 3	40 000 / 90 / 36 000	2,5 / 0,68 / 0,61	220 000 / 100 / 220 000	13,5 / 3,73 / 3,73	1 000 000 / 100 / 1 000 000	61,73 / 16,8 / 16,8	170 000 / 80 / 136 000	10,5 / 2,89 / 2,3	160 000 / 20 / 32 000	9,88 / 2,71 / 0,54	30 000 / 20 / 6 000	1,9 / 0,5 / 0,1	1 620 000 / 27,46
Итого	150 000 / 94 / 141 000	2,54 / 2,54 / 2,39	750 000 / 90 / 675 000	12,71 / 12,71 / 11,44	3 650 000 / 54,25 / 1 980 000	61,86 / 61,86 / 33,56	610 000 / 30,16 / 184 000	10,34 / 10,34 / 3,12	610 000 / 5,24 / 32 000	10,34 / 10,34 / 0,54	130 000 / 4,61 / 6 000	2,20 / 2,20 / 0,1	5 900 000 / 100 / 3 018 000 / 51,15

matrix method). Он может применяться для оценки проектов любых масштабов и требует минимального количества информации. Основой матрицы является бюджет каждого пакета работ, входящих в ИСП. Единицами измерения бюджета могут быть стоимость, человеко-часы и физические единицы.

Для матричного метода оценки необходимы всего две исходные переменные на каждый пакет работ: расчетные затраты и процент завершения работ.

С помощью матричного метода оценки доли завершенных работ в процентах построена таблица для ИСП строительства жилого комплекса из трех зданий. Строительство каждого здания разбито на 6 пакетов работ: проектные работы, работы нулевого цикла, возведение надземной части здания, внутренние работы, устройство инженерных сетей, вертикальная планировка и благоустройство. Итоговое значение «Всего» (общие затраты по проекту) и «Доля» (доля затрат на строительство здания в ИСП) показаны в крайнем столбце таблицы. Общие затраты на реализацию ИСП составляют 5 900 000 дол.

Все элементы таблицы взаимосвязаны. Например, изменение процента выполнения пакета работ «Проектные работы» до 90% по третьему зданию автоматически ведет к пересчету суммы затрат на текущую дату, т. е. 36 000 дол. Аналогично отражается и процент выполнения всего ИСП.

Указанные в таблице данные нужны также для построения диаграмм контроля затрат, времени и выполненных работ (рис. 7.7).

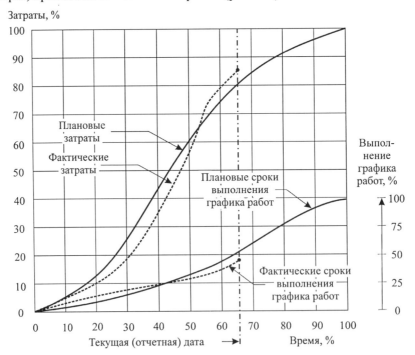

Рис. 7.7. Диаграмма зависимостей затраты/время/выполненные работы

Единицами измерения для всех показателей диаграммы являются проценты. Если же **ИСП** состоит из нескольких более мелких **проектов**, как в нашем случае, тогда необходимо использовать коэффициенты (веса), отражающие распределение работ, затрат и времени в каждой части ИСП. Например, коэффициенты распределения затрат по частям ИСП для первого, второго и третьего зданий составляют 33,7; 38,8; 27,5 соответственно. При выборе коэффициента времени и распределения работ принимаются во внимание как количественные, так и качественные показатели ИСП: последовательность выполнения частей ИСП, наличие ресурсов, организация строительного производства и др.

Таким образом, матричный метод оценки процента завершения работ и диаграммы зависимостей затраты/время/выполнения графика работ является очень хорошей формой представления агрегированной отчетности для контроля реализации ИСП.

Высокое качество – неотъемлемое условие конкурентоспособности строительного предприятия, осуществляющего реализацию ИСП. Качество объекта строительства зависит от контроля процесса строительства, ответственность за который несет генеральный контрактор.

Контроль качества ИСП включает мероприятия по контролю и испытанию материалов, а также по оценке качества выполнения строительных работ, их соответствия требованиям проектной документации и контракта. Данные мероприятия могут проводиться как генеральным контрактором, так и заказчиком, проектировщиком или независимой консалтинговой компанией. В последние годы заказчики требуют от генеральных контракторов уделять все больше внимания управлению программами контроля качества. Одним из требований является формирование генконтрактором плана контроля качества, предусматривающего технический надзор за работами по строительству объекта, проведение необходимых тестов и формирование отчетности с указанием соответствия выполняемых работ требованиям контракта. В процессе строительства объекта ИСП заказчик в соответствии с собственной программой поддержки качества проверяет реализацию плана контроля качества генконтрактора и осуществляет выборочный осмотр объекта.

Современная программа поддержки качества основана на технических требованиях, учитывающих как применение новых строительных материалов, так и реальные возможности строительных технологий. Требования к качеству понимаются как искомые значения, которые должны быть достигнуты контракторами, и как соответствие требованиям, выраженным в виде доверительных диапазонов [61].

Чтобы удовлетворить требования заказчика, каждый контрактор должен сформировать у себя программу контроля процесса строительного производства. Для проверки допустимости уровня качества, как уже говорилось, используются контрольные диаграммы, разработанные У. А. Шевгартом. Они позволяют выявить проблемы на ранних стадиях, еще до момента отказа заказчика от приема отдельных работ или всего объекта строительства в целом. Контроль качества позволяет снизить затраты на переделку выполненных работ и уплату различных штрафов.

Примеры контрольных диаграмм с нормальной прямой представлены на рис. 7.8. Диаграмма называется Х-диаграммой и используется для мониторинга среднего значения процесса.

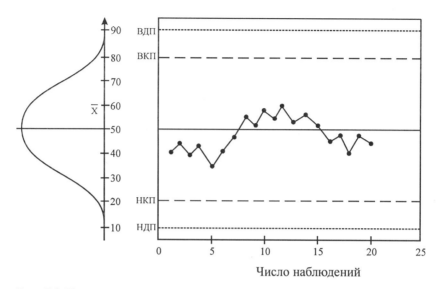

Рис. 7.8. Контрольные диаграммы процесса строительного производства:
ВДП, НДП – верхний и нижний допустимые пределы;
ВКП, НКП – верхний и нижний контролируемые пределы

В зависимости от причин возникновения различают общую и частную вариации.

Общая вариация порождается влиянием всей системы реализации ИСП, включая планирование, проектирование, содержание и техническое обслуживание, отбор и подготовку персонала и др. Руководство строительного предприятия определяет дизайн и содержание системы, а также обладает правом на ее изменение и несет ответственность за вариации системы реализации ИСП. Такая вариация на диаграмме фиксируется падением всех контрольных точек в пределах контрольных границ без каких-либо трендов, циклов или других шаблонов.

Частная вариация возникает из-за влияния факторов вне системы реализации ИСП: субъективных ошибок, несчастных случаев, поломок оборудования и др. Ответственность за частную вариацию возлагается на отдельных рабочих. На диаграмме такая вариация фиксируется падением одной или нескольких контрольных точек за пределами границ контроля или же падением всех контрольных точек в соответствии с определенными шаблонами – трендами, циклами и др.

В последние годы разработаны и успешно применяются другие виды контрольных диаграмм, которые обычно используют искомое значение в качестве центровой линии [42]:

- диаграмма с нарастающим итогом (CuSum Chart);
- диаграмма скользящего среднего с экспоненциальным взвешиванием (Exponentially Weighted Moving Average – EWMA);
- целевая (радужная) диаграмма (Target Chart).

Некоторые диаграммы обладают свойствами прогнозирования. Так, диаграмма EWMA позволяет прогнозировать субсеквентные (будущие) наблюдения и в соответствии с ними корректировать сам процесс.

Для количественного контроля прогресса в реализации ИСП можно использовать графический анализ показателей CPI (индекс освоения затрат) и SPI (индекс выполнения графика работ), примеры расчета которых приведены в 4.4. Как мы уже знаем, значение этих показателей больше 1,0 говорит об успешной реализации ИСП, меньше 1,0 – о неудовлетворительной реализации ИСП. Полученные значения этих показателей в контрольных точках можно изобразить на графике (рис. 7.9), который является инструментом контроля ИСП.

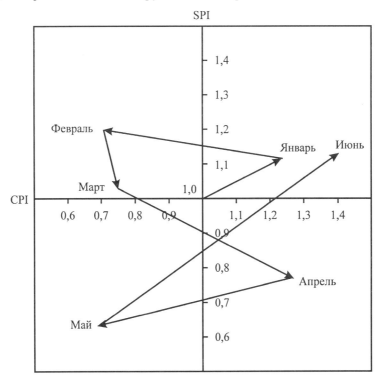

Рис. 7.9. Графический анализ показателей CPI и SPI

Значения CPI и SPI в начале реализации ИСП – 1,0. В процессе реализации проекта в результате взаимодействия окружения с переменными ИСП происходит отклонение CPI и SPI, что отражается на графике. Интерпретация положения тех или иных значений CPI и SPI показана на рис. 7.10.

Управляющий ИСП должен очень осторожно делать выводы исходя из рассмотренного графика CPI и SPI, так как некоторые изменения являются нормальными на отдельных стадиях реализации проекта. Например, всегда присутствуют небольшие отклонения CPI и SPI в начальный период работы над ИСП. Тем не менее непрерывный контроль и графический анализ данных показателей необходимы, так как это дает команде ИСП дополнительные возможности для контроля выполнения работ ИСП на различных фазах его жизненного цикла.

Рис. 7.10. Интерпретация позиций показателей CPI и SPI
на графике [61]

7.5. Завершение ИСП

Завершение ИСП и передача его результатов заказчику часто связаны со сложными техническими процедурами. Так, например, введение в эксплуатацию инженерных систем, устройств обеспечения безопасности (что актуально при размещении в здании производства особо опасной продукции и др.) может потребовать продолжительного и трудоемкого тестирования, наладки и настройки.

При завершении ИСП работы на строительной площадке прекращаются, происходит:

• демонтаж оборудования и временных сооружений;
• уборка прилегающей территории и удаление отходов;
• перераспределение рабочих и механизмов на реализацию других ИСП и др.

Управляющий ИСП должен предусмотреть резервирование рабочих различных специальностей для устранения недоделок, выявленных во время передачи объекта заказчику.

Процесс завершения реализации проекта может быть одним из наиболее насыщенных и напряженных. Сложность и уникальность некоторых ИСП, например строительства атомной электростанции, а также специфику контрактных взаимоотношений между участниками проекта определяют сроки и особенности данного процесса. Если в задачи генконтрактора входят поставка и запуск отдельных частей или всего комплекса оборудования, для размешения которого строится здание, то процесс завершения ИСП может включать также период подготовки и обучения персонала работе на данном объекте.

По завершении ИСП команда проекта анализирует изменения, имевшие место в процессе реализации ИСП. Приемосдаточная комиссия, в которую входят представители заказчика, оценивает и принимает реализованный ИСП.

Особенности управления завершением ИСП зависят от вида проектно-ориентированной организационной структуры предприятия, реализующего ИСП.

В *организационной структуре по управлению проектами*, выполняющей проект по контракту генерального подряда, построенное здание или сооружение передается в собственность заказчику. Этот процесс является достаточно трудоемким и включает анализ и акцепт инспекционных отчетов, выполнение требований гарантийных обязательств, условий страхования и других важных документов, регламентирующих взаимоотношения до и после завершения ИСП.

В российской практике строительства завершенный объект ИСП подлежит сдаче государственной приемочной комиссии, при этом заказчик совместно с проектировщиком и управляющей компанией (генконтрактором) готовит объект к сдаче-приемке, которая осуществляется в два этапа (рис. 7.11):

Рис. 7.11. Завершение ИСП

1-й этап – сдача-приемка объекта рабочей комиссии. Комиссия назначается заказчиком, в ее состав входят руководители и ответственные лица всех подразделений, участвующих в реализации ИСП. Приглашаются инспектирующие организации, службы эксплуатации и в отдельных случаях – представители финансово-кредитных организаций и консультанты. Во время работы комиссии оцениваются качество выполненных работ и готовность объекта к приемке и эксплуатации, делаются замечания по реализации проекта, выявляются отдельные недоделки или недоработки, составляется их перечень, который является официальным документом рабочей комиссии.

Заказчик принимает законченный объект ИСП у генконтрактора. Если контрактом или законом предусмотрено проведение предварительных испытаний (либо это вытекает из характера работ), приемка может осуществляться только при положительном результате таких испытаний.

По результатам приемки составляется *акт приемки законченного строительством объекта* по форме КС-11, утвержденной постановлением Госкомстата России от 30.10.97 №71а. Акт приемки является основанием для окончательной оплаты всех выполненных исполнителем работ в соответствии с контрактом. Акт оформляется на основе результатов обследований, проверок, контрольных испытаний и измерений, документов исполнителей работ, подтверждающих соответствие принимаемого объекта утвержденному проекту, нормам, правилам и стандартам, а также заключений органов надзора. Во время работы комиссии определяется время окончательной доработки объекта и назначается дата проведения государственной приемочной комиссии.

2-й этап – сдача законченного объекта ИСП *государственной приемочной комиссии*, создаваемой в соответствии с решением местных органов власти. В состав данной комиссии входят представители заказчика, генконтрактора, проектировщика, администрации, а также специалисты, способные установить готовность законченного объекта ИСП к безопасной эксплуатации. Председателем государственной приемочной комиссии обычно назначают представителя администрации города.

По результатам работы составляется *акт приемки законченного строительством объекта приемочной комиссией* по форме КС-14, которая утверждена постановлением Госкомстата России от 30.10.97 №71а. Оформление приемки производится заказчиком и членами комиссии на основе результатов проведенных обследований, проверок, контрольных испытаний и измерений, документов исполнителя работ, подтверждающих соответствие принимаемого объекта утвержденному проекту, нормам, правилам и стандартам, а также заключений органов надзора. После получения акта госкомиссии собственники объекта ИСП заявляют свои права на построенное здание, сооружение или его часть в государственное бюро регистрации прав и получают свидетельство о праве собственности на объект ИСП.

В холдинговой организационной структуре заказчик часто является и застройщиком, поэтому передачи права собственности на построенный объект ИСП либо не происходит, либо она осуществляется в рамках структуры холдинга.

В холдинговой организационной структуре головная (управляющая) компания имеет больше полномочий по контролю технологии, результатов выполнения работ и проверке их качества, чем в структуре с управляющей компанией (генконтрактором). Эти взаимоотношения хорошо отлажены и при надлежащей организации работ *1-й этап* сдачи объекта строительства проходит без задержек.

Если холдинг выполняет работы «под ключ» для стороннего заказчика *1-й* и *2-й этапы* проходят так же, как при оргструктуре с управляющей компанией.

При реализации особо сложных ИСП по контракту «под ключ» контрактор, осуществляющий монтаж, установку и наладку оборудования, знакомит заказчика с функционированием и обслуживанием сложных систем ИСП и организует обучение персонала. При монтаже редкого оборудования может возникнуть необходимость закупки и хранения в доступном месте запасных частей.

Управляющий ИСП организует, координирует и проводит процесс завершения ИСП. При возникновении разногласий между заказчиком, генконтрактором и госкомиссией управляющий принимает меры по устранению причин конфликта.

Через некоторое время после завершения ИСП и передачи его результатов заказчику проводится встреча представителей заказчика и генконтрактора, в отдельных случаях привлекают проектировщиков, субподрядчиков и поставщиков технологического и другого оборудования. Встречи необходимы для организации обратной связи и оценки соответствия полученных результатов целям и задачам заказчика. На этих встречах заказчик и генконтрактор обсуждают эффективность работы объекта, его недостатки и положительные качества, анализируют процесс реализации ИСП и эксплуатации объекта. В отдельных случаях разрабатываются мероприятия по повышению эффективности эксплуатации объекта. Такие встречи помогают оценить качество завершенного проекта и степень удовлетворенности заказчика его результатами.

После передачи результатов реализации ИСП заказчику генконтрактор выполняет гарантийные обязательства по сданному объекту и безвозмездно устраняет недостатки, возникающие в процессе эксплуатации в течение гарантийного периода.

7.6. Гарантийные обязательства по ИСП

В последние годы происходит переосмысление процесса выполнения гарантийных обязательств ИСП, осознание необходимости гарантии качества работ со стороны подрядных строительных предприятий, выполняющих работы по контрактам.

Гарантийные обязательства являются неотъемлемой частью реализации ИСП, их выполнение гарантировано Гражданским кодексом и является важным аспектом маркетинговой стратегии развития подрядных строительных предприятий.

Рассмотрим основные положения законодательства, регулирующие выполнение гарантийных обязательств по ИСП [9]:

1. Подрядчик гарантирует достижение объектом строительства указанных в технической документации показателей и возможность эксплуатации объекта в соответствии с договором строительного подряда на протяжении гарантийного срока, если иное не предусмотрено договором строительного подряда. Гарантийный срок установлен законодательно, но может быть продлен по соглашению сторон.

2. Подрядчики несут ответственность за недостатки, обнаруженные в пределах гарантийного срока, если не докажут, что они произошли вследствие неправильной эксплуатации или неверно составленных инструкций по эксплуатации, разработанных заказчиком, а также ненадлежащего ремонта объекта, произведенного заказчиком.

3. Течение гарантийного срока прерывается на все время, на протяжении которого объект ИСП не мог эксплуатироваться вследствие недостатков, за которые отвечает подрядчик.

4. При обнаружении в течение гарантийного срока недостатков заказчик должен заявить о них подрядчику в разумный срок по их обнаружении. В соответствии с пп. 2 и 4 ст. 724 ГК предельный срок обнаружения недостатков составляет 5 лет.

Если недостатки вызваны причинами, которые находятся вне сферы ответственности подрядчика, контрактом может быть предусмотрена обязанность подрядчика устранить эти недостатки за счет заказчика.

Гражданский кодекс предусматривает возможность внесения в контракт обязательства стороны, на которой лежит риск случайной гибели или случайного повреждения объекта строительства, материала, оборудования и другого имущества, используемых при строительстве, либо ответственность за причинение при осуществлении строительства вреда другим лицам, застраховать соответствующие риски. В том числе может быть застрахован риск возникновения страхового случая при эксплуатации объекта ИСП во время гарантийного срока.

Ответственная сторона, которой в общем случае является подрядчик, должна предоставить другой стороне (в лице заказчика) доказательства заключения ею договора страхования на условиях, предусмотренных контрактом, включая данные о страховщике, размере страховой суммы и застрахованных рисках. Необходимо отметить, что страхование не освобождает подрядчика от обязанности принятия необходимых мер по предотвращению наступления страхового случая.

Выводы

1. До принятия решения об инициации ИСП необходимо выполнить маркетинговый анализ, оценить возможности формирования команды ИСП, ограничения и разработать декларацию о намерениях.

2. В процессе разработки и планирования ИСП должны быть сформированы ТЭО ИСП, имитационные модели ИСП, WBS ИСП, бюджет ИСП, календарные графики выполнения работ и др.

3. Совмещенные графики, отражающие производственные и финансовые аспекты реализации ИСП, являются универсальными инструментами планирования и контроля. Они помогают управляющему проектом и руководителям предприятий адекватно оценивать ход выполнения, качество, стоимость и другие аспекты реализации ИСП.

4. В управлении ИСП используется система кодирования затрат и ответственности, которая позволяет определить любой из компонентов ИСП и представить информацию по контролю ИСП в виде самых разнообразных отчетов.

5. Завершение любого ИСП проходит два основных этапа: приемка законченного объекта заказчиком и сдача законченного объекта госкомиссии.

Глава 8
Функции управления ИСП

Рассмотрим особенности функций управления проектом (см. рис. 1.7) применительно к реализации инвестиционно-строительного проекта.

В данном случае критическим фактором является время, так как сроки реализации ИСП влияют на конечный финансовый результат. Так, например, задержка строительства здания нового цеха может повлечь убытки, связанные с недовыпуском продукции, которую планировалось производить в новом цехе, а также штрафы за отмену поставки невыпущенной продукции и т. п.

Следующим серьезным фактором является важная роль замысла и планирования ИСП на самых ранних этапах. Масштабы и огромные финансовые вложения в ИСП зачастую не допускают ни глубокого изменения проекта в процессе его реализации, ни создания пилотного проекта, как это происходит при массовом производстве.

Процесс строительства осложняется тем, что поставка большого количества наименований материалов, полуфабрикатов и других компонентов будущего здания осуществляется разными поставщиками. Более того, процесс строительства с подобным набором составляющих является уникальным. Даже если заказчик осуществляет строительство типовых зданий, природа объекта, участники и условия строительства, другие факторы являются неповторимыми. Таким образом, при реализации ИСП у проектировщиков и других специалистов меньше возможностей использовать опыт реализации прошлых проектов, чем в других отраслях народного хозяйства.

Несмотря на указанные сложности при реализации ИСП, функции управления позволяют сконцентрироваться на преимуществах, предоставляемых современной теорией и практикой управления проектами для решения подобных задач. Расставляя акценты реализации ИСП (*затраты, время, качество*), заказчик требует максимально эффективного воплощения замысла ИСП на всех этапах его реализации и оптимального распределения усилий при имеющихся ресурсах. Управление позволяет достичь целей и задач ИСП с максимальной отдачей.

8.1. Управление замыслом ИСП

Замысел ИСП рождается с осознания необходимости строительства каких-либо зданий и сооружений, инженерных коммуникаций и других объектов для удовлетворения потребностей заинтересованных в этом лиц.

Управление замыслом ИСП начинается на самых ранних этапах зарождения идеи ИСП и завершается с началом его инициации. Основной целью управления замыслом является эффективное обеспечение перехода *от идеи ИСП к замыслу и далее – к инициации ИСП*. При этом на каждом этапе производятся отбор и оценка альтернативных вариантов идей, замыслов и реализации ИСП.

Кроме способов возникновения идей, указанных в 4.1, применительно к ИСП необходимо выделить:

1. *Копирование идеи ИСП*. Если какие-либо идеи ИСП были реализованы предприятиями-конкурентами, то желание повторить их способствует копированию идеи ИСП. Например, строительство и успешная эксплуатация платной автодороги в одном регионе могут подтолкнуть предприятия в другом регионе к реализации аналогичных ИСП. Можно копировать:

- концепцию;
- организацию и выполнение работ;
- технические и технологические решения;
- привлекать к работе одни и те же подрядные организации или консультантов и др.

Степень копирования зависит от заинтересованности предприятия-заказчика и наличия доступа к информации о реализованных аналогах.

2. *Заимствование идеи ИСП*. Заимствование представляет собой более высокую степень копирования уже существующих идей или реализованных ИСП. Примером может служить строительство недорогого панельного дома одной из типовых серий. Здесь реализацией ИСП занимается генконтрактор, имеющий опыт строительства панельных домов выбранной серии. В этом случае степень заимствования будет очень высокой.

Таким образом, основой возникновения идеи ИСП является разработка сторонней фирмы, а влияние заказчика ограничивается заданием некоторого количества параметров: места размещения будущего объекта, временных параметров и др.

Еще один пример – реализация ИСП по строительству зданий и сооружений с использованием энергосберегающих конструктивных элементов на основе ПСД для реализованного ранее проекта пилотного строительства, выполненного под руководством государственных структур либо некоммерческих организаций.

Степень соответствия идеи нового проекта ИСП-аналогу представлена на рис. 8.1.

3. *Генерация идей ИСП*. Генерируемые идеи часто носят инновационный или авторский характер – это индивидуальные, новаторские ИСП. Например, строительство и оснащение первой ветровой электростанции, строительство пилотного экологически чистого энергосберегающего жилого дома и т. п.

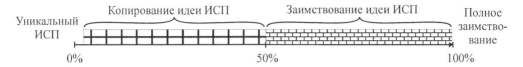

Рис. 8.1. Степень соответствия идеи ИСП реализованному проекту-аналогу

Авторские и инновационные проекты хотя и являются наиболее сложными в реализации, однако именно они становятся образцами для последующего копирования и заимствования.

После осознания необходимости строительства следует провести предварительную оценку ИСП, чтобы идея приобрела конкретные очертания *замысла ИСП*.

Мероприятия по оценке идеи ИСП могут быть запланированы для различных стадий реализации проекта (от предынвестиционной до стадии завершения ИСП) и выполняются ответственными лицами: представителями заказчика, управляющим или командой ИСП, инвесторами, консультантами и др. Для оценки идеи ИСП можно запланировать и оценить выполнимость мероприятий по его реализации (табл. 8.1).

Таблица 8.1

Планирование мероприятий по реализации ИСП на этапе оценки идеи

Мероприятия по реализации ИСП	Действия и работы в рамках мероприятий	Ответственные лица
Определение требований к ИСП	Опрос представителей заказчика	Заказчик, УП, консультанты
Определение параметров ИСП	Анализ предметной области, ТЭО и др.	Заказчик, УП
Планирование работ по выполнению ИСП	WBS, диаграммы Гантта, сетевые графики и др.	УП
Определение источников финансирования	Планирование бюджета ИСП	Заказчик, УП, инвесторы
Формирование команды ИСП	Подбор членов команды, заключение контрактов	УП
Выполнение необходимого объема работ	ППР, ПОС, запросы на изменения и др.	УП
Контроль выполняемых работ	Периодическая отчетность по ИСП и др.	УП
Завершение ИСП	Акт приемки, заключение госкомиссии и др.	Заказчик, УП
Анализ ИСП и выполнение гарантийных обязательств	Анкетирование, каталогизирование	Заказчик, УП

Субъекты управления замыслом ИСП различаются в зависимости от вида проектно-ориентированной организационной структуры, выполняющей ИСП (рис. 8.2).

Рис. 8.2. Субъекты управления замыслом ИСП

В холдинговой оргструктуре больше возможностей для детального управления замыслом ИСП благодаря быстрому формированию специализированной команды. При этом сама команда обычно подключается к управлению замыслом ИСП на поздних этапах его утверждения и реализации, когда он переходит в стадию инициации.

На предприятии по управлению проектами происходит скорее корректировка ИСП, чем управление его замыслом, так как заказчик передает управляющей компании проект на реализацию после утверждения его замысла.

Проработка данных мероприятий помогает последовательно представить все особенности реализации ИСП и выделить основные группы мероприятий для детального анализа на последующих этапах реализации ИСП.

При наличии нескольких замыслов ИСП выбирают лучший из них. Критериями отбора могут быть экономические и неэкономические факторы.

Экономическая эффективность замысла ИСП с разной степенью детализации оценивается при ТЭО инвестиций и ИСП. Оценка неэкономических факторов является очень трудной задачей, так как лица, принимающие решения, могут скрывать (или не осознавать) факторы, оказывающие на них влияние при выборе замысла ИСП. К таким факторам могут относиться:

• личностные характеристики (вкусы, интуиция и др.);
• обязательства и договоренности с третьими лицами;
• имидж, гудвил предприятия;
• неэтичное поведение (личная заинтересованность в реализации ИСП) и др.

Замысел ИСП является одной из составляющих стратегии развития предприятия-заказчика ИСП, поэтому в самом начале, после формирования основных параметров замысла проекта, можно оценить степень их соответствия стратегии развития предприятия.

К основным мероприятиям, обеспечивающим управление замыслом ИСП, относятся:

- предварительное планирование целей и задач ИСП;
- оценка возможностей реализации идеи и замысла ИСП;
- принятие решений о переходе от идей ИСП к замыслу и к инициации ИСП;
- контроль мероприятий по управлению ИСП.

Логическим продолжением развития замысла ИСП является его детализация по параметрам для определения предметной области ИСП.

8.2. Управление предметной областью

Предметную область ИСП можно определить как производную от выполняемых работ и как характеристику продукта реализации самого ИСП. Это могут быть как материальные ценности в виде конструктивных элементов, так и конечный продукт реализации проекта. К примеру, при строительстве жилого дома – это фундаменты, стены, крыши, дороги, инженерные сети, в конечном итоге сам дом и составляющие его элементы (квартиры, лестницы, лифты, вестибюли, коридоры и т. д.). Увеличение или уменьшение количественных и качественных показателей предметной области работ приводит к изменению затрат на реализацию ИСП.

Определив предметную область работ ИСП, необходимо поддерживать ее в заранее установленных пределах на всем протяжении реализации проекта. Однако очень часто это сложно сделать, так как предметная область выходит из-под контроля членов команды ИСП. Существует тенденция к увеличению предметной области работ ИСП, обусловленная многочисленными факторами, влияющими на стоимость, сроки и качество реализации ИСП.

Корректировка любых параметров ИСП может привести к изменению предметной области. Включение или выход кого-либо из участников ИСП, плохо налаженные коммуникации и информационные потоки при реализации сложных ИСП, сложность проведения земляных, строительно-монтажных и других видов работ и многое другое – все это может изменить предметную область проекта.

К примеру, при строительстве жилого дома в Санкт-Петербурге запланированная этажность (28 этажей) по требованию госнадзора за полетами воздушного транспорта была снижена на 15 %, при этом конечная предметная область (количество квартир) уменьшилась на 15 % и более.

Другой пример – изменение строительных норм по пожарной безопасности может привести к требованию увеличить толщину бетонных стен и перекрытий на 10–15%. При этом изменится внутренний объем помещений за счет увеличения толщины перекрытий. В результате жилая площадь дома может уменьшиться на 5 % и более.

Комплексный подход к планированию предметной области ИСП на разных этапах включает:

- анализ выполненных работ ИСП, его текущего состояния, а также корректировку целей и результатов;
- корректировку основных параметров предметной области ИСП;
- определение, подтверждение и корректировку критериев эффективности реализации как всего ИСП, так и его отдельных частей;
- разработку структуры декомпозиции работ ИСП.

Задание предметной области проекта определяет основу ИСП для последующего принятия управленческих решений. Этот документ содержит информацию, доступную на различных этапах реализации ИСП. В нем приводятся цели и задачи проекта в физических и стоимостных единицах, критерии эффективности, а также объективные ограничения.

Результатом анализа предметной области ИСП является принятие решения о начале процесса инициации ИСП.

К задачам и процедурам организации контроля состояния предметной области ИСП относят:

- распределение ответственности и полномочий по отдельным аспектам предметной области;
- периодическую отчетность о состоянии предметной области;
- контроль выполнения пакетов работ WBS.

При контроле состояния предметной области фактически достигнутые результаты сопоставляются с запланированными. По анализу итогов сопоставления принимается решение одобрить результаты либо внести изменения в параметры проекта.

На последнем этапе управления предметной областью ИСП производятся заключительный анализ результатов и подготовка итоговой документации проекта. Последняя передается в архив типовых решений для использования в будущих ИСП.

8.3. Управление ИСП по временным параметрам

В управлении ИСП фактор времени всегда имеет большое значение, так как сроки реализации проектов в строительстве зачастую больше, чем при реализации проектов других видов.

Для управления ИСП по временны́м параметрам команда проекта планирует время наступления ключевых событий в реализации ИСП. Это может быть продиктовано требованиями инвесторов, контракторов и других участников проекта и обусловлено следующими причинами:

- запрос на заключение инвестиционного договора долевого участия в строительстве;
- презентации, выставки и другие мероприятия, на которых необходимо представить результаты выполнения работ ИСП;
- частичная передача результатов ИСП в эксплуатацию;
- выравнивание во времени составных частей ИСП и др.

Если даты наступления ключевых событий назначают внешние заинтересованные лица, то заказчик или генконтрактор принимают их как данные. При установлении времени ключевых событий для внутреннего пользования конкретные даты зависят от целей и задач предприятия.

Одним из выражений управления ИСП по временны́м параметрам является календарный план выполнения работ, в котором устанавливается время начала и окончания работ по реализации ИСП. Если эти даты являются нереалистичными, то вполне очевидно, что ИСП не будет выполнен в запланированные сроки.

Исходными данными для разработки календарных планов при реализации ИСП являются строительная, сметная и иные виды документации. Календарные планы служат также для расчета потребности в ресурсах во времени и сроков поставки отдельных видов материалов и оборудования.

Для построения реальных календарных планов выполнения работ ИСП используются следующие методики [40]:

1. *Математический анализ* – вычисление раннего и позднего начала и окончания работ без учета ограничения ресурсов. Таким образом определяется не фактический график выполнения работ, а его теоретический эквивалент при отсутствии ограничивающих факторов. Здесь используются методы математического анализа (см. 3.2 и 7.2):

- метод критического пути (CPM);
- метод PERT;
- метод графической оценки и анализа (GERT).

Пример вычисления продолжительности выполнения единичной работы методами PERT и CPM приведен на рис. 8.3.

Рис. 8.3. Вычисление продолжительности выполнения работ
различными методами

2. *Сокращение времени*. Данная методика используется для уменьшения времени реализации ИСП без внесения изменений в предметную область ИСП. Это достигается путем:

- сокращения времени за счет оптимизации соотношения времени и дополнительных затрат;
- трекинга работ (перехода от последовательного выполнения работ к параллельному).

3. *Имитационное моделирование* – расчет времени выполнения работ из соотношения различных вероятностых допущений. В этом случае обычно используется метод Монте-Карло, при котором дается распределение вероятностных результатов по каждой работе. Дополнительно можно применить анализ последовательностей выполнения работ, который позволяет моделировать внештатные ситуации: задержки в поставке материалов, изменения правил получения разрешительной документации на строительство, забастовки рабочих и др. Подобный анализ позволяет оценить временные параметры реализации ИСП при наступлении негативных событий.

4. *Выравнивание ресурсов*. В результате математического анализа может оказаться, что календарный график на основе раннего начала работ в отдельные периоды времени требует большего количества ресурсов, чем это доступно. Эвристические методы, такие как распределение недостающих ресурсов в первую очередь среди работ критического пути, помогают разработать календарный график, учитывающий данные ограничения. Результатом выравнивания ресурсов обычно является увеличение продолжительности реализации ИСП.

5. *Программные средства управления ИСП*. Для разработки календарного графика работ ИСП используются различные компьютерные программы (Spider Project, Primavera P3e/c for Construction, MS Project и др.).

Рассмотрим типовой порядок разработки календарных планов при реализации ИСП:

1. Составление перечня работ (WBS).
2. Определение объемов работ.
3. Выбор методов производства основных работ и ведущих машин.
4. Расчет нормативной машино- и трудоемкости.
5. Определение состава бригад и звеньев.
6. Установление технической последовательности выполнения работ.
7. Фиксация сменности работ.
8. Определение продолжительности и совмещения работ (с одновременной коррекцией сменности и состава исполнителей).
9. Корректировка расчетной продолжительности относительно нормативной.
10. Формирование плана потребности в ресурсах.
11. Разработка итогового календарного плана ИСП.

При наличии технологических карт на отдельные виды работ их берут за основу для расчета календарного плана по этим работам.

Контроль временных параметров ИСП происходит не только в моменты наступления ключевых событий, но и во время периодической (ежедневной, еженедельной, ежемесячной и др.) отчетности о результатах выполнения работ.

Контроль и оценку всего календарного плана производят на основе сопоставления нормативных и альтернативных технико-экономических показателей, а также показателей для ИСП-аналогов. Основным показателем оценки календарного плана выполнения работ ИСП является результат сравнения продолжительности строительства по разработанному календарному плану и нормам СНиП.

Для мониторинга календарного плана реализации работ используют следующие методики:

1. *Систему контроля изменений календарного графика.* Определяет процедуры изменения календарного графика и обычно интегрирована с системой изменений ИСП.

2. *Оценку вариации рабочих характеристик.* Используется при принятии решений о необходимости корректирующих действий для нейтрализации существенных отклонений в выполнении работ ИСП.

3. *Пересмотр планов.* Изменения в выполнении работ ИСП могут повлечь за собой необходимость пересмотра планов, оценки сроков выполнения и последовательности работ и др.

Любые изменения временны́х параметров и внесение корректирующих действий на всех стадиях реализации ИСП должны быть тщательно задокументированы по двум причинам: 1) эта отчетность является обоснованием корректировок планов перед заказчиком и другими участниками проекта; 2) информация, накопленная опытным путем, пригодится для будущих проектов.

8.4. Управление стоимостью и финансированием

Управление стоимостью ИСП включает несколько основных составляющих:

1. Анализ стоимости ИСП (на различных этапах).

2. Планирование себестоимости.

3. Разработку и планирование мероприятий по снижению себестоимости строительной продукции.

4. Контроль себестоимости.

5. Разработку финансовых планов и бюджетов ИСП.

6. Управление денежными потоками.

Расчет стоимости проектов имеет свои особенности не только в каждой стране, он также может отличаться в зависимости от сферы (отрасли) реализации проекта.

Существующая в России система определения стоимости ИСП регулируется отраслевой, федеральной и региональной нормативно-правовой и методической документацией: СНиП 11-01–95, СП 81-01–94, СП 11-101–95, МДС 81-1.99, сборниками общероссийских сметных норм и нормативов в ценах 1984 г. (СНиР–84), в ценах 1991 г. (СНиР–91) и в ценах 2001 г. (ГЭСН–2001), территориальными нормативными документами и др.

Цены на строительную продукцию устанавливают участники ИСП. Для расчета текущих цен применяют индексы пересчета к вышеуказанным СНиР, которые разрабатываются региональными центрами сметного ценообразования в строительстве.

Текущие цены рассчитываются с помощью следующих основных методов:
- базисно-индексного;
- ресурсно-индексного;
- базисно-компенсационного;
- ресурсного;
- ресурсно-ранжирного.

Однако и СНиР, и ГЭСН имеют множество недостатков, так как не учитывают региональные особенности реализации ИСП, наличие новых технологий, материалов и оборудования, неадекватно отражают производственные затраты. Все это снижает точность расчетов (погрешность может достигать 20 %) и приводит к конфронтации при определении договорных цен между заказчиком и контракторами.

Выбор метода расчета цен сильно зависит от характера финансирования ИСП. Так, для ИСП, осуществляемых с помощью бюджетного финансирования, применяются первые три метода, а для коммерческих проектов – последние два, которые дают наиболее точные и достоверные результаты. При оценке плановой себестоимости контракторы используют производственную базу затрат труда, машиноемкости и потребности в материальных ресурсах.

Методы расчета накладных расходов, сметной прибыли и других показателей также зависят от источников финансирования ИСП и определяются либо регулирующими документами соответствующих министерств (для бюджетного финансирования), либо в зависимости от требований заказчиков (для коммерческих ИСП).

Рассмотрим основные документы, которые разрабатываются для расчета стоимости ИСП на разных этапах его реализации:

1. *Эскизный проект, тендерная документация, ТЭО инвестиций*:
- инвесторская смета или укрупненный сметный расчет.

2. *Оферты для участия в тендерных торгах*:
- сметный расчет стоимости подрядных работ.

3. *ТЭО строительства*:
- сводный сметный расчет;
- объектные сметные расчеты;
- локальные сметные расчеты.

4. *Рабочая документация или рабочий проект*:
- сводная смета;
- объектные сметы;
- локальные сметы.

5. *Выполнение работ по строительству объекта*:
- локальные сметы;
- ведомости изменений и дополнений к сметам;
- акты и справки приемки работ;
- себестоимость подрядных работ.

Для снижения себестоимости работ ИСП разрабатываются мероприятия по уменьшению планируемых и фактических затрат по сравнению со сметными, предусмотренными в договорной цене.

Резервы снижения себестоимости работ ИСП можно подразделить на народнохозяйственные, внутриотраслевые и внутрипроизводственные. Резервы первых двух групп реализуются в ИСП с помощью инструментов маркетинга, финансовых и иных механизмов косвенного управления. Внутрипроизводственные резервы определяются экономией за счет:

- снижения потерь всех видов ресурсов;
- снижения запасов и сокращения расходов на их хранение;
- внедрения новых технологий и методов управления.

Сумму и процент снижения себестоимости работ ИСП, выполненных собственными силами, рассчитывают по плановым и фактическим данным на один и тот же объем работ.

Управление финансированием ИСП представляет собой комбинацию действий и процедур по составлению финансового прогноза и планов финансирования ИСП, определению совокупного объема инвестиционных затрат, оценке инвестиционных рисков, управлению движением денежных средств и контролю выполнения финансовых планов.

Объем и сложность финансовых планов и бюджетов ИСП зависят от масштабов ИСП. При этом базовые элементы планов остаются почти неизменными для проектов любых размеров. К ним относятся:

- график финансирования строительства;
- план привлечения инвестиций;
- план движения денежных средств;
- план доходов и расходов;
- график продаж или заключения договоров долевого участия в строительстве (с учетом темпа роста цен на недвижимость);
- итоговый бюджет ИСП.

График финансирования стоительства основывается на календарном плане выполнения работ ИСП и дает представление о потребности в финансовых ресурсах на всем протяжении реализации ИСП.

Основой финансирования ИСП является не только прогнозирование будущих денежных потоков (стоимости ИСП, поступлений от продажи, привлечения кредитных ресурсов и т. д.). Финансовый план, кроме оптимистичных вариантов, должен предусматривать угрозы, которые могут возникнуть при реализации ИСП. Отметим, что изменение объема финансирования ИСП не приводит к минимизации риска. Данная функция управления проектом помогает решить, какой вид риска следует принять, а какой нет.

Прогнозирование финансирования ИСП отражается в плане привлечения инвестиций, где расписаны поступления и расходы на обслуживание инвестиционных, кредитных и иных финансовых ресурсов в различные периоды реализации ИСП. Прогнозные значения финансирования целесообразно использовать уже на этапе оценки эффективности ИСП, так как этот раздел оказывает прямое влияние на конечные результаты проекта.

План движения денежных средств является основой для расчета уровня ликвидности ИСП (превышения финансовых поступлений над обязательными платежами). В случае превышения платежей над поступлениями необходимо изыскать возможности для привлечения дополнительных инвестиций в ИСП или отказаться от его реализации. Периодом расчета (горизонтом расчета) плана движения денежных средств ИСП может являться промежуток времени, ограниченный периодами окупаемости ИСП, реализации и эксплуатации ИСП и др.

План доходов и расходов представляет собой финансовый документ, оценивающий ИСП с позиций соответствующих статей, показанных в динамике на временном промежутке реализации ИСП. Этот документ, наряду с планом движения денежных средств, определяет инвестиционные параметры ИСП.

Одной из статей плана доходов и расходов могут быть поступления от продажи (передачи заказчику или инвестору) отдельных законченных частей ИСП. Данный источник доходов имеет большое значение для современного российского жилищного строительства. Сегодня ввод в действие жилых домов (жилых комплексов) часто происходит по очередям, что позволяет заказчику мобилизовать ресурсы долевых инвесторов при нехватке собственных и кредитных финансовых ресурсов.

Итоговый бюджет ИСП представляет собой финансовый документ, агрегирующий данные предыдущих финансовых документов и состоит из двух основных разделов: расходов ИСП и доходов ИСП.

Данные разделы разбиваются на отдельные статьи, в которых затраты ИСП уравновешиваются поступлениями доходной части ИСП. Бюджет ИСП позволяет сравнить моменты расходов и поступлений в реальном времени. Максимальная эффективность разработки и использования бюджета ИСП достигается при использовании компьютерных программ по управлению проектами.

8.5. Управление качеством

Совершенствование процессов строительного производства и управления ИСП влияет на повышение качества сильнее, чем периодическое тестирование и инспекции. Успешное управление качеством зависит как от технических аспектов, так и от соответствующей подготовки работников и служащих. Причем, чем сложнее в техническом плане реализация ИСП, тем сильнее качество выполнения работ зависит от коммуникативных способностей исполнителей, команды и управляющего ИСП.

На рис. 8.4 показаны основные этапы процесса улучшения качества ИСП. Они представляют собой детализацию основных положений по улучшению качества, отмеченных в 4.5, применительно к реализации ИСП.

Управляющий ИСП несет полную ответственность за качество реализации ИСП, при этом каждый проект рассматривается с позиций шести базовых направлений управления качеством:

- политики управления качеством;
- целей управления качеством;
- гарантий качества;
- контроля качества;
- аудита качества;
- программы обеспечения качества.

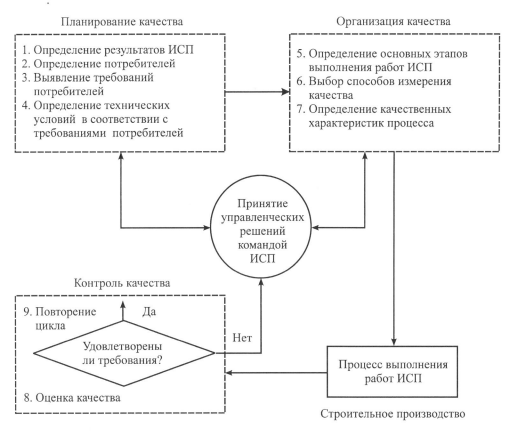

Рис. 8.4. Процесс улучшения качества ИСП

При надлежащем уровне внутреннего развития предприятия указанные направления органично интегрируются в корпоративную организационную культуру.

Политика управления качеством формируется для всего предприятия в целом. Экспертная группа определяет приемлемый уровень качества, а также ответственность сотрудников предприятия и участников ИСП за его обеспечение. Для реализации единичных задач команда ИСП формулирует уточненные показатели качества для каждого конкретного ИСП.

Политика управления качеством заключается:

- в формировании приверженности принципам обеспечения качества в рамках действий предприятия и реализации всех ИСП;
- обеспечении равнозначности понимания целей управления качеством всеми участниками проекта;
- разработке рекомендаций по наиболее важным аспектам управления качеством.

Цели управления качеством представляют собой элементы детализации политики управления качеством по видам работ и временным параметрам и должны:

- характеризовать конкретные задачи;
- быть достижимыми;

- быть понятными;
- определять отдельные сроки окончания групп работ.

Гарантии качества включают комплекс обязанностей и мероприятий, выполняемых участниками проекта с целью обеспечить качественную реализацию ИСП и получить результат реализации, соответствующий необходимому уровню качества. Гарантии качества обеспечивают полную интеграцию цели, затрат и времени релизации ИСП и должны:

- определять стандарты и нормативы;
- ориентироваться в большей степени на предотвращение, чем на исправление;
- способствовать долгосрочному улучшению качества;
- включать аудит качества.

Контроль качества заключается в постоянном мониторинге, определении и нейтрализации причин негативных влияний на качество ИСП. Основная задача контроля качества – обеспечить выполнение политики управления качеством в соответствии с запланированными целями и гарантию качества. Эффективная система контроля качества ИСП должна:

- четко определять объект контроля;
- устанавливать стандарты и направления возможной корректировки уровня качества;
- устанавливать методы измерений;
- включать подробную документацию для всех процессов реализации ИСП.

Аудит качества – это оценка качества, выполняемая независимым экспертом. При этом проверяется соответствие ИСП требованиям качества, установленным предприятием:

- соответствие фактического и планируемого уровней качества;
- безопасность и удобство использования результатов ИСП;
- соответствие требованиям законодательства;
- обоснованность мероприятий по улучшению качества.

Программа обеспечения качества формируется управляющим и командой ИСП путем декомпозиции работ проекта и определения первичных действий по обеспечению его качества. Таким образом управляющий проектом представляет заказчику ИСП (клиентам) последовательность операций по обеспечению качества реализации ИСП. Программа включает идентификацию реальных и потенциальных клиентов; мероприятия по обеспечению качественных характеристик товара, соответствующих пожеланиям заказчика (клиента); учет пожеланий заказчика (клиента) при принятии управленческих решений командой ИСП; действия, направленные на достижение целей управления качеством ИСП.

Часто, чтобы определить и решить проблемы или внести улучшения в процессы проектирования и строительства, в управлении качеством ИСП используют статистические методы. Для эффективного сопровождения проектов работники и управленческий персонал должны понимать основные принципы и концепции управления качеством на предприятии. В первую очередь следует стремиться оптимизировать взаимоотношения путем заключения долговременных партнерских соглашений.

Основными целями управления качеством ИСП являются:

1. Удовлетворение потребностей заказчика (потребителей) в качественной продукции (работах, услугах).

2. Непрерывное совершенствование процессов строительного производства и реализации ИСП.

Ориентация на международные стандарты качества (такие как ISO 9000) помогает строительным предприятиям убедить потенциальных заказчиков и клиентов в высоком качестве реализуемых ими ИСП.

Центральными звеньями управления качеством ИСП являются бизнес-процессы реализации проекта и строительного производства, обязанности работников и руководителей предприятия. Все участники ИСП и сотрудники предприятий должны участвовать в обеспечении качества как текущего процесса, так и конечного результата ИСП. Цели и задачи, сформулированные заказчиком, являются руководящим документом при принятии любого решения по ИСП.

Хотя большинство методов управления качеством разработаны для предприятий, производящих продукцию массового потребления, многие из них могут с успехом применяться к задачам реализации проектов в сфере строительства.

Внедрение и реализация концепции управления качеством ИСП должны стать долгосрочной программой. Регистрация в Международной организации по стандартизации ISO означает, что систему качества на строительном предприятии будет проверять на соответствие стандартам аккредитованный независимый аудитор. Присоединение к ISO позволит предприятиям доказать свои конкурентные преимущества на мировом рынке.

Под удовлетворением потребностей заказчика (потребителей) понимается предоставление приемлемого уровня инвестиционных и строительных работ и услуг как заказчику проекта или конечным потребителям продукта, так и участникам проекта, так как каждый из них является исполнителем отдельных работ и одновременно получателем услуг от других участников, а значит, и заказчиком, и потребителем.

Потребители могут быть как внутренними, так и внешними. Внешние заказчики не входят в структуру строительных предприятий (генконтракторов), реализующих ИСП, однако оказывают воздействие на последних. Для проектировщиков ИСП представляет собой пакет проектно-сметной документации, а потребителями являются заказчик и строительные предприятия (генконтракторы), реализующие ИСП. Для строительных предприятий (генконтракторов) результатом ИСП являются построенные здания или сооружения, а потребителями – конечные пользователи этих зданий или сооружений.

Если потребители ИСП находятся внутри проектно-изыскательских и строительных предприятий, то всю необходимую информацию они получают от внутренних источников. Удовлетворение требований внутренних потребителей – необходимое условие обеспечения надлежащего качества результата ИСП для целей внешнего потребителя.

Основными слагаемыми обеспечения качества на каждом уровне строительства являются снабжение, производство и потребление. Дж. Джарен определил это как концепцию «тройной роли». Концепция Джарена для реализации ИСП представлена на рис. 8.5:

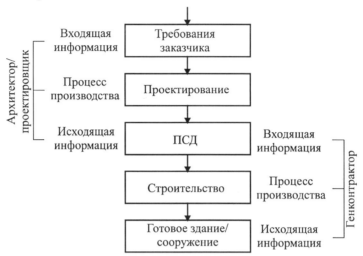

Рис. 8.5. Концепция «тройной роли» Джарена для реализации ИСП [61]

1. *Архитектор/проектировщик* являются потребителями *заказчика*, *производителями* конструктивных решений, а также *поставщиками* проектно-сметной документации для *генконтрактора*.

2. *Генконтрактор* является *потребителем* проектно-сметной документации *архитектора/проектировщика*, *производителем* строительно-монтажных работ и *поставщиком* завершенного здания или сооружения *заказчику*.

Возможность воздействия на качество результата ИСП снижается по мере выполнения работ. Данная концепция акцентирует внимание на предоставлении внутренними и внешними потребителями необходимой входящей информации для обеспечения процесса планирования ИСП.

Под совершенствованием процессов строительного производства и реализации ИСП понимается постоянное улучшение качества выполнения работ – поиск лучшего способа решения задачи. Подобное отношение к работе должно просматриваться на всех уровнях обеспечения качества строительного предприятия, реализующего ИСП – от руководителя, команды ИСП и до строительных рабочих.

Не существует универсального плана внедрения концепции TQM на строительном предприятии, так как она является скорее философией, отношением к своей работе, чем бизнес-планом. Однако можно выделить отдельные черты, присущие строительным предприятиям, успешно интегрировавшим принципы TQM в свою деятельность [50]:

1. Четкое определение цели концепции как способа совершенствования конечного результата ИСП.

2. Безоговорочное принятие концепции.

3. Прекращение практики периодических инспекций для достижения заданного уровня качества. Нацеленность на качественное производство работ, а не на исправление недостатков.

4. Поддержание долгосрочных взаимоотношений, основанных на доверии, с поставщиками и субконтракторами.

5. Постоянное улучшение качества работ и, таким образом, снижение издержек.

6. Инициация программы переподготовки сотрудников на всех уровнях.

7. Стимулирование новых идей.

8. Работа всего предприятия как результат действия единой команды, а не разрозненных подразделений.

9. Исключение заданий, требующих от рабочих бездефектного выполнения работ и необоснованного уровня производительности.

10. Устранение лишних уровней управления в соответствии с нормами напряженности и замена их на лидерство.

11. Развитие у рабочих-повременщиков гордости за свою высокую квалификацию.

12. Введение интенсивных программ по переподготовке и самосовершенствованию.

13. Совместная работа всех работников предприятия над трансформацией системы.

Исследования Центрального финансово-контрольного управления США показали, что на предприятиях, следующих концепции TQM, лучше взаимоотношения между работниками, выше производительность, они лучше удовлетворяют потребности заказчиков и занимают большую долю рынка. Обычно период успешного внедрения TQM занимает от 1 года до 18 месяцев.

Многие американские и отечественные передовые строительные предприятия считают необходимым включить концепцию TQM в формулировку своей миссии.

8.6. Управление рисками

Факторы риска имеют большее значение в строительстве, чем в других отраслях народного хозяйства, так как здесь в большей степени спрос определяют факторы внешней среды:

- демографическая ситуация в регионе;
- тенденции развития рынка;
- объемы регионального и местного бюджетного финансирования и др.

Можно отметить и другие факторы, обусловливающие внутреннюю неустойчивость работ по выполнению ИСП:

- погодные условия;
- невозможность использовать методы массового производства из-за необходимости выполнения требований каждого конкретного заказчика;
- более высокий, чем в других отраслях, риск дефолта из-за невозможности точно предсказать потребность в финансовых ресурсах;
- другие факторы.

В разное время в строительстве находили отражение противоположные тенденции. Еще совсем недавно генконтракторы выполняли весь объем работ ИСП собственными силами. Но по мере усложнения ИСП и способов их реализации усилилась роль специализированных предприятий-субконтракторов. Генконтрактор стал основное время уделять *управлению* реализацией *ИСП*. Усложнением ИСП обусловлено также объединение функций заказчика, контрактора и проектировщика, что может привести к укрупнению генконтрактных предприятий.

Каждый ИСП уникален с технической, финансовой и иных точек зрения. Риски, присущие ИСП, также являются уникальными в каждом конкретном случае. Чем сложнее ИСП, тем более совершенные технологии используются при его реализации. Часто эти технологии носят новаторский характер, и риски, связанные с их использованием, очень сложно предсказать. Например, при реализации ИСП по строительству туннеля через Ла-Манш между Великобританией и Францией применялись методы бурения горизонтальной выработки, которые никогда не использовались в таком масштабе.

Приведем классификацию основных рисков ИСП:

1. *Технологический риск* – риск отклонений в технологии выполнения работ ИСП.

2. *Конструкционный риск* – риск технической неосуществимости ИСП из-за недооценки отдельных факторов;

3. *Риск удорожания ИСП*, т. е. превышения фактических затрат над плановыми.

4. *Риск отставания от календарного плана выполнения работ.*

5. *Риск снижения качества результата реализации ИСП.*

6. *Финансовые риски*, связанные с получением и оплатой кредитов, изменением курса валют, процентных ставок и др.

7. *Риск возникновения непредвиденных обстоятельств* и др.

На фазе разработки и планирования ИСП не только формируются конструктивные, технические решения реализации ИСП, но и прорабатываются функциональные, эстетические и финансовые требования к планируемым работам. На этой фазе заказчик, проектировщик и генконтрактор проводят оптимизацию проектно-конструкторских решений и затрат, связанных с их реализацией. Здесь же может возникнуть один из самых серьезных рисков нереалистичной оценки затрат, т. е. удорожания ИСП.

На этапе выполнения работ ИСП основные риски связаны с аспектами, указанными в контрактах, календарных планах и бюджете ИСП. Основное внимание уделяется рискам, связанным со сроками реализации ИСП и непредвиденными обстоятельствами.

Команда ИСП должна активно участвовать в оценке риска и вероятности возникновения непредвиденных обстоятельств. Процесс оценки риска ИСП зависит от конкретного метода оценки. В целом его можно представить в виде схемы, изображенной на рис. 8.6.

После оценки риска принимаются конкретные решения и действия по реализации различных этапов ИСП, которые отражаются в интегрированном плане управления рисками ИСП.

Данный план должен включать:

- *идентификатор риска* – условное обозначение риска командой ИСП для целей сопровождения и отчетности;

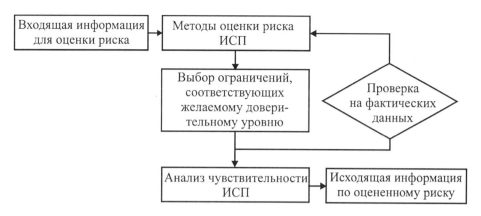

Рис. 8.6. Процесс оценки риска ИСП

- *условия возникновения риска* – описание причин, которые могут привести к возникновению негативных изменений, а также их последствий;
- *стратегию управления риском*, включая сценарии и зоны ответственности;
- *критерии оценки мероприятий по снижению рисков*;
- *мероприятия по снижению рисков*, которые планируются командой ИСП;
- *сроки реализации запланированных мероприятий*, реализуемых силами команды ИСП;
- *назначение исполнителей, ответственных за проведение мероприятий по снижению рисков*;
- *стратегию поведения при возникновении непредвиденных обстоятельств*, когда запланированные мероприятия не позволяют снизить риски до необходимого уровня;
- *критерии применения мер в случае возникновения непредвиденных обстоятельств*.

Команда ИСП должна обеспечить постоянное сопровождение рисков, т. е. отслеживание возникновения рисков и мероприятий по их снижению. В процессе реализации ИСП рекомендуется проводить ранжирование опасности рисков по критерию возможного негативного воздействия на проект и вероятности возникновения рисков:

$$R_r = f(p_r; e_r), \tag{8.1}$$

где R_r – ранг риска реализации ИСП; p_r – вероятность возникновения риска при реализации ИСП; e_r – негативный эффект влияния риска на реализацию ИСП.

Результаты влияния риска на реализацию ИСП, оцененные для различных целей, могут использоваться для разработки, планирования и выполнения работ ИСП (табл. 8.2).

Результаты R_r-анализа также отражаются в виде матрицы ранжирования рисков реализации ИСП (табл. 8.3), которая показывает различные уровни риска (белым цветом выделены зоны минимального риска, серым – зоны умеренного риска, черным – зоны максимального риска).

Таблица 8.2

Ранжирование эффекта влияния риска на реализацию ИСП

Влияние риска	Цели ИСП		
	Затраты	Календарный план работ	Качество
Очень низкое < 0,01	Незначительное увеличение	Незначительное отставание	Незначительное снижение
Низкое 0,01–0,1	Увеличение < 10 %	Отставание < 10 %	Снижение качества затрагивает отдельные части ИСП
Умеренное 0,1–0,4	Увеличение 10–20 %	Отставание 10–20 %	Снижение качества необходимо согласовать с заказчиком
Высокое 0,4–0,7	Увеличение 20–30 %	Отставание 20–30 %	Уровень снижения качества неприемлем для заказчика
Очень высокое > 0,7	Увеличение > 30 %	Отставание > 30 %	Эксплуатация результатов ИСП невозможна

Таблица 8.3

Матрица ранжирования рисков реализации ИСП

Вероятность, P_r	Эффект влияния E_r			
	0,01	0,1	0,4	0,7
0,9	0,05	0,08	0,20	0,80
0,7	0,04	0,06	0,15	0,60
0,5	0,03	0,04	0,10	0,40
0,3	0,02	0,02	0,06	0,20
0,1	0,01	0,01	0,02	0,10

Данный подход к сопровождению рисков позволяет осуществить направленное управление в первую очередь наиболее опасными рисками, которые могут оказать максимально отрицательное влияние на реализацию ИСП.

В современной системе развития управления ИСП можно выделить несколько направлений управления рисками:

1. Установление долгосрочных партнерских отношений между заказчиками и контракторами на основе программ по контролю реализации ИСП. Такие программы должны предусматривать защиту интересов всех участников ИСП.

2. Тщательный выбор заказчиком контрактора на основе не только традиционных критериев отбора, но и с учетом программ страхования и безопасности ИСП, истории фактических затрат и претензий к контрактору со стороны потребителей по результатам реализованных ИСП.

3. Периодический пересмотр критериев андеррайтинга, обеспечения безопасности и других факторов, удовлетворяющих современным требованиям управления рисками, как результат постоянного развития систем проектирования, технологии строительства, организации строительного производства и др.

4. Стимулирование распространения программ страхования ИСП для контракторов, заказчиков и других участников ИСП как со стороны страховых компаний, так и со стороны предприятий, реализующих ИСП.

Риск существует при реализации любых ИСП. Принятие и адекватное восприятие риска является залогом успешной реализации. И даже если команда ИСП не может до конца контролировать все риски ИСП, фактическое управление рисками помогает избежать многих ошибок на пути реализации как ИСП, так и проектов во многих других сферах.

Контроль рисков ИСП и реализации всех мероприятий по снижению вероятности их возникновения всегда лежит на команде ИСП. Реакция и адекватность принимаемых решений зависят от квалификации и состава входящих в нее членов.

При невозможности обеспечить выполнение всех обязанностей по ИСП силами его участников управляющий привлекает внешних консультантов.

8.7. Управление человеческими ресурсами

Реализация ИСП является трудоемкой задачей, поэтому руководители строительных предприятий очень большое внимание уделяют управлению человеческими ресурсами. Можно выделить несколько основных этапов в этой сфере.

1. Формирование человеческих ресурсов:
- планирование кадрового состава;
- вербовка и отбор специалистов;
- определение заработной платы и льгот.

2. Развитие человеческих ресурсов:
- профориентация и адаптация;
- повышение квалификации;
- оценка трудовой деятельности.

3. Мотивация:
- стимулирование;
- корпоративная культура;
- карьерный рост.

Обычно на строительных предприятиях управлением человеческими ресурсами занимаются профессиональные работники отделов кадров. Чтобы обеспечить эффективную реализацию ИСП, руководители разных уровней должны понимать особенности работы с людьми.

Планирование кадрового состава происходит в соответствии с планом, отражающим краткосрочную потребность в рабочей силе. Первоначальная разработка плана осуществляется заказчиком и генконтрактором, затем он детально прорабатывается командой ИСП для нужд той части проекта, которая выполняется собственными силами.

Людей привлекают рабочие места на предприятиях, где есть условия для развития их способностей, обеспечен стабильный и достаточно высокий заработок. Среднесрочный и особенно долгосрочные планы должны предусматривать повышение квалификации работников, овладение смежными специальностями, стимулирование личностного развития нематериальной заинтересованности и удовлетворенности работника и др.

На этапе планирования решаются задачи:

- комплектования строительного предприятия квалифицированными кадрами в необходимом количестве;
- оптимизации численного и профессионального состава кадров;
- наилучшего использования работников для эффективной реализации ИСП и деятельности строительного предприятия;
- повышения квалификации работников в соответствии с усовершенствованием технологии строительного производства, развитием информационных технологий и т. д.;
- составления бюджета затрат на мероприятия по управлению кадрами.

Вербовка и отбор специалистов на постоянные и временные рабочие места происходит из имеющегося резерва кандидатов путем их подбора через кадровые агентства, биржу труда или по объявлениям. Основными критериями отбора кандидатов на ту или иную должность являются знания и компетентность, личностные характеристики и др.

Альтернативой найму работников на временной основе может служить сверхурочная работа, например, когда необходимо досрочно закончить работы по выполнению ИСП.

При найме руководителей возможны три схемы замещения должностей:

1. Наем опытных руководителей, подбираемых вне предприятия.

2. Выдвижение на вышестоящую должность специалистов предприятия.

3. Сочетание схемы продвижения и ротации сотрудников для создания управленческого резерва.

Для оценки деловых и личностных качеств, а также отбора кандидатов на должность руководителя подразделения используется особый вид таблиц – социограммы (табл. 8.4).

Определение размера заработной платы и льгот является важной частью планирования кадрового состава и осуществляется для привлечения, найма и сохранения работников на предприятии. В долгосрочной перспективе данный этап должен предусматривать индексацию заработной платы в соответствии с инфляцией. Дифференциация заработной платы для рабочих и служащих разных профессий, квалификаций и возрастов является одним из основных факторов политики управления на строительном предприятии.

Таблица 8.4

Социограмма оценки кандидата

	Качества		Качества				
	Воля	№	1	2	3	4	5
Деловые	Решительность	1					
	Ответственность	2					
	Инициатива	3					
	Инициатива	4					
Знания	Опыт работы	5					
	Образование	6					
	Культурный уровень	7					
Личность	Здоровье	8					
	Выдержка	9					
	Честность	10					
	Справедливость	11					

Уровень заработной платы может служить стимулом повышения производительности труда. При недостаточной оплате труда снижаются трудовая дисциплина и качество выполняемой работы, повышается текучесть кадров. Таким образом, заработная плата является одним из ключевых аспектов взаимодействия работника и предприятия не только в строительстве, но и в других отраслях.

Профориентация и адаптация осуществляются при введении в состав коллектива предприятия новых работников, присоединении к выполнению работ по ИСП, разъяснении обязанностей и критериев оценки труда.

Кратко цели адаптации и профориентации можно свести к следующим пунктам:

- снижение начальных затрат во время обучения и тренировки работника на новом месте в соответствии с кривыми обучения, которые имеют свои особенности для каждого ИСП;
- снижение ощущения неопределенности у новых работников;
- сокращение текучести кадров;
- развитие положительного отношения к предприятию и собственному труду.

Повышение квалификации применяется с целью обучения работника трудовым навыкам, необходимым для эффективного выполнения работы. Строительные предприятия используют такой подход для поддержания квалификации работника, повышения знаний при переводе на другую работу, для стимулирования и профессионального развития и т. д.

Однако для обеспечения эффективности программ обучения необходимы:

- мотивация, ясное представление о том, как учеба поможет работнику в его настоящей и будущей деятельности;

- корпоративная культура как стимул обучения;
- востребованность знаний и навыков, приобретенных в процессе обучения, в практической деятельности работника.

Оценка трудовой деятельности предусматривает формирование четких критериев успешного труда работника, критериев премирования и наложения штрафных санкций. Это является своеобразным трудовым стандартом. Критерии оценки должны отражать специфику повременной, сдельной и иных форм оплаты труда, используемых на строительном предприятии.

Оценка трудовой деятельности преследует три цели:

- информационную – информирование работников о профессиональном уровне их работы;
- мотивационную – закрепление, поддержание положительных результатов работы и недопущение отрицательных;
- административную – повышение или понижение по службе, а также увольнение.

Для достижения максимального эффекта от оценки трудовой деятельности необходима обратная связь между работником и предприятием. Работник должен иметь возможность исправить свои ошибки, а предприятие – скорректировать критерии оценки в случае необходимости.

Для стимулирования и мотивации работников на современных предприятиях используются различные методы, побуждающие людей ответственно относиться к своей работе, быть верными предприятию, поддерживать его имидж и др. При выборе методов стимулирования учитывается не только материальная заинтересованность, но и психологические факторы.

Разнообразные теории мотивации (Маклеланда, Маслоу и др.) помогают создать обоснованную базу для реализации этого этапа управления человеческими ресурсами. Однако учет культурных, личностных, организационных и других аспектов деятельности работников остается зоной ответственности руководства предприятия.

Корпоративная культура создает благоприятную атмосферу для деятельности по реализации ИСП, мощные стимулы к повышению эффективности труда. Подробнее аспекты корпоративной культуры рассмотрены в 4.7.

Формирование и развитие системы управления человеческими ресурсами в рамках реализации ИСП должно происходить строго в соответствии с законодательством России: Конституцией РФ, Трудовым кодексом и другими нормативно-правовыми актами, регулирующими все ключевые аспекты взаимоотношений работников и работодателей, оплаты труда, безопасности трудовой деятельности и др.

8.8. Управление материальными ресурсами

Своевременное обеспечение ИСП строительными материалами, полуфабрикатами, конструкциями, оборудованием и другими материальными ресурсами оказывает прямое воздействие на реализацию целей и задач ИСП. Доля материалов в себестоимости строительства в России составляет около 70 % (на Западе –

около 50 %), что является одним из самых высоких показателей среди отраслей народного хозяйства. Состав строительных материалов и оборудования различен не только для разных ИСП, но и для разных этапов одного и того же ИСП (земляных работ, закладки фундамента, возведения надземной части, электромонтажных, отделочных работ и др.). Зачастую в поставке материальных ресурсов задействовано большое количество предприятий, осуществляющих поставку в различные периоды выполнения работ ИСП. Команда ИСП должна обеспечить эффективное управление материальными ресурсами, чтобы не допустить задержек, поставки некачественных материалов и других непредвиденных ситуаций.

Рассмотрим основные этапы в управлении материальными ресурсами ИСП (рис. 8.7):

Рис. 8.7. Основные шаги управления материальными ресурсами ИСП

1. *Определение потребности и планирование материальных ресурсов* на основе ПСД, календарных планов выполнения работ ИСП и другой документации. Выделяют планирование ресурсов ИСП при ограниченных сроках и при ограниченных ресурсах.

На управление материальными ресурсами оказывает влияние уровень планируемых запасов, которые подразделяются:

- на *текущую часть* (обеспечивает непрерывность строительного производства), размер которой определяется среднесуточной потребностью в материальных ресурсах и периодом поставки;
- *страховую часть* – обеспечивает непрерывность строительного производства при возникновении непредвиденных обстоятельств (задержках поставок, поставках материалов ненадлежащего качества и др.);
- *подготовительную часть*, размер которой зависит от продолжительности разгрузки материалов и подготовки их к использованию в строительном производстве.

На этом этапе также определяются желаемые условия контрактов, которые будут заключены с победителями торгов.

2. *Проведение торгов на поставку материалов*. На этом шаге производятся распространение информации о торгах, переквалификация, выбор участников торгов и оценка предложений.

3. *Выбор победителей подрядных торгов* проводится путем отбора наилучших предложений. После уточненения дополнительных вопросов объявляют победителей и заключают с ними контракты.

Контракт в управлении материальными ресурсами устанавливает взаимные обязательства строительных предприятий и поставщиков.

Основными видами договоров здесь являются контракты:

* поставки материальных ресурсов;
* подряда на организацию поставки материальных ресурсов.

4. *Экспедирование и оптимизация поставок* заключаются в сборе сведений о производителях материальных ресурсов и инспекции производства; согласовании сроков, способов, схем и маршрутов поставок.

5. *Транспортировка* материальных ресурсов силами транспортного агентства или поставщика, таможенное оформление (при импорте материалов и оборудования), а также процедуры сопровождения и обеспечения доставки в установленные сроки.

6. *Приемка и хранение* включают проверку и приемку материальных ресурсов, оформление отчета о приемке поступивших материалов и их хранение на складах.

Затраты на хранение достигают 5% от себестоимости строительной продукции, поэтому снижение затрат данного вида является одной из приоритетных задач управления материальными ресурсами.

Задачами складирования являются обеспечение сохранности материальных ресурсов и бесперебойного строительного производства.

По мере повышения качества услуг снабжения необходимость в формировании запасов материальных ресурсов снижается.

7. *Инвентаризация и размещение излишков*. На этом шаге выполняются погрузочно-разгрузочные операции, оценка уровня запасов и сравнение его с плановым. При выявлении излишков материальных ресурсов их размещают в других ИСП или реализуют.

Изучением планирования, контроля, транспортировки, хранения и других вопросов поставки материалов и оборудования на место производства занимается специальная наука – логистика. Применение положений логистики в управлении материальными ресурсами ИСП позволяет минимизировать запасы строительных материалов, а в ряде случаев совершенно отказаться от них. Таким образом, с помощью процедур управления ИСП, и в частности управления материальными ресурсами, строительные предприятия могут существенно улучшить свои конкурентные преимущества. Сокращение расходов является одним из важных способов снижения себестоимости строительной продукции.

8.9. Управление контрактами

Реализация ИСП, как и других видов проектов, сопровождается заключением множества контрактов между различными участниками: заказчиками, генконтракторами, архитектурными и проектно-изыскательскими предприятиями, инжиниринговыми компаниями, инвесторами, в том числе физическими лицами, риэлтерскими компаниями, органами государственной власти в лице различных комитетов, предприятиями, которые являются естественными монополиями и выдают технические условия на строительство и подключение зданий и сооружений к энергетической, канализационной и другим системам, профессиональными бизнес-сообществами, страховыми компаниями и др.

Контракты подряда на генеральный подряд или прямые контракты заключаются с заказчиком (застройщиком) или с инвестором (если он выполняет функции застройщика). Генконтракторы заключают контракты подряда со своими субконтракторами на производство определенных комплексов строительно-монтажных работ. Контракт подряда является общим термином для всех видов контрактов, хотя между ними имеются некоторые различия.

Условия, перечисленные в Гражданском кодексе России, являются обязательными для любых контрактов. Приведем некоторые из них:

1. Должен быть определен предмет контракта.

2. Выполнение работ ИСП производится иждивенцем подрядчика из его материалов, его силами и средствами, если иное не предусмотрено в контракте.

3. В контракте должны быть указаны состав и содержание технической документации для реализации ИСП, а также порядок ее изменения.

4. Оплата за выполненные работы производится после окончательной сдачи объекта ИСП, если иное не предусмотрено контрактом.

5. Производство инспекции и надзора за ходом и качеством выполняемых работ является правом заказчика.

Обычно условия контракта включаются в состав тендерной документации при заключении контракта подряда на основе подрядных торгов. Процедура подрядных торгов обязательна в России при реализации бюджетных инвестиций всех уровней, при работе за счет кредитов Мирового банка, Европейского банка реконструкции и развития, а также ряда других источников инвестиций при строительстве, реконструкции, ремонте и обслуживании объектов. Постепенно практика проведения подрядных торгов находит все больше поддержки и у частных инвесторов.

По формам управления ИСП различают следующие виды контрактов:

- *разделенный*, когда заказчик поручает строительные работы разным контракторам, каждый из которых отвечает за выполнение своей доли ИСП;
- *«под ключ»* – контрактор несет ответственность не только за строительство, но и за проектирование объекта ИСП;
- *генконтрактный* – при этой форме один генеральный контрактор отвечает за выполнение работ ИСП. Он единственный имеет прямые контрактные отношения с заказчиком;

- *субконтрактный* – как правило, заключается с генконтрактором без установления контрактных отношений с заказчиком;
- *комплексный контракт*, в соответствии с которым один контрактор несет ответственность за выполнение всех работ по строительству объекта, при этом специализированных субконтракторов выбирает сам заказчик;
- *инжиниринговый* – контракт с инженерно-консультационной или инжиниринговой компанией на профессиональное управление ИСП.

Рассмотрим особенности контрактных отношений применительно к реализации ИСП:

1. *Контракт с твердой ценой* является типичным для реализации как общественных, так и частных ИСП. В этих контрактах заказчик гарантирует полноту чертежей и спецификаций, при исполнении которых контрактором будет достигнут желаемый результат ИСП. После проверки вышеуказанной документации контрактор предлагает твердую цену за реализацию ИСП. Ответственность за ИСП целиком ложится на контрактора.

2. *Контракт с гарантированной максимальной ценой* используется, когда заказчик хочет ограничить стоимость ИСП какой-либо согласованной суммой. Все возможные покрываемые издержки должны быть оговорены в контракте.

3. *Контракт с оплатой издержек плюс вознаграждение* применяется в основном при реализации нестандартных проектов в частном секторе. В контракте должны быть предусмотрены разделы, связанные с расчетом вознаграждения при досрочной сдаче объекта и при задержках с завершением работ.

4. *Контракт с фиксированной ценой элемента работ*, кроме определения цены для каждого единичного элемента работ, может включать твердые цены на отдельные виды работ в целом.

5. *Контракт при совмещенном строительстве* заключается, когда заказчик хочет начать строительные работы до завершения проектирования. В таких случаях цена определяется на основе данных прошлого опыта контрактора. Чаще всего таким показателем является цена на 1 м^2 строящегося здания или сооружения.

6. *Контракт на реализацию ИСП «под ключ»* предусматривает работы по проектированию, строительству объекта и передаче его в готовом виде. Обычно он объединяется с контрактом с оплатой издержек плюс вознаграждение или с контрактом с гарантированной максимальной ценой.

Для заключения и выполнения строительных контрактов подрядное предприятие должно взять на себя ряд *гарантийных обязательств*, требующих внесения соответствующих залоговых сумм [25]:

1. *Гарантия участия в торгах (bid bond)*. По правилам проведения подрядных торгов все участники одновременно с подачей предложений на строительство должны внести гарантийный залог (предоставить банковскую гарантию) заранее оговоренного размера в пользу предприятия, проводящего торги. В среднем размер гарантийного залога составляет от 1 до 5% от объема работ или поставок. Офферентам, проигравшим торги, залог возвращается по истечении определенного времени (пока их предложения остаются в силе).

2. Гарантия выполнения работ в соответствии с условиями контракта (performance bond). Данный гарантийный залог обычно составляет около 10% от суммы контракта и вносится подрядчиком в виде банковской гарантии. Залоговая сумма предназначена для покрытия убытков, связанных с невыполнением подрядчиком условий контракта и другими ошибками в ходе работы.

3. Гарантия платежа (payment bond) является гарантией платежеспособности, которая свидетельствует о возможностях подрядчика оплачивать текущие расходы (заработную плату рабочих, стройматериалы, работу субконтракторов и др.).

Гарантия обязательств по авансовым платежам (advance payment bond) является разновидностью *гарантии платежа* и охватывает платежи, производимые заказчиком подрядчику в качестве аванса для покрытия «мобилизационных расходов» (первоначального приобретения материалов и оборудования, и др). Данная гарантия может предоставляться одним из первоклассных банков.

4. Гарантийные обязательства после завершения строительства (retention bond) служат для покрытия расходов, связанных с устранением дефектов, выявленных в процессе эксплуатации в течение гарантийного срока. Гарантия может представлять собой сумму (обычно 5–10 % от стоимости объекта строительства), удерживаемую заказчиком в течение гарантийного срока, или банковскую гарантию.

Рассмотрим основные цели и задачи, которые реализуются при помощи системы гарантий:

1. Завершение ИСП и устранение всех дефектов, выявленных в течение гарантийного срока эксплуатации объекта строительства.

2. Оплата обязательств подрядчика в случае его банкротства за счет собственных средств, без привлечения дополнительных платежей заказчика.

3. Защита заказчика от потерь при аресте имущества генконтрактора в случае невыполнения им своих обязательств.

4. Осуществление нормальных взаимных расчетов между участниками ИСП путем подтверждения платежеспособности генконтрактора.

5. Жесткий контроль за экономической возможностью выполнения обязательств генконтрактором.

Значительная часть контрактов на реализацию ИСП заключается государственными и частными заказчиками по результатам проведения подрядных торгов. В строительстве подрядные торги проводятся на объекты, работы и услуги, которые включают новое строительство, реконструкцию, модернизацию и капитальный ремонт действующих зданий, городских автомобильных дорог, инженерных сооружений, содержание жилищного фонда и др.

Подрядные торги являются обязательными при расходовании средств федерального бюджета, бюджета субъектов Российской Федерации, государственных внебюджетных фондов и внебюджетных фондов субъектов Российской Федерации с некоторыми исключениями.

В зависимости от типа заказчика и его тендерной стратегии происходит выбор вида подрядных торгов, с помощью которых будут распределяться заказы на реализацию ИСП (рис. 8.8).

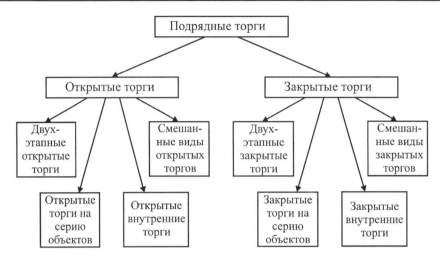

Рис. 8.8. Основные виды подрядных торгов, которые используются
заказчиками при реализации ИСП

Рассмотрим виды подрядных торгов, используемых государственными заказчиками:

1. *Открытые торги*. В них могут принимать участие любые лица, которые отвечают требованиям положений о закупках продукции для государственных нужд и подают заявку на участие в торгах. При проведении данного вида торгов обеспечиваются наибольшая гласность и конкуренция, однако ему присущи и некоторые недостатки: высокая стоимость организации и проведения из-за оценки большого количества заявок и высокий риск выбора недобросовестного подрядчика, когда единственным критерием отбора является минимальная заявленная цена.

2. *Открытые торги с квалификационным отбором*. На таких торгах рассматриваются только заявки от участников, прошедших предварительный квалификационный отбор.

3. *Закрытые торги* проводятся между специально приглашенными претендентами, список которых утвержден заказчиком. Проведение закрытых торгов для государственных нужд возможно, если:

- выполнением данного вида работ занимается ограниченное число предприятий;
- предполагаемая цена контракта составляет менее 2500 МРОТ;
- время и затраты на проведение торгов другого вида значительны по сравнению с предполагаемой ценой контракта.

4. *Двухэтапные торги* бывают открытыми и закрытыми. На первом этапе происходит уточнение предмета торгов с помощью участников; на втором – участники подготавливают окончательную заявку. Оптимальное число участников на втором – 1–3.

Двухэтапные торги проводятся если:

- заказчик не может представить проектную документацию в полном объеме и для этого необходимо привлечение подрядчиков;

- заключается контракт на проведение НИОКР;
- установлено, что двухэтапные закрытые торги являются наиболее эффективным способом заключения контракта в данных обстоятельствах;
- не удалось провести торги на первом этапе.

5. *Торги на серию объектов* проводятся на выполнение специализированных работ на нескольких объектах одновременно или последовательно.

6. *Внутренние торги* проводятся, когда законодательно установлено, что в реализации ИСП могут участвовать только российские предприятия.

Заключение контракта без проведения подрядных торгов может происходить:
- в случае срочной потребности в выполнении работ, в том числе в чрезвычайных обстоятельствах;
- если работы данного вида выполняются только одним предприятием;
- если, по мнению заказчика, этот способ заключения контракта является наилучшим.

Частные заказчики могут применять как перечисленные виды подрядных торгов, так и их комбинации в зависимости от целей, задач и собственных возможностей.

При проведении подрядных торгов заказчик обычно формирует конкурсную комиссию, которая проводит конкурсный отбор, вскрытие конвертов с заявками на участие в торгах, оценку, сопоставление заявок и определение победителя торгов. После оглашения победителя торгов в оговоренные сроки происходит подписание договора между заказчиком и предприятием-победителем.

8.10. Управление изменениями в ИСП

Управление изменениями в проекте тесно связано с изменениями на самом предприятии в процессе его деятельности. Так, изменения на предприятии могут вызвать изменения в реализации проекта, и наоборот.

Кроме особенностей управления изменениями, о которых говорилось в 4.10, необходимо отметить модель процесса успешного управления организационными изменениями Лэрри Грейнера [21] (рис. 8.9):

1-й этап. Давление и побуждение. Осознание руководителями потребности в изменениях через объективные и субъективные факторы, систему мониторинга и контроля проекта, эффективности деятельности предприятия и др.

2-й этап. Посредничество и переориентация внимания. Концентрация усилий на убеждении в необходимости перемен. Нацеленность на выявление объективных причин изменений. Для этого могут привлекаться сторонние консультанты.

3-й этап. Диагностика и осознание. Анализ ситуации и выявление причин возникновения негативных факторов на основе наиболее полной, объективной информации о деятельности предприятия, реализованных и реализуемых проектах.

4-й этап. Нахождение нового решения и обязательства по его выполнению, т. е. принятие решений по исправлению сложившейся ситуации и внесению необходимых изменений.

5-й этап. Эксперимент и выявление. Постепенное внедрение и контроль изменений, а также их корректировка в случае необходимости.

Рис. 8.9. Модель процесса успешного управления Лэрри Грейнера

6-й этап. Подкрепление и согласие. Принятие изменений сотрудниками предприятия и участниками реализуемых проектов.

Изменения в составе, последовательности и времени работ ИСП часто обусловлены различными внешними и внутренними отклонениями от ожидаемых условий реализации ИСП, т. е. *непредвиденными условиями*. Введение дополнительных работ заказчиком, изменение условий контракта, задержки в выполнении работ на строительной площадке, неожиданное изменение погодных условий – все это может вызвать необходимость выполнения работ, не предусмотренных контрактом, привести к увеличению времени реализации и стоимости ИСП.

Непредвиденные условия могут быть вызваны:

- изменениями законодательной базы; строительных норм и правил; требований пожарной, санитарной безопасности и других органов надзора; изменениями технологических условий на подключение объекта;
- отличиями в условиях на строительной площадке;
- ошибками в ПСД;
- изменениями требований заказчика; объемно-планировочных решений и других параметров ИСП по инициативе заказчика или проектировщика;
- факторами, влияющими на дату завершения ИСП;
- изменениями цены сверх пределов, указанных в контракте с фиксированной ценой элемента работ, и др.

В контракте на реализацию ИСП обычно разъясняются обязанности и ответственность сторон в случае возникновения непредвиденных изменений. Так, ответственность за оценку эффекта изменений ИСП и защиту интересов участников ИСП лежит на управляющем. Сюда включается ведение переговоров по поводу изменений в контрактах, мониторинг выполнения работ, анализ влияния изменений ИСП на время и затраты, ведение отчетности дополнительных затрат, извещение заказчика обо всех задержках, дополнительных затратах и требованиях на изменения в контрактах. Мощным инструментом анализа влияния изменений на время реализации ИСП являются сетевые графики.

Таким образом, с помощью инструментов управления изменениями можно рассчитать время и затраты, которые повлекут за собой изменения, еще до их непосредственного выполнения.

Изменения во времени и стоимости ИСП отражаются в контракте между заказчиком и подрядчиками через формальные *заявки на изменения (change order)*. Обычно форма такой заявки включает:

1. Название и адрес ИСП.

2. Номер заявки по порядку.

3. Дату подписания заявки.

4. Описание изменений.

5. Информацию о первоначальной стоимости контракта и предыдущих изменениях.

6. Сумму, на которую увеличивается или уменьшается стоимость контракта в результате изменений.

7. Подписи сторон.

Изменения могут быть инициированы заинтересованными участниками ИСП и представлять из себя дополнение к работам, исключение работ или их модификацию.

Стоимость изменений согласовывается в процессе переговоров и вносится в стоимость ИСП в соответствии с типом контракта. Если в процессе реализации ИСП не удается согласовать стоимостной аспект заявок на изменения, для решения спора стороны могут обратиться в арбитраж.

Процесс управления изменениями можно оптимизировать, если попытаться прогнозировать возможные изменения. Существует целый ряд показателей, которые характеризуют возможные изменения ИСП. Так, например, рассматривая заявки участников подрядных торгов при заключении контракта с твердой ценой, необходимо обратить внимание на разницу между наименьшей ценой предложения и следующей за ней большей ценой предложения. Чем значительнее эта разница, тем больше внимания должен уделять управляющий ИСП контролю реализации ИСП, так как эта разница является индикатором возможного роста затрат.

Один из подходов к управлению изменениями во время строительства — ежемесячное рассмотрение командой ИСП заявок на изменения. После этого оцениваются стоимость и эффект изменений — если они сопоставимы, значит, общий результат ИСП останется неизменным и без внедрения изменений можно обойтись.

В процессе управления изменениями необходимо учитывать *волновой эффект*: любое изменение на ранней стадии реализации проекта влечет за собой массу изменений в последующих работах. Часто подобные последствия очень трудно оценить. К примеру, требования пожарной безопасности по изменению высоты здания на 4–5 м ведут к переделке всего проекта, так как эти изменения касаются конструктивных и инженерных систем, технологических процессов и стоимости работ.

При внесении каких-либо изменений на начальном этапе реализации проекта особенно важно предусмотреть все возможные изменения, касающиеся как проекта в целом, так и его деталей и отдельных фаз. Не менее важно информировать участников ИСП обо всех изменениях, происходящих при реализации проекта, так как зачастую серьезные проблемы возникают, когда один из участников проекта внес изменения, а другие об этом не знают и продолжают работать по старому проекту. Это приводит к дисбалансу в выполнении всего инвестиционного проекта, в результате страдает качество, увеличиваются сроки, растет стоимость.

Управляющий ИСП должен избегать изменений в проекте, если их необходимость полностью не подтверждена.

8.11. Управление безопасностью

Схема управления безопасностью инвестиционно-строительных проектов аналогична схеме, представленной на рис. 4.16, но существуют некоторые специфические особенности. Одна из них связана с растущим в России значением *охраны и безопасности труда при выполнении работ ИСП*.

Строительство относится к ряду производственных процессов, характеризующихся повышенной опасностью для рабочих. На его долю приходится до 35% несчастных случаев в промышленности России [26]. Строительство устойчиво занимает первое место в стране по количеству несчастных случаев со смертельным исходом. На строительных площадках и в цехах предприятий стройиндустрии ежегодно происходит около 46 000 несчастных случаев, при этом погибают около 1500 человек.

Согласно статистическим данным, основными причинами травм при производстве строительных работ следует считать [26]:

- падение с высоты – 28 % от общего числа случаев;
- травмы, связанные с эксплуатацией машин и механизмов, – 14,6 %;
- дорожно-транспортные происшествия – 14,6 %;
- обрушения, падения предметов на человека – 13 %;
- электротравмы – 7,4 %;
- температурные воздействия – 6 %;
- травмы при обработке деталей – 5 %;
- отравление, химические ожоги – 3,4 %;
- утопление – 2 %;
- иные факторы – 6 %.

При этом велик удельный вес пострадавших (не менее 16 %), которые в момент травмирования не выполняли никакой работы, но находились на стройплощадке. В определенной степени это объясняется низким уровнем организации труда и слабой дисциплиной работающих. В 35 % зарегистрированных несчастных случаев пострадавшие находились в состоянии алкогольного опьянения.

Для совершенствования строительных норм и правил по безопасности труда в строительстве с 1 сентября 2001 г. введены в действие СНиП 12-03–2001. Безопасность труда в строительстве: Ч. 1. Общие требования и СНиП 12-04–2002. Безопасность труда в строительстве: Ч. 2.

Организация работы по обеспечению безопасности труда в целом по строительному предприятию лежит на руководителе, его заместителе и главном инженере, а при выполнении конкретных работ – на мастере.

Безопасность должна обеспечиваться по всем видам работ, в том числе:

1. При разборке зданий и сооружений при их реконструкции и сносе.

2. При производстве земляных работ.

3. При устройстве искусственных оснований и буровых работах.

4. При производстве бетонных, монтажных, каменных, отделочных, изоляционных, кровельных, электромонтажных и наладочных работ (по каждой группе в отдельности).

5. При заготовке и сборке деревянных конструкций.

6. При монтаже инженерного оборудования зданий и сооружений.

7. При испытаниях оборудования и трубопроводов.

8. При проходке горных выработок.

9. Организация производственных территорий, участков работ и рабочих мест, включая обеспечение:

- безопасности обустройства и содержания производственных территорий, участков работ и рабочих мест;
- безопасности при складировании материалов и конструкций;
- электробезопасности;
- пожаробезопасности;
- защиты работников от воздействия вредных производственных факторов.

10. Организация эксплуатации строительных машин, транспортных средств, производственного оборудования, средств механизации, приспособлений, оснастки ручных машин и инструмента, включая обеспечение безопасности при эксплуатации:

- мобильных машин и транспортных средств;
- стационарных машин;
- средств механизации, подмащивания, оснастки, ручных машин и инструмента.

11. Организация безопасности транспортных и погрузочно-разгрузочных работ, включая обеспечение безопасности:

- производства погрузочно-разгрузочных работ;
- перемещения грузов на строительных предприятиях;
- при применении машин непрерывного действия;
- при работе автотранспорта.

12. Организация безопасного выполнения электросварочных и газопламенных работ, включая обеспечение безопасности:

- технологических процессов и мест производства сварочных и газопламенных работ;
- при ручной сварке;
- при хранении и применении газовых баллонов.

13. Иные группы – организация противопожарной безопасности, устройство и безопасная эксплуатация грузоподъемных кранов, безопасность при взрывных работах и некоторые другие, которые регулируются отдельными нормативными документами.

Требования охраны труда, промышленной безопасности и гигиенические требования к организации строительного производства и строительных работ должны учитываться в проектах организации строительства (ПОС) и проектах производства работ (ППР). При этом безопасность решений в ПОС и ППР обеспечивается за счет:

- сокращения объемов работ, выполняемых в условиях действия опасных и вредных производственных факторов, за счет применения новых проектных решений, связанных с использованием более безопасных методов выполнения работ;
- соблюдения безопасной последовательности выполнения работ и создания условий для обеспечения безопасности при совмещении работ в пространстве и во времени;
- выбора и размещения строительных машин и средств механизации с учетом обеспечения безопасных условий труда;
- оснащения рабочих мест необходимой технологической оснасткой и средствами малой механизации;
- выбора безопасных методов и приемов выполнения работ;
- разработки решений по охране труда и промышленной безопасности при выполнении работ в условиях действия опасных и вредных производственных факторов.

Для отдельных профессий и видов работ в строительстве руководители структурных подразделений строительного предприятия совместно со службой охраны труда разрабатывают и утверждают инструкции по охране труда, которые пересматриваются не реже одного раза в 5 лет или досрочно. Основой для разработки инструкций является свод правил по проектированию и строительству «Безопасность труда в строительстве. Отраслевые типовые инструкции по охране труда», утвержденный Государственным комитетом РФ по строительству и жилищно-коммунальному комплексу 8 января 2003 г. № 2.

Экологическая безопасность ИСП оценивается с помощью инструментов управления, одним из которых является экологическая оценка ИСП. Основным законодательным актом в этой области является федеральный закон России «Об экологической экспертизе». Этот документ вместе с рядом подзаконных актов, конкретизирующих и уточняющих его положения, определяет требования к проведению экологической экспертизы.

ФЗ РФ «Об охране окружающей среды» устанавливает общие требования в этой сфере при размещении, проектировании, строительстве, реконструкции, вводе в эксплуатацию, эксплуатации, консервации и ликвидации зданий, строений, сооружений и иных объектов. Так, если объекты ИСП оказывают прямое или косвенное воздействие на окружающую среду, то при их проектировании, реализации и эксплуатации необходимо предусматривать мероприятия по охране и восстановлению природной среды, рациональному использованию и воспроизводству природных ресурсов, обеспечению экологической безопасности.

Положение об оценке воздействия намечаемой хозяйственной и иной деятельности на окружающую среду помогает принимать экологически ориентированные управленческие решения при реализации ИСП путем определения возможных неблагоприятных воздействий, оценки экологических последствий, учета общественного мнения, а также разработки мер, уменьшающих и предотвращающих негативные воздействия.

Важное место в системе нормативной документации по экологической оценке занимает *Инструкция по экологическому обоснованию хозяйственной и иной деятельности*. Данный документ содержит разделы, посвященные экологическому обоснованию предынвестиционной документации, проектной градостроительной, а также предпроектной и проектной документации, экологическому обоснованию техники, технологии и материалов, лицензий, а также экологические требования к нормативной документации.

Существует ряд других нормативных документов, регулирующих проведение заказчиком оценки воздействия на окружающую среду. Наиболее значительными из них являются документы Госстроя (строительные нормы и правила, своды правил), определяющие экологические требования к проектной документации. Основные из них [37]:

- СП 101-11–95. Порядок разработки, согласования, утверждения и состав обоснований инвестиций в строительство предприятий, зданий и сооружений;
- СНиП 11-01–95. Инструкция о порядке разработки, согласования, утверждения и составе проектной документации на строительство предприятий, зданий и сооружений;
- СНиП 11-02–96. Инженерные изыскания для строительства. Основные положения;
- СП 11-102–97. Инженерно-экологические изыскания для строительства;
- другие документы (нормативы, рекомендации, пособия и т. п.).

Управление безопасностью ИСП предусматривает также выполнение других положений программы: технической, экономической, информационной безопасности и защиты материальных ценностей, общие положения которых представлены в 4.11.

Безопасность ИСП на уровне исполнения обеспечивается с помощью руководящих документов: нормативов, инструкций, предписаний, приказов, законодательных актов и др., которые входят в систему правового обеспечения ИСП.

Структура управления безопасностью на предприятии зависит от его организационной структуры. К примеру, на проектно-ориентированном предприятии по управлению проектами управление безопасностью обычно осуществляют юридический отдел и инженер по технике безопасности или отдел по технике безопасности. Охрана объектов и физическая безопасность таких предприятий обычно возлагается на сторонние организации по контракту с предприятием. За экологическую безопасность отвечает специалист, нанятый по отдельному контракту, либо работающий на данном предприятии полный рабочий день или по совместительству.

В холдинговых структурах безопасностью обычно управляет вице-президент по безопасности. В его распоряжении находятся специалисты по физической безопасности и охране объектов, отделы техники безопасности и экологической безопасности. В необходимых случаях он может нанять по контракту консультантов по безопасности или заключать контракты со специализированными организациями, которые могут осуществлять полное сопровождение какого-либо вида безопасности. К примеру, может быть заключен договор с соответствующими предприятиями, которые будут обеспечивать пожарную безопасность и сопровождение проекта по мере его реализации. Подчеркнем, что президент холдинговой компании или руководитель предприятия должен быть в курсе всех событий, происходящих в процессе реализации всех проектов, в отношении всех видов безопасности, поскольку безопасность реализации проекта является жизненно важной для существования самого предприятия.

8.12. Правовое обеспечение ИСП

Важную роль в правовом обеспечении ИСП играет система нормативных документов Российской Федерации в строительстве (рис. 8.10). Основной целью данных документов является защита прав и охраняемых законом интересов потребителей строительной продукции, общества и государства при развитии самостоятельности и инициативы предприятий и специалистов.

Объектами стандартизации и нормирования в системе являются [29]:

- организационно-методические и общие технические правила и нормы, необходимые для разработки, производства и применения строительной продукции;
- объекты градостроительной деятельности и строительная продукция – здания, сооружения и их комплексы;
- промышленная продукция, применяемая в строительстве: строительные изделия и материалы, инженерное оборудование, средства оснащения предприятий стройиндустрии;
- экономические нормативы, необходимые для определения эффективности инвестиций, стоимости строительства, материальных и трудовых затрат.

Нормативные документы подразделяют на государственные федеральные, документы субъектов Российской Федерации и производственно-отраслевые документы субъектов хозяйственной деятельности. С учетом требований ГОСТ Р 1.0 в составе системы разрабатываются:

1. Федеральные нормативные документы:

- *строительные нормы и правила РФ* (СНиП) – устанавливают обязательные требования, определяющие цели, которые должны быть достигнуты, и принципы, которыми необходимо руководствоваться в процессе создания строительной продукции;

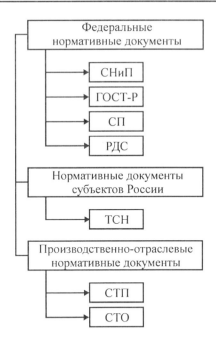

Рис. 8.10. Система нормативных документов в строительстве в России

- *государственные стандарты РФ в области строительства* (ГОСТ-Р) – устанавливают обязательные и рекомендуемые положения, определяющие параметры и характеристики отдельных частей зданий и сооружений, строительных изделий и материалов и обеспечивающие техническое единство при разработке, производстве и эксплуатации этой продукции;
- *своды правил по проектированию и строительству* (СП) – устанавливают рекомендуемые положения в развитие и обеспечение обязательных требований строительных норм, правил и общетехнических стандартов системы или по отдельным самостоятельным вопросам, не регламентированным обязательными нормами;
- *руководящие документы системы* (РДС) – устанавливают обязательные и рекомендуемые организационно-методические процедуры по осуществлению деятельности в области разработки и применения нормативных документов в строительстве, архитектуре, градостроительстве, проектировании и изысканиях.

2. Нормативные документы субъектов РФ:

- *территориальные строительные нормы* (ТСН) – устанавливают обязательные для применения в пределах соответствующих территорий и рекомендуемые положения, учитывающие природно-климатические и социальные особенности, национальные традиции и экономические возможности республик, краев и областей России.

3. Производственно-отраслевые нормативные документы:

- *стандарты предприятий (объединений) строительного комплекса и стандарты общественных объединений* (СТП и СТО) – устанавливают положения по организации и технологии производства, а также обеспечению качества продукции на данном предприятии или в объединении.

Обязательные требования нормативных документов должны выполняться всеми органами управления и надзора, а также предприятиями независимо от формы собственности и принадлежности. Отсутствие в контракте ссылок на нормативные документы, содержащие обязательные требования, не освобождает исполнителя от их соблюдения.

Однако существуют ситуации, когда предприятие самостоятельно выбирает правовые рамки реализации ИСП. Речь идет в первую очередь о контрактных отношениях в строительстве. Условия контрактов оказывают прямое воздействие на особенности правовых взаимоотношений между участниками ИСП.

Любой контракт на реализацию ИСП должен включать:

- предмет ИСП;
- права и обязанности сторон;
- срок исполнения контракта;
- условия подтверждения выполнения работ по ИСП;
- размер вознаграждения и порядок оплаты контракта;
- порядок изменения контракта;
- штрафные санкции за невыполнение условий контракта;
- гарантийные обязательства;
- другие условия контракта.

Первоначально право на застройку на определенной территории оформляется распоряжением администрации и инвестиционным договором между заказчиком и администрацией или другим ответственным органом.

После этого оформляются правовые взаимоотношения по проектированию, финансовому обеспечению, строительству и другим аспектам реализации ИСП. Отметим, что формы инвестиционных договоров законодательно не определены, поэтому для их составления необходимо руководствоваться общими положениями о договорах (гл. 27–29 Гражданского кодекса РФ).

Перечислим организационно-правовые формы строительных предприятий, определяющие формы управления строительством:

- открытое акционерное общество (ОАО);
- закрытое акционерное общество (ЗАО);
- общество с ограниченной ответственностью (ООО);
- общество с дополнительной ответственностью (ОДО);
- полное товарищество (ПТ);
- товарищество на вере;
- государственное унитарное предприятие;
- производственный кооператив.

Каждой из вышеуказанных форм соответствует определенная организационная структура (см. 6.3).

К примеру, на предприятии по управлению проектами правовое обеспечение осуществляет юридический отдел, в состав которого могут входить 1–5 и более человек в зависимости от количества проектов, выполняемых предприятием. Юридический отдел подчинен непосредственно руководителю предприятия.

В холдинговой проектно-ориентированной организационной структуре управление правовой областью обычно осуществляет вице-президент, в подчинении которого находятся юридический отдел, отдел безопасности и иногда контрольно-ревизионное управление. При необходимости предприятие привлекает консультантов, аудиторов и других специалистов для правового сопровождения как деятельности самого предприятия, так и реализации отдельных видов ИСП.

Высокая специализация строительных предприятий в сочетании с надлежащим управлением правовым обеспечением является залогом эффективной реализации любых ИСП.

8.13. Управление конфликтами

Проявление конфликтов при реализации ИСП имеет свои особенности, обусловленные спецификой строительства. Можно выделить три основных уровня конфликтов в зависимости от вида проектной организационной структуры строительного предприятия (рис. 8.11):

1. *Конфликты высшего порядка* между заказчиком и администрацией города по поводу пятна под застройку, а также между заказчиком и генконтрактором по поводу условий реализации ИСП в оргструктуре с управляющей компанией. Конфликты между заказчиком и администрацией города в холдинговой оргструктуре.

2. *Конфликты среднего порядка* между заказчиком и контракторами, а также между генконтрактором и субконтракторами по поводу порядка, организации снабжения, финансирования и других аспектов реализации конкретных видов работ в оргструктуре с управляющей компанией. Конфликты между управляющими (командой ИСП) и специализированными подразделениями в холдинговой оргструктуре.

3. *Конфликты низшего порядка* между контракторами и исполнителями внутри предприятия для оргструктуры с управляющей компанией и конфликты между руководителями специализированных подразделений и конкретными исполнителями в холдинговой оргструктуре.

Выбор вариантов разрешения конфликтов всех уровней определяется интересами собственников предприятий, участвующих в реализации ИСП, при этом правовое поле разрешения конфликтов составляют двух- и многосторонние контракты, законы России, Гражданский и Земельный кодексы, нормативные законодательные акты Правительства России, федеральных, региональных и местных органов управления и государственного надзора, а также иные государственные документы, регулирующие отдельные стороны реализации ИСП.

В зависимости от стадий возникновения выделяют конфликты:
- начальной фазы ИСП;
- основной фазы ИСП;
- завершающей фазы ИСП;
- фазы гарантийных обязательств.

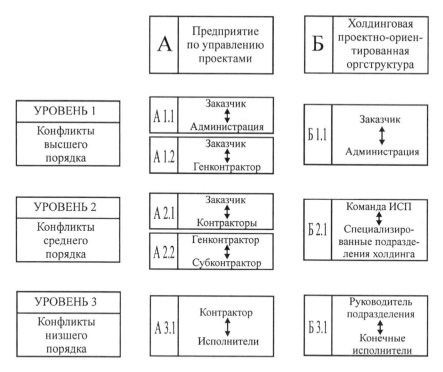

Рис. 8.11. Уровни конфликтов при реализации ИСП в зависимости от вида проектной организационной структуры

К примеру, при реализации ИСП в нефтегазовой промышленности на начальной фазе могут возникнуть конфликты с органами управления и надзора по поводу содержания «Декларации о намерениях», необходимой для предварительного согласования с органами местной исполнительной власти места размещения объекта и создания условий для последующего отвода земли.

Таким образом, субъектами конфликта 1-го уровня начальной фазы ИСП могут быть с одной стороны заказчик/застройщик ИСП, а с другой:

- органы архитектуры и градостроительства;
- органы по охране окружающей среды;
- органы по землеустройству;
- подразделения федеральной службы лесного хозяйства;
- органы госкомрыболовства;
- управления энергонадзора;
- управления по связи и информации;
- инженерно-технические службы;
- управления местной администрации;
- другие органы управления и надзора.

Причем, решение органов местного управления об отказе в предоставлении земельного участка, как и решение об изъятии земельного участка, может быть обжаловано заказчиком в суде в исковом порядке.

Основными источниками конфликтов на последующих фазах реализации ИСП могут быть:

- нарушение обязательств участниками ИСП и исполнителями;
- ошибки в процессе планирования и предынвестиционной разработки ИСП;
- непредвиденное воздействие внешних факторов.

Возможны три основных варианта выхода из конфликтной ситуации:

- *конструктивное разрешение* конфликта путем выработки взаимовыгодного или компромиссного решения;
- *отказ от конфликта* – прекращение конфликтных действий и продолжение реализации ИСП по намеченным планам;
- *разрыв контракта* одной из конфликтующих сторон, т. е. прекращение ею работы над реализацией проекта. Возмещение издержек в данном случае может быть возложено на любую из сторон в зависимости от причин прекращения контракта.

Управление всеми конфликтами ИСП происходит на уровне управляющего проекта, в то же время управление конфликтами происходит и в рамках каждого предприятия, участвующего в ИСП. Руководство предприятий принимает меры по предотвращению, урегулированию и разрешению потенциальных и фактических конфликтов исходя из собственных интересов.

8.14. Управление системами

Системный подход к управлению ИСП можно охарактеризовать как логический и упорядоченный процесс решения всех проблем по реализации ИСП всеми подразделениями предприятия на всех уровнях детализации. Инвестиционно-строительный проект – это открытая система, так как он взаимодействует с системами внешней среды. Управление реализацией ИСП характеризуется входными данными, обработкой и выходным результатом, которые определяют различные потоки ресурсов: денежных средств, оборудования, материалов, зданий, персонала, информации, сырья, проектных, технологических и инженерных решений и т. д. Каждый из этих потоков является своего рода подсистемой в общей системе реализации ИСП.

Системный подход к реализации ИСП определяет взаимоотношения всех подсистем. Управление системами осуществляют:

- на предприятии по управлению проектами – руководство данного предприятия;
- в холдинговой структуре – руководство холдинга.

Например, системный подход холдинговой структуры объединяет различную деятельность по реализации проекта в целенаправленную систему. Одно предприятие выполняет дизайн-проект, другое – готовит площадку под строительство, третье – ведет строительные и другие виды работ, четвертое – добывает сырье и готовит изделия, материалы для строительно-монтажных работ, пятое – обеспечивает финансовые потоки по реализации ИСП и т. д.

С помощью системного подхода разрозненные части проекта объединяются в единое целое и находится оптимальное решение проблемы с наименьшими затратами. На крупном предприятии в составе холдинговой проектно-ориентированной структуры могут существовать более сотни различных подсистем, объединенных в единую систему. Декомпозиция этих систем производится на основе общепринятых правил. Наиважнейшую роль в управлении системами играет управляющий проектами, так как он может координировать влияние всех подсистем на решение общей задачи – создание продукта реализации ИСП.

Системный подход к управлению проектами основан на межсистемных связях. Зачастую данные по системам передаются, аккумулируются и анализируются в информационно-аналитической системе.

Ежедневно на предприятии создается и распространяется большое количество бумажной документации: приказы, отчеты, сметы, чертежи и др. С ростом предприятия значительно возрастают затраты на подготовку, доставку, обработку и хранение этой документации. Для снижения расходов в данной сфере можно использовать информационную систему электронного документооборота.

В качестве примера приведем схему формирования информационной системы электронного документооборота в управлении ИСП (рис. 8.12). На этой схеме система электронного документооборота связана как с управлением отдельным ИСП, так и с общей системой управления проектами. Пользователями информации могут быть как сотрудники предприятия, так и все другие участники ИСП. Внедрение данной системы позволит более эффективно выполнять функции уп-

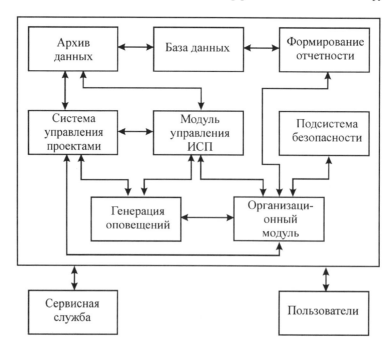

Рис. 8.12. Информационная система электронного документооборота
в управлении ИСП

равления ИСП, например, управление изменениями в проекте, управление коммуникациями. Так, изменения, внесенные в проект командой ИСП, будут мгновенно доступны всем участникам ИСП в форме, обеспечивающей наилучшее восприятие информации.

Еще одним примером реализации функции управления системами является система управления персоналом строительного предприятия при реализации ИСП (рис. 8.13). Данная система направлена на развитие строительного предприятия, успешную реализацию инвестиционно-строительных проектов и профессиональное развитие работников предприятия.

Рис. 8.13. Система управления персоналом строительного предприятия при реализации ИСП

Мониторинг эффективности разработанной системы осуществляется с помощью блока контроля. Причем, хотя данный блок оказывает непосредственное влияние на корректировку и формирование стратегии и нижестоящих блоков управления персоналом, в зависимости от эффективности управления персоналом могут пересматриваться стратегии развития строительного предприятия и реализации ИСП в долгосрочном периоде.

На основе данных информационно-аналитических систем руководство предприятия принимает решения по реализации проекта, будь то изменение, продвижение или другие события. Любой процесс, любая функция в управлении являются своего рода системой, которая, так же как и весь проект в целом, должна быть разработана, задокументирована и выполняться всеми участниками проекта.

8.15. Управление коммуникациями

Эффективные коммуникации – один из важнейших факторов успешной реализации ИСП. Нельзя недооценивать роль управляющего ИСП в процессе обеспечения коммуникаций между командой и участниками ИСП. Управляющий должен организовать адекватное направление информационных потоков, чтобы каждый заинтересованный участник ИСП получил информацию, необходимую для исполнения его непосредственных обязанностей.

Существует несколько теорий, позволяющих выделить свойства коммуникаторов – людей, с помощью которых осуществляется обмен информацией:

- *развивающий коммуникатор* стремится выработать новые методы решения проблем совместно с заинтересованными лицами, организуя обратную связь;
- *управляющий, или контролирующий коммуникатор* характеризуется авторитарным стилем управления. Он стремится сконцентрировать всю основную информацию, чтобы получить максимальную власть над реализацией проекта. Данный подход эффективен в очень ограниченном количестве критических ситуаций;
- *уступчивый коммуникатор* не претендует на лидерство, информация концентрируется вне коммуникатора, у других людей;
- *отстраненный коммуникатор* избегает решения проблем и взаимодействия с другими участниками проекта.

Важно организовать эффективные коммуникации не только между участниками ИСП, но и внутри строительного предприятия. При этом различают:

- *коммуникации по нисходящей* – от руководства к низшим уровням управления и подчиненным о целях, задачах, изменениях и других аспектах реализации ИСП. Обычно это устные распоряжения, приказы, предписания и т. п.;
- *коммуникации по восходящей* – от низших уровней управления или исполнителей к руководителям предприятия и управляющему ИСП. Этим способом передается текущая информация, а также сообщения о возможных проблемах. Обычно это коммуникации в форме отчетов, устных и письменных предложений и т. п.;
- *горизонтальные коммуникации*, как правило, происходят между различными подразделениями предприятия, реализующего ИСП. Основная их цель – координация совместных усилий;

- *коммуникации руководитель–подчиненный* – один из наиболее распространенных типов коммуникаций по нисходящей;
- *коммуникации между руководителем и командой ИСП* позволяют добиться более тесного сотрудничества, выработать наиболее эффективный способ разрешения проблемных ситуаций;
- *неформальные коммуникации* – в первую очередь это слухи, которые представляют неофициальную, неточную информацию. Точность такой информации снижается, по мере того как возрастает личностный аспект, привносимый коммуникатором.

Одна из систем усовершенствования устной и письменной коммуникации, которую можно использовать при реализации ИСП, носит название «5-С коммуникации» (рис. 8.14).

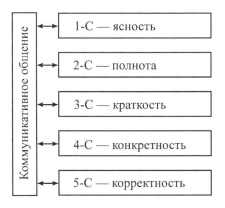

Рис. 8.14. Система «5-С коммуникации»

Данная система выделяет 5 существенных признаков любого коммуникативного общения, а также направления, с помощью которых можно добиться его улучшения:

1-С – ясность (clarity). Необходимо добиться оптимального соотношения объема и содержания сообщения, при этом, стремясь к краткости, не следует пытаться вместить в одно предложение слишком много информации;

2-С – полнота (completeness). Сообщение должно полностью отражать первоначальную идею. Это должны учитывать как отправитель, так и получатель. Последний должен уделить сообщению достаточно внимания, чтобы понять его суть;

3-С – краткость (conciseness). Содержание сообщения не должно быть размыто многословным изложением. Если какую-то мысль можно выразить более короткой фразой, это обязательно нужно сделать;

4-С – конкретность (concreteness). Сообщение должно содержать максимум конкретики. Следует избегать абстрактных фраз даже в случае неуверенности в предполагаемых последствиях или результатах;

5-С – корректность (correctness). Сообщение должно быть составлено в соответствии с правилами языка, на котором оно передается. Это особенно важно при реализации международных проектов, где простая ошибка в терминологии может доставить много хлопот участникам проекта.

Так как характер реализуемых ИСП изначально неоднороден, необходимо стремиться к достижению положительного взаимодействия факторов, влияющих на коммуникацию при реализации ИСП. К таким факторам можно отнести:

- организационную структуру и должностное положение коммуникатора;
- стиль руководства ИСП;
- степень разделения труда, количество участников ИСП и уровень их профессионализма.

Существенное внимание руководства к этим факторам еще до начала реализации ИСП поможет избежать коммуникационных проблем во время основной работы.

8.16. Бухгалтерский учет

Управление бухгалтерским учетом обеспечивает специальное подразделение – бухгалтерия. Управление бухучетом основано на взаимодействии структурно-организационных и технологических составляющих деятельности предприятия.

В настоящее время существуют три основных типа организации внутренней структуры бухгалтерии (рис. 8.15):

- *иерархический* – непосредственное подчинение главному бухгалтеру (этот тип характерен для небольших предприятий);
- *вертикальный* – в котором создаются внутренние подразделения со своими руководителями (этот тип характерен для крупных предприятий);
- *функциональный*, когда некоторые права главного бухгалтера передаются руководителю функционального подразделения (этот тип характерен для очень крупных предприятий).

Рис. 8.15. Типы организации внутренней структуры бухгалтерии

Учетный процес на строительном предприятии включает формы учета, документацию, документооборот, учетную регистрацию и отчетность.

Существуют следующие формы бухгалтерского учета:

- *журнально-главная* – наиболее простая, применимая лишь для предприятий с небольшой номенклатурой счетов;
- *мемориально-ордерная* – применяемая в основном в бюджетных организациях;

- *журнально-ордерная* – наиболее прогрессивная форма учета, основанная на ручной технике записей;
- *упрощенная* – используется на малых предприятиях в соответствии с Типовыми рекомендациями по организации бухгалтерского учета для субъектов малого предпринимательства, утвержденными приказом Минфина России от 21.12.98;
- *автоматизированная*, на основе компьютерных программ, которые упрощают и ускоряют учетный процесс.

Формы бухгалтерского учета, используемые в строительстве, подробно рассмотрены в [12].

Цели и задачи бухгалтерского учета решаются при взаимодействии различных систем:

- *финансового учета*, предназначенного для использования собственниками и внешними пользователями;
- *налогового учета*, обслуживающего интересы налоговых органов и внутренних пользователей;
- *управленческого учета*, обеспечивающего текущее управление ИСП;
- *статистического учета*, предназначенного для внутренних и внешних пользователей в лице органов статистического наблюдения.

Объектами бухгалтерского учета при реализации ИСП являются:

- завершенное и незавершенное строительство;
- материалы и оборудование, приобретенные заказчиком для выполнения работ по строительству объекта;
- расчеты с контракторами;
- привлеченные источники финансирования капитальных вложений;
- финансовый результат деятельности застройщика.

При учете капитальных вложений цели бухгалтерского учета заключаются в следующем:

- полный, достоверный и своевременный учет всех расходов на реализацию ИСП, позволяющий точно определить себестоимость как всего ИСП, так и его отдельных частей;
- мониторинг и контроль процесса выполнения работ и ввода в эксплуатацию результатов ИСП;
- проверка целевого использования средств для реализции ИСП.

Материалы относят к оборотным средствам, т. е. материальным ресурсам, которые потребляются в одном производственном цикле и полностью передают свою стоимость на объект строительства.

Задачами учета материалов при реализации ИСП являются:

- учет приобретения материалов, определение их себестоимости и контроль расчетов с поставщиками;
- организация складского учета;
- учет передачи материалов на выполнение работ;
- списание израсходованных материалов в себестоимость каждого ИСП;
- разработка документооборота по учету материалов и др.

Учет затрат труда имеет важное значение для определения:

- затрат труда как составной части себестоимости строительной продукции;
- заработка каждого работника.

При выполнении работ ИСП объектом бухгалтерского учета являются затраты на их реализацию по объектам строительства, определенным контрактом. Таким образом, подрядчик организует учет производственных затрат по каждому объекту в пределах работ, проводимых по одному ИСП или контракту. Если контракт охватывает несколько ИСП, имеющих отдельные сметы затрат на строительство, учет затрат по каждому ИСП может рассматриваться как учет затрат по отдельному контракту.

Учет выполнения СМР производится в *общем журнале работ* по форме *№ КС-6*, утвержденной постановлением Госкомстата России от 30.10.97 №71а. Журнал является основным первичным документом, отражающим технологическую последовательность, сроки, качество выполнения и условия производства СМР. Журнал ведет производитель работ (старший производитель работ, руководитель смены), ответственный за строительство здания или сооружения при строительстве (реконструкции, расширении) отдельных или группы однотипных одновременно строящихся зданий (сооружений) в пределах одной строительной площадки.

Учет финансовых результатов деятельности строительной организации включает учет ее доходов и расходов. Для строительного предприятия основным источником доходов является выручка от сдачи СМР, а основные расходы связаны с выполнением СМР.

Финансовые результаты от сдачи заказчику СМР (прибыль или убыток) определяются как разница между полученной выручкой (без учета НДС, акцизов, налога с продаж и других обязательных платежей) и расходами на производство и реализацию работ.

Завершает учетный процесс и процесс управления бухгалтерским учетом составление показателей, характеризующих положение предприятия. Данные показатели отражаются в бухгалтерской отчетности строительного предприятия, которая по своему экономическому содержанию делится на четыре основных категории (рис. 8.16).

Рис. 8.16. Категории бухгалтерской отчетности строительного предприятия

Необходимо выделить роль внутренней отчетности, выполняющей управленческие и информационные функции. За формирование состава и содержания внутренней бухгалтерской отчетности ответственность несет руководство строительного предприятия, которое в дальнейшем будет использовать эти материалы для управления ИСП.

8.17. Управление выполнением гарантийных обязательств по ИСП

Наиболее рационально начинать управление гарантийными обязательствами по ИСП еще до сдачи объекта в эксплуатацию. И дело не только в заключении необходимых контрактов и обсуждении условий гарантии. Важным этапом управления являются меры по снижению вероятности возникновения гарантийного случая путем повышения качества выполняемых работ и прогнозирования наиболее вероятных областей наступления страхового случая, если идеальное качество работ обеспечить не удается.

Гарантийные обязательства по ИСП можно разделить на три категории (рис. 8.17):

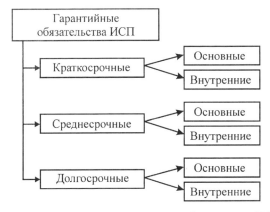

Рис. 8.17. Категории гарантийных обязательств ИСП

1. *Краткосрочные гарантийные обязательства* связаны с устранением недостатков, выявленных во время приемки-передачи объекта строительства и сразу после начала его эксплуатации. К примеру, жилой дом или производственное здание сдавались зимой, а в весенне-летний период обнаружились протечки в кровле, которые необходимо устранить.

2. *Среднесрочные гарантийные обязательства* связаны с устранением недостатков строительства, проявившихся во время гарантийного срока обслуживания объекта. К примеру, после трех лет эксплуатации кирпичного жилого дома в сопряжении стен в результате осадки всего здания появились незначительные трещины, которые необходимо заделать.

3. *Долгосрочные гарантийные обязательства* – это обязательства по устранению существенных недостатков, которые проявились на поздних сроках эксплуатации объекта (но в течение установленного срока эксплуатации) и явились результатом нарушений на стадиях проектирования и строительства в процессе реализации ИСП. К примеру, в результате плохой герметизации стыков при строительстве панельного жилого дома по истечении 15 лет эксплуатации арматура проржавела и панели начали расходиться. В этом случае выполнение гарантийных обязательств требует максимальных затрат и особого внимания. Тем не менее недостатки должны быть немедленно устранены, приняты меры по усилению этих конструкций и другие действия по недопущению дальнейшего процесса ржавления конструкций.

Можно классифицировать гарантийные обязательства по субъектам взаимоотношений:

- **основные гарантийные обязательства ИСП** – обязательства между управляющей компанией, реализовавшей ИСП, и заказчиком;
- **внутренние гарантийные обязательства ИСП**, т. е. обязательства, возникающие в соответствии с контрактами между участниками, непосредственно реализующими ИСП – управляющей компанией, генконтрактором, субконтракторами, поставщиками, проектировщиками и т. д.

Необходимым условием управления гарантийными обязательствами является наличие одного лица, ответственного перед заказчиком или пользователем объекта строительства по *основным гарантийным обязательствам ИСП* за недостатки, возникшие в процессе эксплуатации. Обычно таким лицом является управляющий ИСП независимо от типа организационной структуры, имевшей место при реализации проекта.

Управляющий ИСП принимает все претензии по поводу недостатков ИСП вне зависимости от того, кто был непосредственной причиной их появления: поставщики, проектировщики, субконтракторы или другие участники ИСП.

Получив претензию, управляющий формирует экспертную комиссию, которая в заранее определенные сроки:

- проводит экспертизу выявленных недостатков;
- выясняет причины их возникновения;
- делает заключение о влиянии недостатков на последующую эксплуатацию объекта ИСП;
- принимает решение о способах устранения недостатков, а если это невозможно, то о ликвидации объекта.

Когда недостатки можно устранить без каких-либо ограничений в эксплуатации объекта ИСП, управляющий организует выполнение необходимых работ собственными силами, силами участников ИСП или привлекает сторонние предприятия по контракту.

Таким образом, *приоритетным направлением действий в управлении гарантийными обязательствами ИСП является своевременное и полное удовлетворение претензий заказчика по поводу качества реализации ИСП.*

После установления экспертной комиссией причин возникновения недостатков управляющий предъявляет претензии другим участникам ИСП по *внутренним гарантийным обязательствам* на основе условий, записанных в контрактах. Предприятия-участники ИСП, виновные в возникновении дефектов, возмещают управляющей компании расходы, связанные с выполнением *основных гарантийных обязательств ИСП*.

Если выявленные недостатки не подлежат устранению и препятствуют безопасной эксплуатации объекта ИСП, управляющая компания компенсирует заказчику расходы, связанные с невыполнением обязательств по ИСП. Последовательность, сроки и размер компенсаций определяются контрактом на реализацию (управление) ИСП.

Возможным способом предотвращения нежелательных событий являются квалифицированное техническое обслуживание и текущий ремонт объекта ИСП. Крупные строительные холдинги могут создавать структурные подразделения или отдельные предприятия по эксплуатации и обслуживанию построенных ими объектов. В контракте на реализацию ИСП может быть указано требование обеспечения надлежащей эксплуатации объекта предприятием, аккредитованным застройщиком. Для этого могут привлекаться сторонние эксплуатационные предприятия, прошедшие аккредитацию.

Защитить интересы управляющих компаний и строительных предприятий помогают различные схемы страхования строительных рисков. Страхование покрывает убытки от непредвиденного, внезапного и непреднамеренного для управляющей компании или строительного предприятия материального ущерба, а также убытки, связанные с таким ущербом и ответственностью страхователя перед третьими лицами.

Кратко рассмотрим два основных вида страхования, которые могут использоваться в управлении гарантийными обязательствами ИСП:

- *страхование профессиональной ответственности* – защита компании от ошибки или упущения при выполнении работ ИСП. Этот вид страхования относительно прост, а тарифы колеблются в пределах 1–3 % от страховой суммы;
- *страхование строительно-монтажных рисков*, связанных с порчей зданий, сооружений и другого имущества, представляющего предмет ИСП. Этот вид страхования является сложным, так как на него влияет множество различных рисков, для определения которых необходима комплексная экспертиза. Тарифы обычно колеблются от 0,5 до 2 % от страховой суммы.

Прекращение управления гарантийными обязательствами ИСП происходит в каждой из трех групп при наступлении следующих событий:

1. Для краткосрочных гарантийных обязательства – после устранения недостатков, выявленных в процессе приемки-передачи объекта ИСП или в момент начала эксплуатации объекта.

2. Для среднесрочных обязательств – по истечении гарантийного срока обслуживания объекта.

3. Для долгосрочных обязательств – после завершения нормативного срока эксплуатации объекта.

Выводы

1. Основными вариантами возникновения идей являются копирование, заимствование и генерация идей.

2. Для построения реальных календарных планов выполнения работ ИСП при управлении по временным параметрам используются математический анализ, имитационное моделирование, выравнивание ресурсов, программные средства управления ИСП.

3. Для расчета текущих цен на строительную продукцию применяются следующие методы: базисно-индексный, ресурсно-индексный, базисно-компенсационный, ресурсный и ресурсно-ранжирный.

4. Основными целями управления качеством ИСП являются удовлетворение потребностей заказчика (потребителей) в качественной продукции; непрерывное совершенствование процессов строительного производства и реализации ИСП.

5. К основным рискам ИСП принято относить технологические и конструкционные, риски удорожания ИСП, отставания от календарного плана выполнения работ, снижения качества результата реализации ИСП, финансовые риски, риски возникновения непредвиденных обстоятельств и др.

6. Управление человеческими ресурсами включает мероприятия по формированию, развитию и мотивации работников.

7. Основными мероприятиями по управлению материальными ресурсами являются определение потребности и планирование материальных ресурсов, проведение торгов на поставку материалов, выбор победителей торгов, экспедирование и оптимизация поставок, транспортировка, приемка и хранение, инвентаризация и размещение излишков.

8. Для обеспечения выполнения строительных контрактов используют гарантии участия в торгах, выполнения работ в соответствии с условиями контракта, платежа, а также гарантийные обязательства после завершения строительства.

9. Для внесения изменений в ИСП по инициативе заказчика и подрядчика подаются заявки на изменения, которые фиксируются и реализуются только после утверждения всеми ключевыми участниками ИСП.

10. Система нормативных документов в строительстве состоит из строительных норм и правил РФ, государственных стандартов РФ в области строительства, сводов правил по проектированию и строительству, руководящих документов системы, территориальных строительных норм, стандартов предприятий строительного комплекса и стандартов общественных объединений.

11. В общем случае в ИСП различают конфликты трех уровней: высшего (администрация города–заказчик–генконтрактор), среднего (генконтрактор – субконтрактор или команда ИСП–подразделения холдинга) и низшего (предприятие – исполнители или руководители подразделений – исполнители).

12. Система усовершенствования коммуникаций «5-С коммуникации» базируется на следующих принципах: ясность, полнота, краткость, конкретность, корректность.

13. Выделяют три категории гарантийных обязательств: краткосрочные, среднесрочные и долгосрочные. В зависимости от субъектов взаимоотношений различают основные и внутренние гарантийные обязательства.

Раздел 3

РАЗВИТИЕ ТЕОРИИ И ПРАКТИКИ УПРАВЛЕНИЯ ПРОЕКТАМИ

Глава 9
Эволюция теории управления проектами

Становление теории управления проектами как науки относится ко второй половине XX в., хотя ее зачатки можно встретить во времена строительства египетских пирамид. Кризис управления в бюрократических организационных структурах, неспособность предприятий быстро и адекватно реагировать на изменения внешней среды, усложнение и многообразие решаемых задач привели к осознанию необходимости управления проектами. Толчком к практической реализации нового подхода в управлении стали методы и техники сетевого планирования, разработанные в США во второй половине 50-х гг. XX в. Однако широкое распространение теория управления проектами получила только с появлением персональных компьютеров и развитием специализированных программ. Сегодня без управления проектами уже невозможно представить деятельность инновационных предприятий, реализацию крупных международных программ в сферах строительства, космических разработок и многих других. Управление проектами создает преимущества, необходимые для успешной деятельности предприятий в конкурентной рыночной среде.

9.1. Управление проектами за рубежом

Начало развития методов управления проектами можно отнести к 1917 г. Именно в это время широкое распространение получили работы Гантта. Следующим шагом стала разработка американским ученым Гуликом (1937) матричной организационной структуры, которая повышала эффективность реализации сложных проектов. Таким образом был подготовлен переход от бюрократических организационных структур к более гибким, адаптивным, которые в большей степени отражали специфику управления проектами.

В 40-х гг. XX в. реализация проектов все еще происходила в рамках линейных организационных структур. В этой системе проект постепенно переходил из области ответственности одного линейного руководителя к другому. Когда заказчик хотел получить оперативную информацию о реализации проекта, ему следовало найти линейного руководителя, который в тот момент был ответственным за проект. При небольших проектах это было просто, но по мере роста масштабов и сложности проекта, получить оперативную информацию становилось все сложнее, тем более что линейные руководители, выполнявшие проект до этого, больше не отвечали за результат.

В 50-х гг. XX в. с началом холодной войны стратегической задачей США было обеспечение военного превосходства над СССР. Министерству обороны стало очевидно, что в рамках традиционной системы управления невозможно справиться с такими задачами, как разработка стратегического бомбардировщика Б52, подводной лодки «Поларис», и др. Правительству требовалось лицо, ответственное за реализацию всего проекта. Таким человеком стал *управляющий проектом*. К концу 1950-х гг. теория управления проектами получила признание в проектах создания большей части вооружений и в аэрокосмических разработках НАСА. При реализации этих проектов заказчики требовали, чтобы поставщики и подрядчики также использовали инструменты управления проектами. Однако влияние управления проектами на другие сферы хозяйственной деятельности все еще было незначительным.

Управление проектами развивалось в соответствии с потребностями заказчиков. В проектах, реализуемых правительством, количество контракторов и субконтракторов было настолько велико, что потребовалась разработка методик, этапов и стандартов взаимодействия между участниками проекта. Была внедрена практика планирования по стадиям жизненного цикла, сформированы системы контроля и мониторинга затрат и др. Правительству необходимо было удостовериться в целевом и эффективном использовании государственных средств в полном соответствии с планами. В то же время частные компании воспринимали затраты на управление проектами как раздувание накладных расходов и не видели практического смысла в использовании подобных, не эффективных с их точки зрения, теорий.

В 60-х гг. XX в. руководители предприятий стали осознавать необходимость создания системы управления и организационной структуры, адекватных быстро изменяющимся условиям внешней среды. И чем более сложные задачи ставились перед предприятиями, тем бóльшую потребность в новой системе управления ощущали руководители. К концу 60-х гг. управление проектами стало непременным атрибутом таких динамичных сфер деятельности, как строительство, разработка высокотехнологичного оборудования, информационные технологии, оборонная промышленность и др.

Однако, даже если предприятия принимали теорию управления проектами, характер управления процессами по реализации проекта оставался неформальным. В линейных организационных структурах при производстве низкотехнологичной продукции проектами управляли функциональные руководители. Такой подход был приемлем при относительной простоте выполняемых задач и хорошей взаимосвязи между руководителями.

В 70-х – начале 80-х гг. XX в. часть компаний осознали необходимость проектно-ориентированного подхода в управлении проектами из-за масштабов и сложности выполняемых работ, а также из-за невозможности решения накопившихся проблем в рамках существующей системы традиционного или неформального управления проектами. К этому времени существовало множество публикаций по проблемам управления проектами, и компании могли определить, в какой сфере деятельности проектно-ориентированный подход к управлению проектами необходим (рис. 9.1).

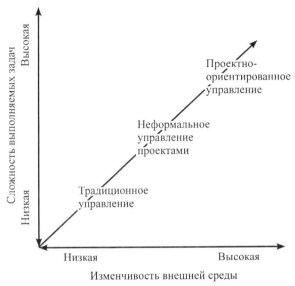

Рис. 9.1. Зависимость потребности в использовании управления проектами от сложности выполняемых задач и изменчивости внешней среды

Первоначальный переход от традиционного управления к проектно-ориентированному занимает в среднем 2–3 года. Такой срок обусловлен изменением организационной структуры, распределением прав и ответственности внутри предприятия и другими переменами, большинство из которых связано с поведением работников и руководителей.

В 90-е гг. XX в. многие предприятия поняли, что использование проектно-ориентированного управления жизненно необходимо для обеспечения конкурентоспособности операционной деятельности. Для отдельных предприятий решение проблемы внедрения управления проектами стало одним из самых серьезных испытаний.

Основные фазы этого процесса показаны в табл. 9.1. На **начальной фазе** предприятие осознает необходимость внедрения управления проектами. Обычно это происходит на нижних и средних уровнях, где осуществляется практическая реализация проектов. Затем данная ситуация оценивается, а результирующая информация передается на высший уровень управления.

На **фазе принятия решения высшим руководством** переход к управлению проектами должен быть официально озвучен и поддерживаться руководством предприятия. На **фазе принятия линейным руководством** должна быть обеспечена поддержка внедрения новой системы управления линейными руководителями. На **фазе роста** развивается методология управления проектами – планирование, контроль, происходит выбор прикладных компьютерных программ. На **фазе** *зрелости* предприятие применяет инструменты управления проектами, внедренные на предыдущей фазе.

Фазы внедрения управления проектами

Начальная фаза	Фаза принятия высшим руководством	Фаза принятия линейным руководством	Фаза роста	Фаза зрелости
Осознание потребности	Поддержка высшим руководством	Поддержка линейным руководством	Использование фаз жизненного цикла	Развитие систем контроля времени и затрат
Осознание преимуществ	Понимание управления проектами	Передача на рассмотрение линейному руководству	Развитие методологии управления проектами	Интеграция систем контроля времени и затрат
Осознание сфер применения	Поддержка проектов	Обучение линейных руководителей	Приверженность планированию	Развитие программы повышения квалификации с целью совершенствования навыков управления проектами
Осознание того, что необходимо сделать	Желание изменить способ ведения дел	Желание направить работников на переподготовку	Выбор системы мониторинга проекта	

Сегодня руководители многих предприятий в полной мере ощутили преимущества управления проектами (табл. 9.2).

Преимущества управления проектами [53]

Точка зрения в прошлом	Современный взгляд
Управление проектами: требует дополнительных людских ресурсов и увеличения накладных расходов; может повлечь снижение рентабельности; приведет к увеличению количества изменений объемов проекта; увеличит организационную нестабильность и конфликты; это просто обман потребителей; создает новые проблемы; целесообразно только в больших проектах; ведет к ухудшению качества; создаст проблемы с распределением полномочий и обязанностей; обращает внимание на субоптимизацию только внутри проекта; позволяет разработать способы доставки товаров до потребителей; снижает конкурентоспособность предприятия из-за своей высокой себестоимости	Управление проектами: позволяет выполнить больший объем работы за меньшее время с привлечением меньшего количества людей; рентабельность увеличивается; обеспечит лучший контроль изменений объемов проекта; повышает эффективность через улучшение организационного поведения; позволяет более тесно работать с потребителями; решает многие проблемы; выгодно всем проектам; способствует улучшению качества; снижает возможности для возникновения борьбы за власть; позволяет людям принимать лучшие решения относительно предприятия; позволяет разработать способы решения проблем; улучшит наш бизнес

В последние годы в управлении проектами все больше времени уделяется развитию внутрисетевого обмена информацией, расширению области применения компьютеров, совершенствованию методик и инструментов управления. Стремление к стандартизации методологии в этой области ведет к установлению в ближайшее время всемирных стандартов управления проектами.

9.2. Управление проектами в России

Теорию управления проектами в России стали применять в последнее десятилетие XX в., хотя отдельные ее элементы использовались задолго до этого. Исследователи отмечают, что некоторые инструменты управления проектами в России зародились еще в 1930-х гг. Переход к однотипному серийному производству обеспечил развитие поточной организации работ при реализации проектов в жилищном строительстве.

Совершенствование теории поточного производства способствовало развитию других элементов управления проектами в России. Основой планирования и контроля в то время были модели Гантта и циклограммы, а также методы их расчета и оптимизации. Среди советских ученых, которые внесли свой вклад в теорию и организацию поточного производства в строительстве, можно выделить О. А. Вутке (1932), М. В. Вавилова (1932–1942), А. В. Барановского (1936), А. А. Гармаша (1939), В. И. Батурина (1940–1949), М. С. Будникова (1941–1962), Е. И. Вареника (1956–1963) и др.

После появления публикаций о сетевых методах, разработанных в США, ряд советских ученых, среди которых можно назвать С. П. Никанорова (1961–1962), А. И. Теймана (1963), Ю. А. Авдеева (1963), публикуют первые отечественные работы по данному предмету. В 1971–1974 гг. Г. М. Адельсон-Вельским, В. И. Воропаевым и М. В. Шейнбергом были разработаны *обобщенные сетевые модели (ОСМ),* имеющие некоторые преимущества перед западными аналогами при описании сложных проектов с различными взаимосвязями между работами и временными ограничениями различного типа.

В то же время Д. И. Голенко (1968–1973), К. А. Антонавичюсом (1971) и С. И. Лившицем (1971) были разработаны *стохастические* и *альтернативные* модели, которые учитывали вероятностную природу отдельных составляющих проекта.

Данные инструменты управления проектами, получившие название *сетевых методов планирования и управления (СПУ),* широко применялись начиная с 1970-х гг. К 1975 г. методы СПУ использовались на 17–18 % строек [35].

Развитие сетевых методов было тесно связано с усовершенствованием ЭВМ. Первые электронно-вычислительные системы управления проектами в 1970-х гг. включали временной и стоимостный анализы с оптимизацией сроков и стоимости работ. Здесь определенный интерес представляют работы В. И. Садовского (1965), А. А. Авдеева (1968–1975), Э. Э. Абелиса (1969), Н. В. Скрыдлова (1974) и др.

В СССР первостепенное значение всегда имело выполнение плана, а не реализация отдельных проектов, поэтому использование СПУ на единичных объектах давало лишь локальный эффект, а в некоторых случаях приводило к ухудшению основных показателей. В середине 1970-х гг. стала очевидной необходимость комплексного использования СПУ для организации деятельности предприятия в целом. Произошел постепенный переход от управления единичными проектами к управлению деятельностью предприятия. В то же время появились первые программные системы многопроектного управления: «Калибровка-2» (НИИАСС Госстроя УССР, г. Киев, рук. В. И. Садовский, 1965–1968), «АККОРД» (Институт гидродинамики СО АН СССР, г. Новосибирск, рук. Ю. А. Авдеев, 1971–1976) и др.

Многопроектное управление получило дальнейшее развитие в 1980-х гг. с созданием *автоматизированных систем управления (АСУ)* предприятиями различных отраслей народного хозяйства. Произошла автоматизация различных сфер управления проектами: проектирования (САПР), подготовки производства, управления технологическими процессами (АСУ ТП), ведения бухгалтерии и др.

Следующим этапом в развитии отечественных систем управления проектами явилось создание интегрированных систем, в которых все переменные проекта взаимодействуют в единой информационной среде. В этой среде происходили формализация и анализ информационных потоков средствами ЭВМ.

Усложнение выполняемых задач и расширение сферы влияния принимаемых решений в централизованной экономике повлекли за собой создание в 1980-х гг. интегрированных автоматизированных систем управления (ИАСУ). Процесс интеграции шел по двум направлениям – горизонтальному, связанному с производством продукции, и вертикальному, обеспечивающему управление системами.

Изучая усложнение процессов управления, профессор В. В. Поздняков (1981) сформулировал общую закономерность этого процесса как «отставание координации от специализации производственных и управленческих функций» в таких системах. Он же предложил один из путей преодоления такого отставания на основе использования методологии управления проектами (1991) [27]. Сегодня опыт создания ИАСУ является базисом для внедрения и настройки многих систем управления проектами.

В конце 1990 г. в СССР была учреждена Советская ассоциация управления проектами (СОВНЕТ), которая вошла в Международную ассоциацию проектного менеджмента (IPMA). С этого времени началось развитие инструментов и средств управления проектами, которые учитывали отечественную специфику финансово-хозяйственной деятельности предприятий.

Успехи России в управлении проектами в советское время (АСУ, ИАСУ) были связаны с финансово-хозяйственной деятельностью предприятий, направленной на государство. С переходом к рыночным отношениям требовалось изменение вектора развития систем управления проектами. В этом отношении особую ценность представлял богатый западный опыт создания систем профессионального управления проектами. Поэтому развитие отечественных инструментов управления проектами шло двумя путями:

1. Разработка собственных инструментов, прикладных компьютерных программ и т. п., в том числе на основе АСУ и ИАСУ.

2. Адаптация западных инструментов к специфике хозяйствования в России.

Сегодня, когда Россия стала частью мирового сообщества, управляющие проектами внесли свой вклад в развитие данной сферы профессиональной деятельности в нашей стране. Российские специалисты принимают участие в международных форумах, конгрессах и конференциях по управлению проектами, что способствует накоплению современных знаний, обмену опытом в этих областях в мировом масштабе.

За последние 10 лет управление проектами получило признание многих руководителей российских предприятий. И это неудивительно – ведь с позиций управления проектами можно не только рассматривать практически любую целенаправленную деятельность, но и добиться повышения эффективности последней, используя апробированные методы и инструменты. Так, в проектных отраслях (строительство, инновационные разработки, программное обеспечение и др.) эффективность повышается в разы! В современной российской рыночной экономике управление проектами становится необходимым фактором обеспечения конкурентного преимущества многих предприятий.

9.3. Перспективы развития теории управления проектами

Успешное практическое применение теории подразумевает непрерывный процесс ее внутреннего развития. Современные предприятия выдвигают перед управлением проектами новые требования, которых не было еще 10 лет назад. Теория реагирует на эти требования, предлагая усовершенствованные, более интегрированные подходы к управлению проектами, в которых все больше внимания уделяется вопросам менеджмента.

Рассмотрим некоторые основные подходы и принципы современного управления проектами, которые являются основой дальнейшего совершенствования теории:

Подход, основанный на внутреннем развитии проектов. Все больше внимания в управлении проектами уделяется специалистам, которые занимаются практической реализацией проекта. Именно слаженная, творческая работа персонала способствует возникновению новых инновационных идей, которые придают проектам необходимую в современных условиях гибкость. Внутреннее развитие проектов включает:

- индивидуальное развитие сотрудников;
- развитие команд управления, корпоративной культуры и производственно-хозяйственных отношений на их основе;
- общеотраслевое развитие и проведение политики, направленной на стимулирование программ совершенствования управления проектами.

Подход, основанный на высокой интеграции различных сторон управления проектами, *заключается в концентрации* усилий на стратегическом плане предприятия. Связь управления проектом со стратегическим планом является залогом долгосрочного успеха предприятия. Реорганизация управления проектами в соответствии с данным подходом может потребовать самых различных изменений – от тренинга управляющих проектами и работников до изменения всей системы управления финансово-хозяйственной деятельностью предприятия.

Интеграция включает: 1) интеграцию проекта и стратегического плана; 2) интеграцию в рамках управления конкретным проектом.

Подход, основанный на модели развития управления проектами (РМММ – ***Project Management Maturity Model)***. Эта модель помогает равивать стратегическое планирование целей проекта. Модель *РМММ* состоит из 5 базовых уровней, отражающих различную степень развития управления проектами (рис. 9.2):

Рис. 9.2. Пять уровней развития управления проектами [53]

- *Уровень 1. Общий язык*. На этом уровне предприятие осознает значение управления проектами с использованием базовых принципов на основе общепринятых профессиональных терминов и языка.
- *Уровень 2. Общие процессы*. Предприятие осознает необходимость определения и развития общих процессов таким образом, чтобы успех в реализации одних проектов способствовал более совершенному управлению другими проектами. Возможно использование инструментов и методов управления проектами, применяемых в других сферах управления предприятием.
- *Уровень 3. Единая методология*. Предприятие осознает синергетический эффект объединения всех корпоративных методологий в одну, центром которой является управление проектами. Это упрощает контроль процессов и увеличивает синергетический эффект.
- *Уровень 4. Сравнение*. Предприятие осознает, что совершенствование процессов – необходимое условие обеспечения конкурентных преимуществ. Сравнение должно производиться на постоянной основе. Предприятие также должно выбрать объекты сравнения (с кем сравнивать) и предметы сравнения (что сравнивать).

- *Уровень 5. Непрерывное развитие.* На этом уровне оценивается информация, полученная на основе сравнительного анализа, и принимаются решения по совершенствованию *единой методологии*.

Данная схема развития может усовершенствоваться с учетом потребностей конкретных предприятий. И это развитие способствует выполнению стратегического планирования с целью повышения эффективности управления проектами.

Маркетинговый подход к управлению проектами ориентирован на создание идеального товара, максимально удовлетворяющего потребителей. При этом очень важен системный подход, при котором согласуются все ключевые характеристики товара, его разработка, производство, сбыт и т. д. Данный подход можно назвать предпроектным, так как именно предварительные исследования намечают результаты, задают сроки и эффективность реализации проекта по созданию товара.

Если в странах с развитой рыночной экономикой совершенствование управления проектами и его внедрение происходят практически одновременно, то в российских условиях можно выделить две ключевых тенденции:
- осознание и принятие западных принципов управления проектами;
- интеграцию российской системы управления проектами в мировую.

Обе тенденции проявляются практически одновременно. Наиболее продвинутыми являются профессиональные сообщества, передовые проектно-ориентированные предприятия и центры подготовки кадров. Остальные предприятия только рассматривают возможность внедрения управления проектами в свою практическую деятельность. Переход к управлению проектами в рамках традиционных проектно-ориентированных отраслей неизбежен, однако процесс перехода может продолжаться длительное время, пока не будет подготовлено достаточное количество профессиональных кадров. За это время произойдет перелом в понимании взаимодействия и развития бизнес-процессов от традиционной к проектно-ориентированной методологии. Любое управление основано на решениях и действиях людей, поэтому подготовка и переподготовка кадров является базисом внедрения управления проектами в России.

Кроме того, в современных условиях для успешного управления проектами необходимы качества, которые не требовались еще 10–20 лет назад. Самыми первыми управляющими проектами были инженеры, хорошо разбиравшиеся в технике и технологии производства. По мере усложнения и роста масштабов проектов стало очевидно, что эффективному управляющему не достаточно общего понимания технологии. На первое место выдвинулись черты делового человека.

Современный управляющий проектом должен обладать:
- отраслевыми знаниями и хорошо ориентироваться в бизнес-среде – внешнем и внутреннем окружении, отражающем специфику хозяйствования предприятия;
- знаниями в области управления рисками, так как зачастую характер принимаемых решений зависит от степени риска, которую он считает допустимой для проекта;
- знаниями в области интеграции различных бизнес-процессов, предприятия и проектов, стратегии и отдельных целей и т. д.

Выводы

1. Первые методики управления проектами были разработаны Ганттом в начале XX в., а широкое использование теории управления проектами началось в США в 50–60-х гг. прошлого века.

2. Внедрение управления проектами на предприятии проходит 5 фаз: начальную, фазы принятия высшим и линейным руководством, фазы роста и зрелости.

3. В России теория управления проектами получила широкое распространение в 90-х гг. XX в., хотя отдельные методики разрабатывались с 30-х гг., например, теория и организация поточного строительства, обобщенные сетевые модели, сетевые методы планирования и управления, автоматизированные системы управления и др.

4. Среди современных подходов к управлению проектами можно выделить подход, основанный на внутреннем развитии проектов; подход, основанный на высокой интеграции различных сторон управления проектами; моделирование развития управления проектами и маркетинговый подход к управлению проектами.

Глава 10
Специальные вопросы управления проектами

10.1. Компьютерное сопровождение проектов

Управление и контроль времени, затрат, ресурсов и финансов, которые осуществляются контрактором во время выполнения работ по проекту, требуют от управляющего проектом навыков по созданию, управлению, обобщению и трактовке больших объемов числовой информации. Чтобы сформировать и обработать такую информацию, управляющий использует средства компьютерных технологий. В настоящее время существует большое количество программных продуктов, которые помогают управляющему проектом выполнять сложные и трудоемкие расчеты, оставляя больше времени на принятие управленческих решений и разработку наиболее эффективных альтернативных подходов.

Рассмотрим основные возможности компьютерных программ применительно к управлению проектом:

- выравнивание потребностей в ресурсах по времени и возможности их своевременного получения;
- выдача заключений о прогрессе в реализации проекта (затраты, время, работы и др.);
- осуществление мультипроектного мониторинга;
- управление информацией и отчетностью;
- анализ затрат, дисперсионный и факторный анализы;
- анализ методом критического пути (*CPM*);
- планирование и анализ ресурсов;
- многообразие графических возможностей представления данных (затрат, времени, работ);
- организация подсетей;
- система раннего оповещения и анализа альтернативных корректирующих решений и др.

Несмотря на широкие возможности, компьютерные программы не смогут заменить квалифицированное руководство проектом, так как сами по себе они не выявляют и не устраняют проблемы, связанные с выполнением производственных заданий. Компьютерные технологии обеспечивают лучший доступ к информации, меньшую централизацию информации и контроля. Однако это может принести строительному предприятию как пользу, так и вред.

Основной проблемой, препятствующей проникновению компьютеров в деятельность предприятий, остается отсутствие квалифицированных кадров. Применительно к внедрению программ по управлению проектами трудности возникают в связи с тем, что работники не владеют навыками работы на компьютере. Многие специалисты получили образование в то время, когда сфера применения вычислительной техники была очень ограниченной, поэтому сегодня им сложно воспринимать компьютер как важную составную часть управления проектами.

Еще одной особенностью использования компьютерных технологий в управлении проектами является децентрализация информации. Она может способствовать повышению продуктивности подразделений только при наличии специалистов, имеющих знания как в своей сфере, так и в области компьютерной обработки данных. Компьютерные программы позволяют решать проблемы за сотни километров от строительных площадок без потери информации. Усовершенствованные способы сбора и обработки данных обеспечивают лучший контроль и оценку затрат, времени и качества при реализации проекта.

Благодаря сравнительно невысокой стоимости нижнего сегмента компьютерных программ появилась возможность использования компьютерных технологий на малых и средних предприятиях. Это открывает широкие возможности в сферах бухгалтерского учета, финансового планирования и контроля проектов.

На больших предприятиях должен быть специалист-системотехник (или даже целое подразделение) для поддержания всей информационной системы – от аппаратного и программного обеспечения до организации обучения пользователей. На малых и средних строительных предприятиях подобные затраты не окупаются. Однако и здесь концепции построения компьютерной информационной системы должны быть такими же, как на крупных предприятиях. Основные правила и последовательность построения простой информационной системы в общих чертах можно представить так [58]:

1. Разработка простой и гибкой схемы автоматизированной информационной системы (АИС).

2. Разработка стандартов и процедур для приобретения компьютерного аппаратного и программного обеспечения в соответствии со схемой АИС.

3. Целенаправленное приобретение (или усовершенствование) аппаратного и программного обеспечения путем внедрения системы, которая будет развиваться вместе с предприятием. Перед покупкой системы необходимо убедиться, что производителем является надежная фирма, которая не исчезнет через несколько лет, или что при необходимости какая-либо другая компания обеспечит необходимое сервисное обслуживание.

4. Назначение или наем специалистов для поддержания информационной системы или ее отдельных элементов.

5. Периодический пересмотр схемы АИС с учетом технологических изменений и новых целей и задач предприятия.

6. Разработка плана обеспечения защиты и целостности данных.

С каждым днем увеличивается число предприятий, осознающих преимущества методов компьютерной обработки данных. В такой высококонкурентной отрасли, как строительство, задача снижения издержек имеет первостепенное значение.

Компьютерные программы, используемые для управления проектами и в других сферах хозяйственной деятельности предприятия, можно разделить на четыре основных категории:

1. *Организация и управление предприятием* (платежные ведомости, дебиторская и кредиторская задолженности, составление счетов, главная книга, контроль документооборота и корреспонденции, электронная обработка текста и др.).

2. *Контроль проектов* (календарное планирование, изменение и корректировка планов, разработка плана оптимизации времени и затрат, подготовка периодической отчетности о ходе работ, контроль закупок и поставок, контроль затрат, имитационное моделирование и др.).

3. *Проектирование и конструирование* (спецификации, база данных затрат, оценка, технические расчеты, анализ и др.).

4. *Управление основным капиталом* (планирование выполнения заданий, разработка графика текущего ремонта, анализ времени простоя оборудования, составление программы замены оборудования и др.).

Поскольку не существует двух абсолютно идентичных проектов (они могут различаться размером, местом расположения, затратами, организацией, используемыми аналитическими методами, степенью специализации и др.), каждый проект должен иметь свой набор компьютерных программ.

Комплексные компьютерные программные продукты, используемые для автоматизации процессов и функций управления проектами, принято называть *системами управления проектами* (СУП). Большинство СУП описываются схожим рядом характеристик, основные из них:

- планирование и контроль;
- календарь проекта;
- отчетность;
- анализ альтернатив;
- мультипроектный анализ.

Чтобы лучше разобраться во всем многообразии систем СУП, выполним их классификацию на основе функций и возможностей, которые они предлагают [53]:

СУП I уровня – наиболее простые программы, предназначенные для планирования одного проекта. Они просты в использовании, а генерируемая ими информация легко воспринимается исполнителями. Данные СУП имеют ограниченные возможности анализа данных и не позволяют вносить нестандартные изменения в график выполнения работ.

СУП II уровня предназначены для управления одним проектом, предоставляют возможности для планирования, мониторинга и составления отчетности по проекту. Они позволяют проводить комплексный анализ проекта в реальном времени и пересмотр плана на основе фактически достигнутых показателей. Программное обеспечение этого типа предназначено для управления за пределами процесса планирования и позволяет осуществлять полуавтоматический контроль проекта.

СУП III уровня предназначены для мультипроектного планирования, мониторинга и контроля путем использования общей открытой базы данных и сложного программного обеспечения, учитывающего мультипроектный мониторинг и отчетность.

Выбор СУП определяется требованиями, предъявляемыми предприятием.

Рассмотрим основные СУП, предлагаемые сегодня на рынке программного обеспечения.

Системы календарного планирования и контроля (II уровень):
- MS Project (разработчик – компания Microsoft).
- Time Line (разработчик – компания Time Line Solutions).
- SureTrak Project Manager (разработчик – Primaver Systems).

Профессиональные СУП (III уровень):
- Spider Project (разработчик – компания «Технологии управления Спайдер», Россия).
- Open Plan (разработчик – компания Welcom Software Technology).
- Primavera Project Planner for Enterprise (разработчик – Primavera Systems).

Сегодня большинство программ работают в многопользовательском режиме по локальной сети и через Интернет и имеют соответствующий web-интерфейс. Это открывает сотрудникам доступ к данным проекта из любого места, что позволяет оперативно отслеживать ход выполнения работ проекта и другие параметры.

Отметим программное обеспечение для составления сметной документации. Отдельные программные продукты интегрированы с СУП, что позволяет более эффективно использовать возможности системы. К основным программным продуктам по составлению сметной документации, представленным на российском рынке, относятся А0 (А-ноль), WinСмета, АВС, АВеРС и др.

Одной из важнейших особенностей СУП является возможность анализа альтернативных вариантов реализации проекта с помощью имитационного моделирования. Одним из средств решения подобных задач служит программа Monte Carlo для Pirmavera Project Planner. Задачей Monte Carlo является анализ рисков и моделирование непредвиденных ситуаций при реализации проектов. Возможности программы позволяют оценить риски для групп работ, чувствительность изменения различных показателей, а также вероятные сценарии развития проекта (рис. 10.1).

Результатом имитационного моделирования является оценка вероятности завершения любой части или всего проекта к определенной дате в рамках установленного бюджета. Управляющий может задать любые вводные данные и получить на выходе новые параметры реализации проекта. Использование программ имитационного моделирования позволяет получить наиболее реалистичный вариант реализации проекта по срокам, затратам, а также влиянию различных факторов.

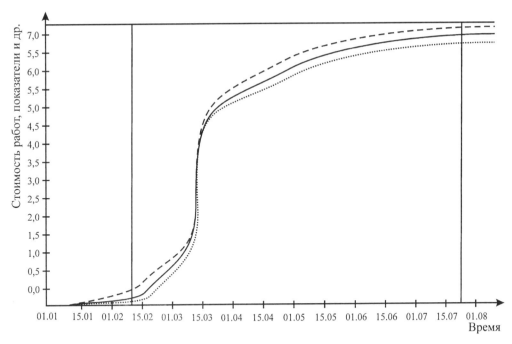

Рис. 10.1. Имитационное моделирование вариантов выполнения проекта

Использование *систем комплексно-автоматизированного строительства – СКАС (Computer-integrated construction – CIC)* является примером применения компьютерных технологий в ИСП. В этом случае после занесения технической информации в компьютерную систему она становится доступной всем членам команды ИСП. При реализации ИСП традиционным способом движение информации внутри проекта было линейным: информация последовательно передавалась от заказчика к разработчику ПСД, затем проектная документация направлялась генконтрактору, субконтракторам и т. д. (рис. 10.2). СКАС позволяет создать единый банк данных, доступный для всех членов команды ИСП (рис. 10.3). Эффективность работы команды проекта повышается за счет устранения дублирующих функций.

Рассмотрим некоторые преимущества СКАС [50]:

- от разработчика ПСД файлы, созданные в программе *автоматизированного проектирования (computer-aided design – CAD)*, передаются руководителю строительных работ, который автоматически получает из них количество планируемых строительством площадей зданий и необходимую численность работников для точной калькуляции работ и календарного планирования. После уточнения проекта обновляются также смета и календарный план;

- полученные данные электронно соединяются с календарным планом для планирования конкретного объема работ в определенном месте. Это упрощает и ускоряет составление плана работ с использованием метода критического пути, связанного с графиком затрат;

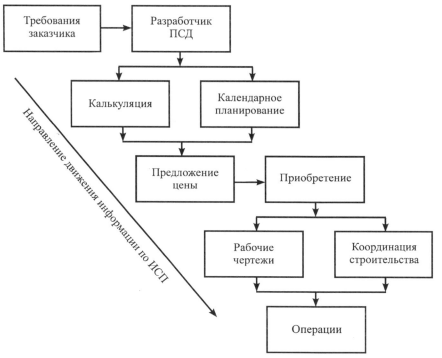

Рис. 10.2. Движение информации при реализации проекта
традиционным способом

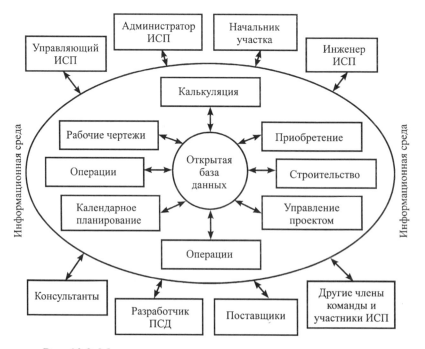

Рис. 10.3. Модель системы комплексно-автоматизированного
строительства для ИСП

- базы данных поставщиков доступны для разработчиков ПСД и подрядчиков, которые извлекают из них спецификацию, цены и информацию о наличии товара. Например, войдя в библиотеку принятых символов, разработчик щелкает мышью на символе «дверь» и получает список всех поставщиков дверей, а щелкая мышью на какой-либо цене, он получает информацию о наличии товара на складе;
- офис, расположенный на строительной площадке, соединен с основным офисом и разработчиком ПСД для передачи изменений в календарном плане и данных о калькуляции издержек. Например, разработчик «удаленно» передает подробности о какой-либо конструкции на компьютер начальника участка.

Задачей СКАС является наиболее полная координация всех основных источников и потребителей информации в ИСП, благодаря чему передача информации по проекту осуществляется за минимальный промежуток времени.

В настоящее время происходит унификация стандартов управления проектами в мировом масштабе, что позволит создавать более тесно интегрированные АИС и СУП.

10.2. Внедрение стандарта управления проектами

Профессиональная деятельность по управлению проектами в определенной степени регламентирована стандартами и правилами, которые сформировались на основе систематизации и анализа практической реализации проектов. Стандарты носят рекомендательный характер и их применимость при реализации проектов определяется руководством предприятия. При необходимости команда проекта может вносить изменения в данные стандарты.

Родоначальницей национальных стандартов по управлению проектами явилась Великобритания, где в 1981 г. был разработан комплекс стандартов по использованию сетевых технологий для управления проектами. В 1984 г. он был дополнен руководством по использованию процедур управления, планирования, контроля и отчетности. Впоследствии британские стандарты периодически обновлялись и дополнялись.

Первые стандарты по управлению проектами, фактически получившие статус международных, назывались **«Свод знаний по управлению проектами»** (***Project Management Body of Knowledge – PMBOK***) и были разработаны в США Институтом управления проектами (Project Management Institute – PMI) в 1985 г. Впоследствии основные положения PMBoK использовались для разработки международного стандарта ISO 10006:1997. Стандарты PMI PMBOK, а также ISO 10006 являются примерами процессного подхода к управлению проектами.

Другими наиболее распространенными стандартами по управлению проектами являются **«Международные квалификационные стандарты»** (***International Competence Baseline – ICB***), разработанные Международной ассоциацией управления проектами (International Project Management Association – IPMA).

Стандарты ICB были созданы на основе четырех национальных стандартов: АРМ (Великобритания), VZPM (Швейцария), GPM (Германия) и AFITEP (Франция). ICB включают основные требования, понятия и задачи обобщают передовой опыт, навыки, функции, процессы управления, методы, технологии и инструментарий, которые обычно используются в управлении проектами, а также специальные знания о нововведениях и их применении в управлении отдельными проектами [34]. Эти стандарты являются основой так называемого менеджерского подхода и официально приняты в качестве базовых более чем в 20 странах мира.

Важной особенностью сертификации PMP IPMA является разработка каждой из национальных ассоциаций, входящих в IPMA, *национальных требований к компетентности* (*National Competence Baseline – NCB*), учитывающих особенности национальной культуры и достижения в области управления проектами.

На сегодняшний день Российской ассоциацией управления проектами СОВНЕТ в соответствии с ICB IPMA разработаны Национальные требования к компетентности специалистов по управлению проектами (НТК). Ассоциация СОВНЕТ была организована в 1990 г., а с 1991 г. она является российской организацией в составе IPMA.

Сегодня одним из основных направлений создания единых международных стандартов является унификация «американского» и «европейского» подходов к управлению проектами.

Стандарты в области управления проектами положили начало созданию профессионального сообщества – квалифицированных управляющих проектами. Каждая ассоциация по управлению проектами имеет свою систему сертификации специалистов. На сегодняшний день наибольшее распространение получили:

одноуровневая система PMI, которая сертифицирует *профессионалов по управлению проектами* (*Project Management Professional – PMP*);

четырехуровневая система 4-L-C IPMA, сертифицирующая *профессионалов по управлению проектами* (*PMP IPMA*). Главным инструментом оценки кандидатов служит система оценок, которая называется *таксономия*.

Рассмотрим подробнее каждую из систем сертификации:

1. Целями сертификации профессионалов по управлению проектами PMP являются развитие, поддержка, оценка и продвижение сертификата о соответствии высокой квалификации управляющего проектами – PMP. Эта система специально разработана для объективной оценки профессиональных знаний.

Кандидат должен удовлетворять требованиям по образованию и опыту работы, установленным PMI, продемонстрировать во время сертификационного экзамена PMP (PMP Certification Examination) приемлемый уровень знаний и компетентности в сфере управления проектами. (Экзамен PMP проводится на компьютере.) Кандидаты, получившие сертификат PMP, должны поддерживать уровень своей квалификации согласно требованиям специальной программы повышения квалификации (Continuing Certification Requirements Program) [63].

Чтобы подать заявку на прохождение сертификации, кандидаты должны удовлетворять требованиям одной из двух категорий и быть готовыми выполнять Кодекс профессионального поведения профессионалов по управлению проектами (PMP Code of Professional Conduct).

Категория 1. Ко времени подачи заявки на сертификацию кандидат имеет степень бакалавра или аналогичный университетский диплом, а также минимум 4500 часов практической работы с пятью группами процессов управления проектами (инициации, планирования, выполнения, контроля и завершения проекта). Кандидат должен иметь по крайней мере трехлетний опыт управления проектами за последние 6 лет до момента подачи заявки. Еще одним условием является прохождение 35 часов тренингов по следующим темам: управление качеством проекта, предметной областью, временем, затратами, человеческими ресурсами, коммуникациями, риском, снабжением и интеграцией.

Категория 2. Ко времени подачи заявки на сертификацию у кандидата нет степени бакалавра или аналогичного университетского диплома, однако есть аттестат об окончании средней школы и минимум 7500 часов практической работы с пятью группами процессов управления проектами. Кандидат должен иметь по крайней мере пятилетний опыт управления проектами за последние 8 лет до момента подачи заявки. Требования к объему и содержанию тренингов по управлению проектами аналогичны требованиям к первой категории.

Как отмечалось, сертификационный экзамен PMP проводится на компьютере в виде тестов. За четыре часа кандидат должен ответить на 200 вопросов. Результаты экзамена доступны сразу же после его окончания.

2. СОВНЕТ с 1999 г. сертифицирует профессионалов по управлению проектами, которые получают международные сертификаты IPMA-SOVNET и заносятся как в национальный реестр СОВНЕТ, так и в международный реестр IPMA. Международная программа сертификации специалистов по управлению проектами включает четыре уровня и учитывает достижения, опыт и особенности национальной культуры. Основным документом российской национальной программы сертификации являются Национальные требования к компетентности специалистов по управлению проектами.

Система сертификации IPMA включает четыре уровня, требования к которым определяются исходя из обязанностей, ответственности и практических аспектов работы специалистов (рис. 10.4).

Уровень А. Сертифицированный директор программ или проектов – СДП (CPD – Certificated Project Director).

Уровень В:
- В1 – сертифицированный управляющий проектами – СУП (CPM – Certificated Project Manager);
- В2 – сертифицированный управляющий международными проектами – СУМИ (CIPM – Certificated International Project Manager).

Уровни сертификации	Что оценивается в процессе сертификации	Сертификационный процесс			Присваиваемое звание	Требования к кандидату (опыт работы/образование)	Срок действия сертификата
		Стадия 1	Стадия 2	Стадия 3			
A Директор программ или проектов	СДП (CPD) — Компетентность = =знания + +опыт + +личные качества	Кандидат представляет: заявление; резюме (CV); форму самооценки; рекомендательные письма; списки проектов, в которых участвовал	Рабочие группы или семинар / Экзамен / Отчет по проекту	Интервью	Сертифицированный директор проектов (CPD)	Минимум 5 лет / высшее	5 лет
B Управляющий проектом	СУП (CPM)				Сертифицированный управляющий проектом (CPM)		
C Профессионал по управлению проектами	СПУП (RPMP)				Сертифицированный профессионал по управлению проектами (RPMP)	Минимум 3 года / высшее	5 лет
D Специалист по управлению проектами	ССУП (PMP) — Знания	Кандидат представляет: заявление; резюме (CV); форму самооценки	Письменный экзамен		Сертифицированный специалист по управлению проектами (PMP)	Не требуется / высшее	Не ограничен

Рис. 10.4. Четырехуровневая система сертификации 4-L-C IPMA [34]

Уровень С. Сертифицированный профессионал по управлению проектами – СПУП (RPMP – Registered Project Management Professional).

Уровень D. Сертифицированный специалист по управлению проектами – ССУП (PMP – Project Management Professional).

Уровни сертификации учитывают только уровень профессионализма в сфере управления проектами.

Все национальные и международные своды знаний по управлению проектами имеют как общие черты, так и некоторые отличия:

базовая составляющая разделов основных национальных сводов знаний является практически идентичной;

по структуре своды знаний разбиваются на две группы [34]:

- PMI, GPM и AIPM содержат основные разделы знаний по управлению проектами;
- IPMA, APM, SGO и AFITER содержат основные разделы знаний как по управлению проектами, так и по смежным областям, необходимым для эффективного управления проектами.

В настоящее время разрабатываются Всеобщие стандарты по управлению проектами (Global PM Standards), одной из целей которых является совершенствование стандартов профессиональной компетентности в зависимости от выполнения работ по управлению проектами.

Развитие национальных и международных организаций помогает поддерживать адекватность стандартов управления проектами современным методам и подходам, используемым на практике.

10.3. Этика, корпоративная культура и этический кодекс

Все руководители рано или поздно сталкиваются с вопросами этики, с обстоятельствами, когда сложно определить, является ли принятое решение или поведение правильным или нет. Этические проблемы в управлении проектами возникают там, где допустимы различные критерии оценки действий управляющего или команды проекта.

Можно выделить два основных источника возникновения этических проблем:

1. *Внутренние источники.* Проблемы появляются, когда указания руководства, хотя и соответствуют интересам предприятия, но противоречат моральным и этическим нормам исполнителей. К таким указаниям относятся:

- оформление документов «задним числом»;
- утаивание негативной информации от высших начальников или заказчика;
- фальсификация отчета о текущем состоянии реализации проекта;
- поставка заранее дефектного товара заказчику для выполнения плана реализации продукции.

2. *Внешние источники.* Проблемы возникают, когда участники проекта просят членов команды или исполнителей выполнить действия или совершить поступки, соответствующие интересам предприятия, но противоречащие моральным и этическим нормам исполнителей. К таким требованиям относятся:

- искажение информации для поддержания положительного имиджа предприятия в глазах заказчика;
- распространение ложной информации, которая может повредить одному из конкурентов заказчика;
- приведение ложной информации в заявке на торги по просьбе представителя заказчика, чтобы облегчить победу собственного предприятия.

Таким образом, чтобы принять правильное с этической точки зрения решение, управляющий проектом должен учитывать как интересы фирмы, так и интересы сотрудников, работающих над проектом.

Для обеспечения этики поведения сотрудников и деятельности предприятия издают этический кодекс, или кодекс поведения. Одним из преимуществ этического поведения является создание и поддержание положительной репутации надежного, честного и ответственного партнера, что позволяет завоевать доверие новых клиентов и надежное положение на рынке.

Профессиональные организации по управлению проектами, такие как PMI и IPMA, разработали собственные кодексы поведения управляющих проектами. Данные документы имеют схожую структуру, перечень охватываемых вопросов и в целом состоят из четырех частей:

1. Соответствие управляющих проектами требованиям, предъявляемым к их профессиональной и общественной деятельности.

2. Поведение управляющих проектами в процессе работы.

3. Отношение управляющих проектами к работодателям и заказчикам.

4. Отношение управляющих проектами к обществу в целом.

Изложим кратко содержание этического кодекса управляющего проектами, предложенного НТК СОВНЕТ, по указанным группам [34]:

1. Профессионалы в управлении проектами должны соответствовать высоким стандартам, предъявляемым к их профессиональной и общественной деятельности:

- нести ответственность за свои действия;
- управлять проектами и принимать на себя какие-либо обязательства только при наличии соответствующего образования и опыта или после того, как работодатель или заказчик убедятся в их компетентности;
- поддерживать профессиональные навыки на высоком уровне и осознавать важность повышения квалификации и профессиональной сертификации;
- способствовать сохранению целостности и престижа своей профессии;
- активно участвовать в обмене опытом и призывать к этому коллег и сотрудников;

- соблюдать законы страны, в которой они осуществляют свою деятельность;
- осуществлять свою деятельность в соответствии с настоящим Кодексом и поощрять коллег действовать подобным образом.

2. *Профессионалы в управлении проектами в процессе своей работы должны:*

- обеспечить максимальную производительность, минимизировать затраты;
- применять методы и средства профессионального управления проектами для достижения запланированного уровня качества проекта в рамках выделенного бюджета и установленных сроков;
- не допускать дискриминации членов команды, коллег, сотрудников по расовому, религиозному, половому, возрастному или социальному признакам;
- оберегать членов команды от вредных физических и психологических воздействий;
- обеспечить членам команды надлежащие рабочие условия и свободу действий;
- конструктивно воспринимать критику в свой адрес и критично относиться к действиям других;
- помогать членам команды, коллегам и сотрудникам в их профессиональном развитии.

3. *Профессионалы в управлении проектами по отношению к своим работодателям и заказчикам должны:*

- добросовестно представлять их интересы в профессиональных и деловых вопросах;
- не разглашать третьим лицам информацию, касающуюся деловых и технических вопросов проекта до тех пор, пока она является коммерческой тайной;
- информировать своих работодателей, заказчиков, профессиональные сообщества или общественные организации, от лица которых они могут действовать, о различных обстоятельствах, способных привести к конфликту интересов;
- ни прямо, ни косвенно не давать и не брать взяток, подарков, не оплачивать и не оказывать услуги сверх их номинальной стоимости тем, кто имеет деловые контакты с их работодателями или заказчиками;
- предоставлять объективные и реалистичные отчеты об уровне качества проекта, его стоимости и сроках.

4. *Профессионалы в управлении проектами по отношению к обществу должны:*

- обеспечивать защиту общественной безопасности, здоровья и благосостояния, открыто выступать против злоупотреблений и нарушений в областях проекта, затрагивающих общественные интересы;
- способствовать общественному признанию и оценке профессии «управление проектом» и ее достижений.

Соблюдение этических норм поведения всеми сотрудниками предприятия создает атмосферу доверия как между людьми, так и между предприятиями, участвующими в проекте.

Нормы и стандарты поведения представляют особую составляющую управления проектами – **корпоративную культуру предприятия**, которая включает также систему ценностей, способ оценки результатов и взаимодействия между коллегами, а также тип руководства предприятием и управления проектами.

Корпоративная культура является выражением преобладающих обычаев и ожиданий работников, участвующих в проекте. Управляющий проектом или руководитель предприятия, основываясь на принципах корпоративной культуры, могут привлекать работников определенного типа, стимулировать выполнение ими необходимых действий, обеспечить лояльность персонала и т. п. Особенности корпоративной культуры зависят от личных характеристик людей, работающих на предприятии и во внешней среде (рис. 10.5).

Рис. 10.5. Корпоративная культура предприятия

Чтобы оценить слабые и сильные стороны корпоративной культуры, их влияние на реализацию проектов, необходимо провести специальное обследование, выявить и ранжировать факторы по степени их влияния и определить области направленного воздействия с конечным выбором стратегической альтернативы развития корпоративной культуры предприятия.

У. Р. Скотт [64], Р. Ньюкомб [60] и др. подчеркивают, что наличие сильной корпоративной культуры, когда главные ценности предприятия поддерживаются большинством работников, способствует:

- повышению эффективности деятельности благодаря лучшему урегулированию конфликтов;
- созданию благоприятных условий для совместной работы.

Недостатками сильной корпоративной культуры являются:

- риск перерастания ее в авторитарную систему;
- сложности с внедрением любых изменений;
- консерватизм и скептицизм в отношении инноваций.

Слабая корпоративная культура обычно имеет место на новых предприятиях, где периодически меняются ценности, и на предприятиях, которые из-за плохого управления, негативных внешних воздействий или по иным причинам находятся в кризисном состоянии.

В управлении проектами корпоративная культура может приобретать особую форму *культуры проекта*, которая способствует становлению эффективной команды. Управляющий проектом должен быть наделен достаточными полномочиями, чтобы создать соответствующую культуру в рамках управленческого персонала и исполнителей проекта. Сложность, тип и продолжительность проекта оказывают значительное воздействие на возможность создания культуры проекта.

Культура проекта является относительно новым понятием и пока среди ученых отсутствует единый подход к ее пониманию. Существует лишь осознание того, что корпоративная культура предприятия и культура проекта должны в определенной степени дополнять и взаимодействовать друг с другом.

Важным вопросом является интеграция новых работников в культуру проекта. Если культура и команда проекта сформированы удачно, то адаптация новых сотрудников происходит относительно легко. Если по каким-то причинам происходит изменение культуры проекта для всех работников, такие изменения необходимо ввести на практике. Это может быть сделано в соответствии с трехступенчатой моделью Левина, по которой старая культура проекта сначала размораживается (unfreezing), затем изменяется (movement) и после этого объявляется действенной на определенное время (refreezing) (рис. 10.6) [11].

Рис. 10.6. Модель трехступенчатого изменения по Левину [11]

Этап размораживания культуры проекта является, вероятно, самым сложным, так как консерватизм и сопротивление любым изменениям – имманентные качества практически любого коллектива.

При прочих равных условиях, чем моложе организация, тем больше вероятность изменений в корпоративной культуре. Отметим также, что слабая культура больше подвержена влияниям, чем сильная.

Таким образом, в настоящее время необходимо создание стратегии управления корпоративной культурой и культурой проектов, раскрывающей основные направления их развития в соответствии с миссией и целями предприятия.

10.4. Критерии оценки профессионалов по управлению проектами

Высококвалифицированный персонал является одним из ключевых факторов успешной реализации любых проектов. Поэтому при формировании команды управления проектом необходимо учитывать *личные качества* кандидатов с использованием специальных методов и критериев их оценки.

Оценка *личных качеств персонала, задействованного в управлении проектом (the personal attitudes),* осуществляется по нескольким группам характеристик. Рассмотрим основные 8 групп, а также их характеристики, представленные в НТК СОВНЕТ [34].

Оценка компетентности профессионалов по управлению проектами осуществляется в два этапа:

1. Установление сертификационных требований.

2. Оценка компетентности кандидата в соответствии с установленными требованиями.

1. Способность к общению

№ п/п	Положительные характеристики	+	0	–	Противоположные характеристики
1-1	Внимательно выслушивает других, позволяет высказывать свое мнение				Пренебрегает чужим мнением, перебивает говорящего, много говорит
1-2	Грамотно передает информацию				Имеет сложности с передачей информации
1-3	Умеет убеждать других и добиваться взаимопонимания				Неубедителен и только создает препятствия
1-4	Находит время выслушать других				Случайные и поверхностные разговоры
1-5	Информирует должным образом и вовремя				Задерживает передачу важной информации
1-6	Принимается всей командой				Воспринимается командой как чужак
1-7	Доброжелателен, приятен в общении и коммуникабелен				Негибок, некоммуникабелен и неприветлив
1-8	Поздравляет других с их удачами				Нежелание признавать успехи других

2. Инициативность, вовлечение в проект, энтузиазм, способность к мотивации

2-1	Мотивирует других на сплоченную работу (в команде)			Представляет только собственные интересы
2-2	Ценит независимость других			Придирается к другим и склонен видеть только проблемы
2-3	Помогает участникам проекта выходить из сложных ситуаций			Отказывает в помощи в критических ситуациях
2-4	Предлагает возможные варианты решения проблем			Ждет подобных предложений от других
2-5	Интересуется новостями, склонен внедрять новшества и является сторонником новых предложений, проявляет инициативу			Настаивает на общепринятых в данной ситуации решениях и критически относится к новшествам
2-6	Имеет способности к проведению переговоров, целеустремлен, энергичен и вынослив			Имеет невысокие способности к проведению переговоров, медлителен, нетерпелив, быстро утомляется
2-7	Вносит энтузиазм, «заряжает» других положительными импульсами			Склонен к критике окружающих, не способен мотивировать других
2-8	Поощряет эффективную работу команды, сторонник сочетания различных подходов			Мешает другим, препятствует сплоченной работе команды проекта, избегает различных подходов

3. Контактность, открытость

3-1	Характеризуется открытым и положительным характером, оптимист-реалист			Пессимист, эгоистичен, неприветлив
3-2	Хранит конфиденциальность, поощряет хорошие намерения			Разглашает конфиденциальные сведения, недоверчив
3-3	Находит ко всем подход, коммуникабелен			Ждет инициативы от других, скрытен
3-4	Устанавливает и постоянно поддерживает контакт с участниками проекта			Избегает контакта с участниками проекта
3-5	Благоприятствует позитивному рабочему климату в команде			Создает напряжение в команде проекта
3-6	Принимает всех участников команды и терпим по отношению к другим, побуждает членов команды высказывать свои мнения и содействует принятию идей			Вызывает у других антипатию, признает только свое мнение и считает его наилучшим
3-7	Принимает и относится с уважением к точке зрения меньшинства			Ориентирует себя на главенствующее положение
3-8	Помогает другим добиться успеха			Препятствует успеху других

4. Чувствительность, самоконтроль, способность к оценке, готовность к принятию ответственности, честность

4-1	Ощущает и способен принять личную ответственность за успех проекта, а также перед заказчиком, пользователем проекта и всеми лицами, вовлеченными в проект				Не руководствуется стандартами, легкомысленно подходит к своим полномочиям, перекладывает ответственность на других членов команды
4-2	Серьезно относится к чувствам, желаниям и потребностям других				Неуважителен и бесчувственен к окружающим, пренебрегает их желаниями
4-3	Действует расчетливо, способен видеть взаимосвязи и следствия				Действует спонтанно, отрицает взаимосвязи и следствия
4-4	Контролирует предложения других				Действует по принципу «поступайте, как хотите, только не мешайте»
4-5	Держит эмоции под контролем, не раздражителен				Зависит от настроения, холерик, ведет себя иррационально, часто теряет контроль
4-6	Склонен доверять другим, избегает роли «няньки»				Высокомерен, легко уязвим, манипулирует другими членами команды
4-7	Надежен, доверчив, предусмотрителен				Ненадежен, не способен оправдать доверие
4-8	Способен предугадать рисковые события, осторожен и способен принимать разумные решения				Неоправданно рискует, принимает неразумные или неоправданные решения

5. Разрешение конфликтов, культура аргументации, справедливость

5-1	Справедлив, принимает предложения других, не обижается на реакцию других				«Проталкивает» свои предложения за счет других, не обращает внимания на ответную реакцию
5-2	Тактично сообщает другим об их ошибках, критикует конструктивно				Уязвим, считает свое мнение наилучшим, наказывает и принижает других
5-3	Активно помогает другим исправлять ошибки				Всегда ищет виноватого, перекладывает вину на других
5-4	Положительно воспринимает критику в свой адрес, спокойно относится к нападкам других, не злопамятен				Обижается или негодует на критику, агрессивно относится к выпадам со стороны других, часто действует эмоционально и бесконтрольно, завистлив
5-5	Способен к диалогу в команде, участвует в дебатах				Игнорирует происходящие конфликты, не имеет представления о неформальных событиях, вносит раздоры
5-6	Способствует обмену мнениями в команде, всегда находит консенсус с остальными				Не обращает внимания на конфликты, использует силу, навязывает другим свою точку зрения
5-7	Стремится к решениям, удовлетворяющим всех участников				Считает решения, принятые в пользу одной стороны, вполне приемлемыми

6. Способность к поиску решений, системное мышление

6-1	Предпочитает принимать простые и уместные решения с малым риском				Принимает чрезмерно усложненные и/или рискованные решения
6-2	Открыто говорит о целях и мнениях				Скрывает от других источники информации по проекту
6-3	Видит смысл проблем и умеет отделять их от личных интересов, оценивает результаты и деятельность на субъективном уровне				Смысл проблем сводит к личным интересам, выносит оценку на основании личных симпатий
6-4	Отдает себе полный отчет о существующих проблемах (системное мышление)				Видит только ту часть проблемы, которая касается лично его
6-5	Обладает хорошим воображением, действует практично и беспристрастно, может действовать по ситуации				Мыслит шаблонно, закомплексован и упрям, имеет ограниченный диапазон мышлений и действий
6-6	Предлагает другим сформулировать свое мнение				Использует других для достижения собственных интересов
6-7	Объединяет интересы всех участников команды для достижения общей цели				Личные цели важнее целей команды
6-8	Умеет находить компромиссы, обладает терпением для выбора наилучшего решения				Сводит все к одной возможности, склонен к принятию решений без согласования с командой

7. Лояльность, солидарность, готовность помочь

7-1	Следует правилам работы в команде, поддерживает решения команды				Игнорирует правила и решения, принятые командой
7-2	Защищает команду от влияний со стороны, при необходимости лоялен к членам команды				Не расположен к внешнему окружению, разглашает конфиденциальную информацию
7-3	Способствует эффективной работе команды и достижению результатов				Постоянно создает проблемы в команде
7-4	Способен воздействовать на успех команды				Склонен «сражаться» в одиночку, сторонник прямых столкновений
7-5	Видит проблемы других, помогает в экстремальных ситуациях, видит слабые стороны членов команды, которым при необходимости помогает				Помогает другим только в случае принуждения, пытается играть на слабостях других
7-6	Радуется успеху других, благоприятствует достижению общего результата				Всегда в первую очередь демонстрирует свои собственные успехи, заботится только о своей выгоде
7-7	Уверен в себе				Не уверен в себе

8. Лидерские способности

8-1	Умеет делегировать полномочия и пользуется доверием окружающих				Пытается все сделать самостоятельно, не пользуется доверием окружающих
8-2	Несет полную ответственность за свои действия, но при необходимости умеет правильно распределить ответственность				Перекладывает все свои обязанности на членов команды
8-3	Осуществляет конструктивный контроль поведения членов команды, дисциплинирован, выделяет время для общения				Не имеет ясного представления о целях своих действий, жалуется на недостаток времени, избегает дискуссий
8-4	Предоставляет своим подчиненным достаточную свободу действий				Стесняет свободу действий своих подчиненных наложением обязательств и контролем
8-5	Вовлекает членов команды в процесс принятия решений, принимает решения обоснованно				Принимает решения самостоятельно и не сообщает о них другим членам команды
8-6	Приспосабливает стиль управления к специфике команды или рабочей ситуации, открыто принимает реакцию других				Всегда следует одинаковым стереотипам и защищает свою лидерскую позицию
8-7	Является для других примером и признается ими как лидер				Его поведение расценивается другими как несерьезное и неуместное в данной ситуации
8-8	Всегда реагирует на действия других				Оставляет без комментариев работу членов команды

Элементы знаний и опыт оцениваются количественно и имеют три значения: низкое, среднее и высокое. Личные качества кандидата оцениваются по 10 параметрам исходя из персональных характеристик и впечатления от общения с ним в процессе интервью:

- логика;
- системность мышления;
- отсутствие ошибок;
- ясность;
- здравый смысл;
- прозрачность;
- кругозор;
- взвешенность оценок;
- опыт;
- умения.

Полученные результаты сравниваются с нормативными показателями для различных уровней сертификации. В нормативах указаны необходимые и достаточные оценки уровня знаний и опыта по соответствующим элементам. Оценка компетентности предусматривает также самооценку кандидатом собственных знаний и опыта.

10.5. Проблемы в управлении проектами

Существует целый ряд ситуаций, в которых продолжение реализации проекта нецелесообразно. Рассмотрим основные причины принятия решения об остановке или прекращении всех работ по проекту:

- невозможность достижения всех запланированных целей и задач;
- необъективное планирование и маркетинговые прогнозы;
- возникновение альтернативы проекту;
- изменения в интересах руководства и стратегии предприятия;
- окончание срока реализации проекта;
- превышение бюджета проекта;
- уход с предприятия ответственных лиц или квалифицированных специалистов;
- немотивированное решение заказчика о прекращении проекта;
- отсутствие ресурсов для решения проблем.

Эффективному управлению проектами препятствуют также управленческие ошибки заказчика, руководства предприятия и команды управления. Рассмотрим некоторые ловушки, в которые может попасть управляющий в процессе реализации проекта:

- недостаточное самообладание и недооценка собственных сил (осознание своих слабых и сильных сторон является первым серьезным шагом на пути к эффективному управлению проектами);
- потеря времени на действия по обслуживанию реализации проекта (на работу «с документами», подготовку различных отчетов и т. д.) в ущерб работам по его непосредственному выполнению;
- излишнее делегирование полномочий, а также нежелание брать на себя ответственность;
- неэффективные коммуникации (слишком частые совещания, ненужные телефонные звонки, плохо налаженная система обмена информацией между участниками проекта и др.).

Ни один проект не идеален, поэтому команде проекта приходится постоянно предпринимать управляющие действия, направленные на решение всевозможных проблем. Зачастую для их решения требуется совокупность действий. Рассмотрим основные этапы решения проблем и принятия рациональных решений в управлении проектами (рис. 10.7).

На *I этапе* осуществляется всесторонний анализ проблемы. Здесь можно выделить два подхода. Согласно первому из них, проблема представляет собой свершившийся факт и команде управления необходимо в кратчайшие сроки найти решение, чтобы уменьшить негативные последствия ее возникновения. Согласно второму подходу, проблемная ситуация еще не возникла и команде управления необходимо принять упреждающие меры для минимизации вероятности ее возникновения. В этом случае решение проблемы связано не только с угрозами реализации проекта, но и с возможным ухудшением ситуации в целом по проекту.

На **II этапе** команда проекта должна установить реалистичные критерии решения проблемы (время, материальные, человеческие, финансовые ресурсы и др.). Количественное ограничение обычно обратно пропорционально размеру предприятия. Команда проекта должна также определить наиболее эффективные методы и стандарты оценки альтернативных решений.

На **III этапе** происходит разработка альтернативных вариантов решения проблемы. В идеальном случае необходимо проработать все возможные альтернативы, однако на практике прибегают к выбору не наилучшего варианта, а допустимого, который удовлетворяет параметрам и ограничениям, установленным на втором этапе.

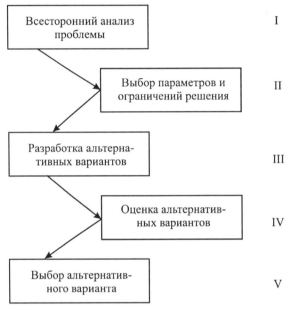

Рис. 10.7. Решение проблем и принятие рациональных решений
в управлении проектами

На **IV этапе** команда проекта оценивает альтернативные варианты с помощью методов и стандартов, обозначенных на втором этапе. Особое внимание уделяют методам сравнения неоднотипных вещей, стараясь приводить их к общему варианту и, где возможно, применять стоимостную оценку вариантов.

На **V этапе** по результатам IV этапа необходимо выбрать альтернативу с наиболее благоприятными общими последствиями. Когда невозможно однозначно определить, какой из вариантов является наилучшим, решение принимается исходя из опыта и знаний членов команды и управляющего проектом.

Решение большинства проблем зависит от профессионализма и поведения людей, принимающих участие в реализации проекта: команды, участников и исполнителей проекта. Чем больше масштаб и сложность проекта, чем важнее его значение для предприятия, государства и общества в целом, тем труднее решение проблем. В связи с этим невозможно переоценить значение разработки и всеобщего признания международных стандартов по управлению проектами.

Выводы

1. Современные компьютерные системы управления проектами позволяют выполнять планирование и анализ ресурсов, управление информационными потоками и отчетностью, мультипроектное управление, мониторинг и контроль прогресса в реализации проекта, внесение изменений в проект в соответствии с требуемыми и доступными ресурсами и некоторые другие действия.

2. Системы управления проектами в зависимости от функций и возможностей принято разделять на три уровня – от предельно простых систем первого уровня до наиболее сложных систем третьего уровня, предназначенных для мультипроектного управления.

3. Стандарты управления проектами, получившие самое широкое распространение в мире, включают американский стандарт PMBOK PMI и международный стандарт ICB IPMA. Единственным российским стандартом, соответствующим IPMA, являются Национальные требования к компетентности специалистов по управлению проектами (НТК). В настоящее время ведется разработка единого международного стандарта по управлению проектами.

4. Этика поведения является неотъемлемой частью как корпоративной культуры предприятия, так и управления проектами. В связи с этим профессиональные организации по управлению проектами, такие как PMI и IPMA, разработали этические кодексы поведения управляющих проектами.

5. Для эффективного выполнения своих функций профессионалы по управлению проектами должны обладать определенными личными качествами. Профессиональные организации по управлению проектами разработали системы тестирования личных качеств управляющих, которые используются для сертификации.

Глоссарий

Бухгалтерский учет в проекте (accounting) – функция управления проектом, обеспечивающая наблюдение, стоимостное измерение, текущую группировку и итоговое обобщение фактов хозяйственной деятельности.

Бюджет проекта (project budget) – план расходов и доходов, возникающих в процессе реализации проекта, в стоимостном и натуральном выражении.

Выполнение работ проекта (project execution) – планомерное выполнение плана производства работ по проекту, а также корректировка и усовершенствование плана реализации проекта.

Гарантийные обязательства (warranty) – формально оформленное обещание предприятия, реализовавшего проект, удовлетворить требования заказчика (потребителя) по ремонту или замене товара в случае обнаружения в нем производственных недостатков.

Генеральная цель проекта (main objective), или *миссия (mission)* – основная, наиболее общая причина его реализации с точки зрения будущего использования результатов проекта.

Декомпозиция работ – детализация работ по различным уровням с сохранением единства суммарного результата.

Желаемые цели проекта (desired project goals) – цели, которые не обязательны для его успешной реализации, но могут быть достигнуты при определенных условиях.

Жизненный цикл проекта (project life cycle) – промежуток времени между моментом появления проекта и моментом его завершения.

Заказчик проекта (owner) – лицо, которое является собственником или пользователем результатов реализации проекта.

Завершение проекта (project close-out) – процесс оценки и приемки-передачи результатов проекта.

Инвестиционно-строительный проект (ИСП) – проект, предусматривающий реализацию полного цикла вложения инвестиций в строительство какого-либо объекта: от начального вложения капиталов до достижения цели инвестированиия и завершения предусмотренных проектом работ.

Инвестор (investor) – физическое или юридическое лицо, которое вкладывает в проект какие-либо виды ресурсов, обычно с целью получения прибыли.

Инициация (initiation) – процесс придания инвестиционной привлекательности новому проекту и работа по продвижению проекта к началу реализации.

Клиент (customer) – физическое или юридическое лицо, которое является потребителем результатов реализации проекта, но не является непосредственным заказчиком проекта.

Команда проекта (project team) – группа специалистов, работающих над реализацией проекта, представляющих интересы различных участников проекта и подчиняющихся управляющему проектом.

Контракт (contract) – официальное соглашение между заинтересованными сторонами, в которых одна сторона обязуется выполнить определенные виды работ в обмен на вознаграждение, предоставляемое другой стороной.

Контрактор (contractor) – юридическое лицо, которое обязалось выполнить определенные работы по реализации проекта в соответствии с заключенным контрактом.

Контроль (control) – сложный процесс сравнения фактических и плановых показателей выполнения работ проекта, а также внесения необходимых корректирующих действий для устранения нежелательных отклонений. Он затрагивает количественную и качественную оценки проекта, который находится в состоянии постоянного изменения.

Конфликт (conflict) – столкновение мнений сторон, которыми могут быть как отдельные люди, так и организации, при решении различных вопросов реализации проекта.

Лидерство (leadership) – спонтанно возникающий в команде процесс влияния одного члена команды на других.

Мегапроекты (megaprojects) – целевые программы, содержащие множество взаимосвязанных проектов, объединенных общей целью, выделенными ресурсами и отпущенным на их выполнение временем.

Мультипроекты (multiprojects) – комплексные программы или проекты, осуществляемые в рамках крупных предприятий.

Необходимые цели проекта (required project goals) – промежуточные цели различных этапов управления проектами.

Окружение проекта (project environment) – среда, в которой происходит реализация проекта, порождающая совокупность внутренних и внешних сил, способствующих или препятствующих достижению целей проекта.

Освоенный объем (budgeted cost for work performed – BCWP) – стоимость завершенных работ или количество ресурса, запланированного на завершенный объем работ в заданном периоде.

Планирование (planning) в управлении проектами – процесс определения вида и объема действий в условиях прогнозируемого окружения в течение определенного промежутка времени.

Плановые затраты (budgeted cost for work scheduled – BCWS) – плановая стоимость работ, намеченных на определенное время, или количество ресурса, запланированного к использованию в заданный период времени.

Правовое обеспечение проекта (projects legal aspects) – функция управления проектом, с помощью которой обеспечиваются правовое поле и законность реализации проекта.

Программа (programm) – группа взаимосвязанных проектов и различных мероприятий, объединенных общей целью и условиями выполнения.

Проект (project) – идея и действия по ее реализации с целью создания продукта, услуги или другого полезного результата.

Проект организации работ (ПОР) – часть технического (технорабочего) проекта, которая определяет общую продолжительность и промежуточные сроки работ, распределение капитальных вложений и объемов работ, материально-технические и трудовые ресурсы и источники их покрытия, основные методы выполнения работ и структуру управления проектом.

Проектировщик (designer) – проектно-конструкторская компания, с которой заказчик заключает контракт на разработку проектно-сметной документации по проекту.

Процессы управления проектом (project management processes) – совокупность определенных действий, которые реализуются на протяжении всего жизненного цикла проекта посредством прямых и обратных связей между субъектами и объектами управления.

Разработка (elaboration) – процесс выработки видов, методов и направлений действий на всех этапах реализации проекта.

Реализация проекта – комплекс мер, дел и действий, направленных на достижение целей проекта.

Результат – созданные продукт или услуга, соответствующие требованиям, указанным в проекте.

Система управления проектами (СУП) – комплексный компьютерный программный продукт, используемый для автоматизации процессов и функций управления проектами.

Спонсор (sponsor) – физическое или юридическое лицо, осуществляющее полное или частичное финансирование проекта на безвозмездной основе.

Стратегия проекта (project strategy) – документально оформленный долгосрочный план, определяющий процессы, действия и результаты достижения целей и миссии проекта.

Структура декомпозиции работ (work breakdown structure – WBS) – графическое выражение проекта по различным взаимосвязанным уровням детализации.

Структура проекта (project structure) – это основные его части (элементы), необходимые и достаточные для эффективного осуществления процесса управления проектом.

Управление безопасностью (project safety management) – функция управления проектом, посредством которой обеспечивается защита реализации проекта и деятельности предприятия, здоровья работников и окружающей среды.

Управление выполнением гарантийных обязательств (warranty management) – функция управления проектом, обеспечивающая удовлетворение требований заказчика (потребителя) по ремонту и замене товара в случае обнаружения в нем производственных недостатков.

Управление замыслом проекта (project idea management) – функция управления действиями, способствующими принятию решения о разработке и реализации проекта.

Управление изменениями в проекте (project change management) – функция управления проектом, обеспечивающая его корректировку на протяжении жизненного цикла, обусловленную влиянием на реализацию проекта внешней и внутренней среды.

Управление качеством проекта (project quality management) – функция управления проектом, обеспечивающая соответствие результата проекта потребностям заказчика (потребителей).

Управление контрактами (project contracts management) – функция управления проектом, посредством которой обеспечивается взаимодействие заказчика с другими участниками проекта.

Управление материальными ресурсами в проекте (project resource management) – функция управления проектом, обеспечивающая приобретение и поставку необходимых материалов (оборотных активов) и оборудования (внеоборотных активов) для реализации проекта.

Управление предметной областью проекта (project scope management) – функция управления проектом, которая позволяет учесть особенности реализации и результата проекта, обусловленные отраслевой спецификой, рынком, потребительскими предпочтениями, финансово-кредитной системой страны и другими факторами.

Управление проектом (project management) – управление комплексом мер, дел и действий, направленное на достижение целей проекта.

Управление проектом по временны́м параметрам (project time management) – функция управления проектом, обеспечивающая своевременную реализацию отдельных этапов и всего проекта в целом с помощью определения последовательности работ, оценки их продолжительности, разработки и мониторинга календарного плана.

Управление рисками в проекте (project risk management) – функция управления проектом, которая обеспечивает анализ, реагирование и контроль рисков в проекте.

Управление системами (system approach and integration) – функция управления проектом, когда предприятие и проект рассматриваются как совокупность систем, связанных общими задачами и процедурами.

Управление стоимостью и финансированием проекта (project cost and finance management) – функция управления проектом, необходимая для формирования, выполнения и контроля бюджета проекта.

Управление человеческими ресурсами проекта (project human resource management) – функция управления проектом, обеспечивающая эффективное использование работников, принимающих участие в реализации проекта.

Управляющий проектом (project manager) – человек, непосредственно руководящий реализацией проекта и возглавляющий команду проекта.

Участники проекта (project stakeholders) – физические лица и предприятия, интересы которых затронуты при реализации проекта.

Фактические затраты (actual cost for work performed – ACWP) – сумма, фактически затраченная на выполнение работы в заданный период.

Функции управления проектами (project management functions) – инструменты прямого и косвенного воздействия на процессы реализации проекта.

Цели проекта (project objectives) – желаемый результат деятельности, достигаемый в результате успешной реализация проекта в заданных условиях.

Предметный указатель

Список литературы

1. *Асаул Н. А.* Методические основы формирования и совершенствования организационных структур строительных предприятий (на примере Санкт-Петербурга): Дис. ... канд. эконом. наук / СПбГАСУ. СПб., 2001.

2. *Бланк И. А.* Финансовый менеджмент: Учебный курс. Киев: Ника-Центр, 1999. 528 с.

3. *Богданов В. В.* Управление проектами в Microsoft Project 2003: Учебный курс. СПб.: Питер, 2004. 604 с.

4. *Бузыгин А. В.* Деловое проектирование и управление проектом. М.: Бусыгин, 2003. 518 с.

5. *Бузырев В. В., Васильев В. Д., Зубарев А. А.* Выбор инвестиционных решений и проектов: оптимизационный подход. 2-е изд., испр. и доп. СПб.: Изд-во СПбГУЭФ, 2001. 286 с.

6. *Бузырев В. В., Ивашенцева Т. А., Кузьминский А. Г., Щербаков А. И.* Экономика строительного предприятия: Учеб. пособие. Новосибирск: НГАСУ, 1998. 312 с.

7. *Бэгьюли Ф.* Управление проектом / Пер. с англ. В. Петрашек. М.: ФАИР-ПРЕСС, 2004. 208 с.

8. *Васина А. А.* Финансовая диагностика и оценка проектов. СПб.: Питер, 2004. 448 с.

9. *Генподрядная* компания СТЭП // http://www.step.spb.ru/rus/structure/

10. *Гражданский* кодекс Российской Федерации (Ч. 2) от 26.01.1996 №14-ФЗ, принят ГД ФС РФ 22.12.1995; ред. от 23.12.2003.

11. *Дитхелм Г.* Управление проектами: В 2 т. / Пер. с нем. СПб.: Издат. дом «Бизнес-пресса», 2003.

12. *Ерофеева В. А., Принцева С. А.* Бухгалтерский учет в строительстве (с элементами налогообложения). М.: Юрайт-Издат, 2004. 517 с.

13. *Закон* Российской Федерации «О защите прав потребителей».

14. *Иванец В. К., Резниченко В. С., Богданов А. В.* Управление проектами и предприятиями в строительстве. М.: Издат. дом «Слово», 2001.

15. *Клиффорд Ф. Грей, Эрик У. Ларсон.* Управление проектами: Практическое руководство / Пер. с англ. М.: Изд-во «Дело и Сервис», 2003. 528 с.

16. *Котлер Ф., Армстронг Г., Сондерс Дж., Вонг В.* Основы маркетинга / Пер. с англ. 2-е европ. изд. М.; СПб.; Киев: Издат. дом «Вильямс», 2000. 944 с.

17. *Кузнецова Л. А.* Разработка управленческого решения: Учеб. пособие / Челяб. гос. ун-т. Челябинск, 2001. 70 с.

18. *Куперштейн В. И.* Microsoft® Project в делопроизводстве и управлении. СПб.: БХВ-Петербург, 2003. 480 с.

19. *Мазур И. И., Шапиро В. Д., Ольдерогге Н. Г.* Управление проектами: Учеб. пособие / Под общ. ред. И. И. Мазура. 2-е изд. М.: Омега-Л, 2004. 664 с.

20. *Менеджмент* в строительстве: Учеб. пособие / Под. ред. И. С. Степанова. М.: Юрайт, 1999. 540 с.

21. *Мескон М. Х., Альберт М., Хедоури Ф.* Основы менеджмента / Пер. с англ. 2-е изд. М.: Дело, 2004. 800 с.

22. *Мильнер Б. З.* Теория организации: Учебник. 4-е изд., перераб. и доп. М.: ИНФРА-М, 2004. 648 с.

23. *Нормирование* труда рабочих в строительстве / Е. Ф. Балова, Р. С. Бекерман, Н. Н. Евтушенко и др.; Под ред. Е. Ф. Баловой. М.: Стройиздат, 1985. 440 с.

24. *О своде* правил «Решения по охране труда и промышленной безопасности в проектах организации строительства и проектах производства работ». Постановление Госстроя РФ от 17.09.2002 г. // Российская газета. 25 дек. 2002 г. № 241.

25. *Организация* и проведение подрядных торгов на объекты и услуги в строительстве и городском хозяйстве: Учебник / Под ред. В. А. Яковлева. М.: Изд-во АСВ, 2000. 281 с.

26. *Проблема* травматизма в строительстве // Строительный эксперт. 2003. № 21. http://www.stroyca.ru/inform_writes.php?tag=1930&deep=2

27. *Разу М. Л.* Модуль 8. Управление программами и проектами. http://stroy.nm.ru/Project/mod8/mod8_p2_g3.htm

28. *Романова А. И.* Вопросы планирования экономической устойчивости строительных предприятий. Казань: КГАСА, 2001. 180 с.

29. *Строительные* нормы и правила Российской Федерации. Система нормативных документов в строительстве. СНиП 10-01–94. М., 1994.

30. *Товб А. С., Ципес Г. Л.* Управление проектами: стандарты, методы, опыт. М.: ЗАО «Олимп-Бизнес», 2003. 240 с.

31. *Толковый* словарь русского языка / Под ред. Д. Н. Ушакова. М., 1935–1940 гг.

32. *Управление* в строительстве: Учебник для вузов / В. М. Васильев, Ю. П. Панибратов и др. М.: Изд-во АСВ; СПб.: СПбГАСУ, 1998. 352 с.

33. *Управление* организацией: Учебник / Под ред. А. Г. Поршнева, З. П. Румянцевой, Н. А. Саломатина. 3-е изд., перераб. и доп. М.: ИНФРА-М, 2003. 716 с.

34. *Управление* проектами. Основы профессиональных знаний. Национальные требования к компетентности (НТК) специалистов / Сертификационная комиссия СОВНЕТ. М.: КУБС, 2001. 256 с.

35. *Управление* проектами: Практическое руководство. М.: ЮРКНИГА, 2003. 288 с.

36. *Управление* проектами / В. Д. Шапиро и др. СПб.: ДваТрИ, 1996. 610 с.

37. *Экологическая* оценка и экологическая экспертиза // РОО Эколаин, 2000. http://www.ecoline.ru

38. *Экономические* и финансовые расчеты в Excel: Самоучитель / В. Пикуза, А. Геращенко. СПб.: Питер, 2004. 397 с.

39. *Якокка Л.* Карьера менеджера. http://e2000.kyiv.org/biblioteka/

40. *A guide* to the project management body of knowledge (PMBOK® Guide) 2000 Edition © 2000 Project Management Institute, Newtown Square, Pennsylvania, USA.

41. *Ahuja H. N.* Project management: techniques in planning and controlling construction projects / Hira N. Ahuja, S.P. Dozzi, S.M. AbouRizk. 2nd ed. New York: John Wiley & Sons, 1994. – 505 p.

42. *Anbari, Frank T.* Quantitative methods for project management. USA: International Institute of Learning. 1997. 71 p.

43. *Archibald Russel D.* Managing High-Technology Programs and Projects. – New York: John Wiley & Sons, 1976.

44. *Argyris C.* Today's Problems with Tomorrow's Organizations // The Journal of Management Studies. February 1967, pp. 31–55.

45. *Brealey, Richard A., Myers, Stewart C.* Principles of corporate finance. NY: McGraw-Hill. 1996. 998 p.

46. *Charvat* Jason Project Management Methodologies—Selecting, Implementing, and Supporting Methodologies and Processes for Projects. New Jersey: John Wiley & Sons inc. 2003. 264 p.

47. *Clough Richard H., Sears Glenn A., Sears S. Keoki.* Construction Project Management. / 4th ed. New York: John Wiley & Sons, 2000. 360 p.

48. *Frame, J. Davidson.* The New Project Management: tools for an age of rapid change, complexity, and other business realities / by J. Davidson Frame. 2nd ed. San Francisco: Jossey-bass, A Wiley Company. 2002. 360 p.

49. *Goodpasture, John C.* Quantitative methods in project management. Boca Raton: Ross Publishing. 2004.

50. *Gould Frederick E., Joyce Joseph A.* Construction project management / Frederick E. Gould, Nancy E. Joyce. 2nd ed. Upper Saddle River: Person Education, 2003. 426 p.

51. *Heerkens Gary R.* Project Management. NY: McGraw-Hill. 2002. 250 p.

52. *Howes, Norman R.* Modern project management successfully integrating project management knowledge areas and processes. NY: AMACOM. 2001. 263 p.

53. *Kerzner H.* Project management: a systems approach to planning, scheduling, and controlling / 8th ed. New York: John Wiley & Sons, 2003. 891 p.

54. *Kerzner H.* Project management: case studies. New York: John Wiley & Sons, 2003. 891 p.

55. *Kerzner Harold.* Stragetic Planning for project management using a project management maturity model. New York: John Wiley & Sons, inc. 2001. 255 p.

56. *Mas-Colell A., Whinston M. D., Green J. R.* Microeconomic Theory. Oxford University Press, 1995.

57. *Masterman, J. W. E., Gameson, R. N.* Client charactersistics and needs in relation to their selection of building procurement systems. In Rowlinson, S.M. (ed.) Proceedings of CIB 92 Symposium: East Meets West: Procurement Systems. CIB Publication No. 175. Hong Kong: Department of Surveying, University of Hong Kong. 1994.

58. *Mensching, J., Adams, D.* Managing an Information System, Prentice Hall, Englewood Cliffs, NJ, 1991.

59. *Michael W. Newell and Marina N.* The Project Management Question and Answer Book. New York: AMACOM. 2004. 262 p.

60. *Newcombe, R.* Procurement Paths – cultural/political perspective. In Davidson, C.H. & Meguid, T.A. (eds), Procurement – a Key to Innovation, Proceedings of CIB W92, Montreal: IF Research Corporation. 1997.

61. *Oberlender Garold D.* Project management for engineering and construction / 2nd ed. New York: McGrawHill, 2000. 368 p.

62. *Project* Management Institute practice standard for work breakdown structure. – New Town: Project Management Institute. 2001. 85 p.

63. *Project* Management Professional Certification Handbook. Project Management Institute, USA, 2000. // http://www.pmi.org/prod/groups/public/documents/info/pdc_pmphandbook.pdf

64. *Scott W. R.* Organizations: Rational, Natural and Open Systems, 3rd edn. Englewood Cliffs, NJ: Prentice-Hall. 1992.

65. *The Complete* Project Management Office Handbook / ed. by Gerard M. Hill. NY: Auerbach Publications 2004. 688 p.

66. *Walker Anthony.* Project management in construction / 4th ed. Oxford: Blackwell Science, 2002. 289 p.

Оглавление

Раздел 3. РАЗВИТИЕ ТЕОРИИ И ПРАКТИКИ УПРАВЛЕНИЯ ПРОЕКТАМИ

Учебное издание

Вячеслав Адамович Заренков

УПРАВЛЕНИЕ ПРОЕКТАМИ

Редактор Л. А. Мозгунова
Художественное оформление В. И. Тихомиров, А. А. Парушкин
Корректор К. И. Бойкова
Компьютерная верстка М. Н. Миклин

Подписано к печати 14.10.05. Формат 70×100$^1/_{16}$. Бумага офсетная.
Усл. печ. л. 25,15. Уч.-изд. л. 24,4. Тираж 3000 экз. Заказ 448 . «С» 67.
Санкт-Петербургский государственный архитектурно-строительный университет.
190005, Санкт-Петербург, 2-я Красноармейская ул., 4.
Издательство АСВ.
129337, Москва, Ярославское шоссе, 26.
Отпечатано с готовых диапозитивов в ОАО «Техническая книга»
190005, Санкт-Петербург, Измайловский пр., 29